赵金伟 —— 著

洞见价值

上市公司财报分析

中国纺织出版社有限公司

内 容 提 要

对于每一名投资者来说，财报分析都是一项不可或缺的重要技能。通过阅读财报，我们能够了解一家上市公司的发展历程、股权结构、主营业务、商业模式等关键信息，并以此为基础做出决策。但大多数普通投资者并非科班出身，财报分析能力较为有限，因此本书对财务报表中的各项科目逐一进行了详细易懂的解读，并辅以具体案例说明，最后对不同行业内的上市公司进行了系统性的深度分析，希望能够帮助投资者尽快掌握财报分析的技巧。

图书在版编目（CIP）数据

洞见价值：上市公司财报分析 / 赵金伟著. --北京：中国纺织出版社有限公司，2024.8
ISBN 978-7-5229-0785-7

Ⅰ.①洞… Ⅱ.①赵… Ⅲ.①上市公司－会计报表－会计分析 Ⅳ.①F276.6

中国国家版本馆CIP数据核字（2023）第196521号

责任编辑：顾文卓　　　特约编辑：张愉婧
责任校对：王花妮　　　责任印制：储志伟

中国纺织出版社有限公司出版发行
地址：北京市朝阳区百子湾东里A407号楼　邮政编码：100124
销售电话：010—67004422　传真：010—87155801
http://www.c-textilep.com
中国纺织出版社天猫旗舰店
官方微博 http://weibo.com/2119887771
北京华联印刷有限公司印刷　各地新华书店经销
2024年8月第1版第1次印刷
开本：710×1000　1/16　印张：16
字数：250千字　定价：69.80元

凡购本书，如有缺页、倒页、脱页，由本社图书营销中心调换

前 言

我刚刚接触投资时，所能获得的财报分析资料极其零散，这使我不得不花费许多时间来做很多关于搜集、整理等方面的工作，现在回头看算是走了不少弯路。而且许多经典投资著作中的案例均是国外公司的，对实战起到的指导作用十分有限。这就导致当我找来一家A股上市公司的财务报表，想要尝试找到其中有价值的信息时，还是不知道从何处下手。

对于刚刚进入市场或是财务分析能力尚有欠缺的投资者，他们所面临的问题和我此前面临的问题应该是类似的，所以我想是不是可以把这些年在财报分析上总结出来的常用方法和浅薄经验记录下来，帮助他人节省时间，少走一些弯路，于是便有了这本书。

我把这本书定位成一本学习财报分析的入门书和工具书。

为什么说它是入门书？因为书中使用的都是平实的语言，可读性较强，即使是没有任何财务基础的普通投资者也完全可以看懂。

之所以说它还是一本工具书，是因为在分析每一项财务科目的时候，并没有单纯地只讲概念，还添加了具体案例帮助读者理解和运用。就拿存货来说，读者不仅能知道什么是存货，而且能学会如何分析存货，了解在存货上进行财务造假的公司有哪些特征、存货变化趋势与公司经营质量之间的关系，最后能够通过对存货的分析来独立判断自己的持仓股究竟是在变得更好还是更差，毕竟财报分析不是终点，借助财报这一工具来帮助我们看清企业背后的真实经营情况才是最终目的。

在投资领域中存在一个经典的"不可能三角"理论，意思是在常态之下，时间、收益、风险是鱼和熊掌无法兼得的关系，任何一笔交易或是一家公司都无法满足在短时间内以低风险赔率获得高水平的投资收益，因此投资者必须根据自己的资金规模、收益预期等实际情况做出取舍。

对于风险承担能力强、有充足时间和精力的激进型投资者，追求最大化收益是他们的目标，因此就要选择那些行业规模处于高速发展、营收规模快速增长、市场占有率不断提高的成长型企业，这样的公司往往分布在科技、新能源等新兴领域；而对于稳健型投资者来说，公司的经营质量、商业模式、永续经营能力则是更加重要的评价标准，因此就要选择那些上市时间长、净利润多年来保持增长、现金流结构健康、负债率低、分红水平高的成熟型企业，这样的公司往往分布在水电、煤炭等传统行业之中。

可见，财报分析是投资者筛选股票时最有力的工具，因为它能够把投资者对于公司的要求以定量的形式具体到某一项财务科目或者指标上，让选股这件事变得更加清晰明了。

在本书的后半部分，我选取了几家不同行业内的代表公司进行了系统性的解读，主要是为了将前半部分所学到的内容应用于实战中，真正去分析一家上市公司的财务报表。本书内容不构成买卖股票的建议。

我很喜欢一句话：收益是认知水平的变现，凭运气赚到的钱最后一定会凭实力再交还给市场。提升财报分析能力虽然不能百分之百保证交易的胜率，但确实能够让我们避开经营情况不佳的公司，尽可能地降低投资风险。希望这本书能够为你提供一些帮助和参考。

因为个人水平有限，内容中多有不足之处，望各位读者朋友批评、指正。

赵金伟

搜索微信公众号
"穿越财报的迷雾"
与作者近距离交流

目 录

上篇　财报分析基础

第一章　财报分析入门 ··· 002

第一节　什么是财报分析 ·· 002

第二节　财报分析能帮助我们获取哪些信息 ······································ 006

第三节　如何获取财务报表 ·· 020

第二章　上市公司的三表一注 ··· 023

第一节　利润表 ·· 023

第二节　资产负债表 ·· 070

第三节　现金流量表 ·· 125

第四节　财务报表附注 ··· 143

第三章　一个常用的财务指标——净资产收益率 ······································ 145

第一节　净资产收益率 ··· 145

第二节　盈利能力 ··· 151

第三节　营运能力 ··· 153

第四节　偿债能力 ··· 155

I

第四章 估值的艺术···157

第一节 几种估值方法···157
第二节 相对估值法···158
第三节 绝对估值法···161

下篇　上市公司案例分析

第五章 青岛啤酒···166

第六章 伊利股份···182

第七章 迈瑞医疗···202

第八章 美的集团···218

第九章 海尔智家···236

上篇 财报分析基础

第一章 财报分析入门

第一节 什么是财报分析

价值投资之父本杰明·格雷厄姆曾经对"投资"这一行为给出定义：投资操作是以深入分析为基础，确保本金的安全，并获得适当且满意的回报。

从这句话中，我们能看出投资包含以下三个重要的因素：

（1）**以深入分析为基础**。在买进一只股票之前，需要先对该公司及其基础业务的稳妥性进行全面分析。

（2）**确保本金的安全**。整个投资过程中，我们必须时时注意细心保护自己的本金，尽可能避免或减少本金的不可逆损失，要一直保留在市场存活下去的资格。

（3）**获得适当且满意的回报**。有很多人抱着短时间内资产翻倍甚至数十倍的目标来到市场，但这样的投资者最后往往都是黯然出局，想一夜暴富的最终结果往往都是适得其反。我们只能期望获得适当的业绩，让我们的资产增长速度跑赢通胀，如果能取得一些额外收益，也要更多归结于运气而非能力。事实上，放低期待往往能带来意外的惊喜。

格雷厄姆说到的这三点看似简单，但想要在实践中严格遵守却并不容易。

事实上，仅就第一点来说，如何对公司及其基础业务进行彻底的分析，就足以难倒大多数的投资者。

现在请各位读者朋友试想这样一种情况：你从新闻上、论坛里、和别人的交流中或者其他渠道得知了一家企业，并且对其产生了兴趣，想要进行更加深入的研究，看看有没有投资价值，应该从哪里开始？

如果这家公司身处消费赛道，例如牛奶、调味品、家电等，我们至少在生活中曾经吃过、用过公司的产品，那还可能对其有一个初步的印象。

如果是那些科技股，或者身处其他冷门行业的公司，我们可能完全没有接触过公司的产品，那又如何得知其产品性能如何，在行业内属于什么水平，商业模式是否优秀？

如果连公司是做什么的都不清楚，近几年的财务数据情况也不了解，那又如何判断这是否是一家值得我们投资的公司呢？

所以，就像格雷厄姆说的那样，在买进一只股票之前，我们必须对公司及其基础业务的稳妥性进行彻底分析。而基于财务报表的财务分析，就是对我们大多数普通投资者研究一只股票来说最简单、实用、客观、真实的方法。

一、财报分析看上去很难，其实人人都学得会

大多数没有任何财务基础的投资者都会下意识觉得，财报分析是专业投资人才具备的技能，那些名称类似、概念复杂的各种财务科目，也只有专业人士才能看得懂，如果没有经过专业的学习，普通投资者根本无法掌握。

事实上并不是这样的，这属于典型的思维惯性，因为我们每一个人对自己不熟悉的、未知的领域都会有一种本能的恐惧。如果从学术角度来看，财务科目的种类确实纷杂如牛毛，但如果是应用于投资实践的话，其实真正重要的财务科目就那么几个，不涉及特别复杂的概念，说每个人都能学会其实一点都不为过，最重要的还是看各位读者朋友用不用心，能不能真正地静下心来读一份年报、看一份数据，毕竟在当今这个快节奏的时代，长文字阅读能力已经非常稀缺了。

二、财务分析能最真实地反映一家公司的经营情况

没有人可以做到完全理性，任何人、任何机构对于一家公司、一只股票的评价，本质上都无法摆脱主观色彩，对于同一件事，仅是采用不同的说法，也可能会有完全相反的效果。

举个例子，A公司2021年的净利润是10亿元，2022年的利润比去年同期出现了大幅减少，只有5个亿了，初步观察之后发现，是由于销售费用（包括广告费、营销费等）支出大幅增加了5个亿而导致的（表1-1）。

表1-1　A公司两年净利润和销售费用对比

	2021年	2022年
净利润（亿元）	10	5
销售费用（亿元）	2	7

对于同样一个事件，站在不同立场上的人，做出的主观评价可能是完全相反的：

看多者、该公司高管可能会将其解读为：公司正在大力开拓市场、占领消费者心智、提高市场份额，处在快速发展的阶段，未来业绩增长可期，因此当下短暂的利润减少属于正常。你看，这么一说，净利润减少就有了些利好的味道。

看空者、业内其他竞争对手则会表示：这家公司的产品销售出现困难，因此只能加大宣传力度、打折促销、给渠道和消费者让利，否则产品就卖不出去，因此利润减少说明公司的发展正在走下坡路，投资者应该尽快远离。这么一说，净利润减少一事就变得非常严峻。

这两种立场相反的观点，从逻辑上来说都是完全成立的，那我们作为普通投资者来说，谁的话更为可信呢？

事实上谁的话都不可信。这种基于主观立场、没有任何数据支撑的判断，参考意义并不大。

我们需要做的，是下载公司的年报，静下心来分析：

1. 公司所在行业正处于哪个发展阶段？成长期，还是成熟期？

成长期，说明行业发展刚刚起步，产品渗透率较低，消费者意识还不够强，这个阶段业内所有玩家都是一个跑马圈地的状态，大力投放费用，以此抢占市场，第一时间获得消费者的青睐，这种情况下企业净利润减少的原因可能就是刚刚提到的第一种（即看多者的解读）。接下来我们就要找到同行业内其他玩家的财务数据，来做进一步的验证。

成熟期，行业竞争格局已经基本稳定。如果这个时候业内公司突然大幅增加费用投放，也许是发现了一些新的增长点，能为公司带来新的增长动力，吞并掉其他竞争对手的市场份额。这种情况下我们就要查看公司年报中关于发展战略的叙述，看看是不是有一些新发现。

2. 费用增加了，是否取得了应有的效果？

不管是成长期跑马圈地还是成熟期打折促销，企业加大宣传的最终目的一定是增加销量、提高产品的销售周转速度，所以我们可以查看公司资产负债表中的存货科目，看看存货规模是否减少、存货周转率是否提高等，以此判断公司这笔钱投入得是否值得，是否取得了想要的效果。

你看，相比于那些带有感情色彩的主观描述，通过财务数据的交叉验证，完全能够帮助我们真正看清楚一家企业的经营情况，并对公司做出客观的判断。

所以我想说，**财务数据分析能最真实地反映一家上市公司的经营情况**。

有些读者朋友可能会觉得，那如果财务报表本身有造假的话怎么办？对于这种基于财报的分析方法来说，如果基础出现了问题，那岂不是得出来的所有结论都是错误的？

确实是这样，在早期的市场中，监管制度尚不完善，因此很多上市企业的财务报表或多或少都存在着猫腻。

但目前证监会对于上市公司的监管是一年比一年严格，各项制度更加规范，惩罚措施也更加严厉。而且财务造假的常用手法一共就那么几种，即使我国证券市场的历史较短，其他国家成熟市场也能为我们提供丰富的案例参照，因此目前上市公司财务报表存在造假的比例已经降低了很多。

再退一步，即使我们自己的分析功力不够，判断不出企业是否进行了财务造假，那也可以凭借财报中存在的不合理之处，直接将公司排除出我们的跟踪范围，因为好公司实在是太多了，没有必要在这种有风险的企业上浪费时间。

所以，综合各方面因素来看，以财务报表定量分析为基础，能帮助我们最全面地认识一家企业，得出的有关公司经营质量的结论，客观性、真实性都是最高的。

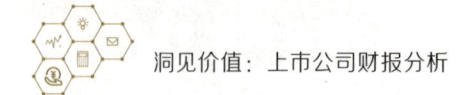

三、财报分析并不完全等同于对财务数据的分析

传统意义上的财务分析，就是基于企业的三大财务报表（利润表、资产负债表、现金流量表），分析表中各类财务指标的增减变动，然后由浅入深地分析各项指标增减变动产生的原因。这种分析过程本身更偏向于学术性，涉及非常多的专业概念，好处是确实可以锻炼我们的财务分析能力和逻辑思维，但不足之处就是往往太过于钻牛角尖，而忽略了财报分析本身是一种工具而不是目的。

我们做财务分析，最终目的应该是找到值得投资或跟踪的优秀企业，而不是纠结某一项财务科目究竟因为什么变动、变动了多少。很多投资者刚刚接触财务分析时，都会陷入某一个点而不可自拔，而忽略了由点到面才是更重要的。

因此，本书所提到的"财报分析"，更准确的应该叫作"基于财务数据的企业经营情况分析"，将财务分析作为工具，实用性更强，可以借此判断企业经营情况的好坏。一旦遇到那些财务数据异常波动甚至有恶化趋势的公司，直接排除，从而缩小研究范围，把有限的精力用于提高自己的分析能力、加深对公司和各类商业模式的理解上。

所以，财报分析并不完全等同于对财务数据的分析。

第二节　财报分析能帮助我们获取哪些信息

根据上一节所说，在我们研究企业的过程中，财报分析是最简单、实用、客观的方法，能最真实地帮助我们看清一家上市公司的经营情况究竟如何。

那么通过财报分析，我们可以获得上市公司哪些方面的信息？

一、财报分析能帮助我们识别公司是否存在风险

暂且不谈一家公司的好或坏，首先我们需要确定它是否存在风险。因为按

照格雷厄姆的原则，投资应该时时刻刻确保本金的安全，如何确保本金的安全，非常关键的一点就是尽量远离那些可能存在风险的公司。对于上市公司来说，风险来源本质上只有一个，就是破产。

导致破产的因素有很多，比如利润连续亏损、在手资金不足、无法偿还债务、现金流恶化等。

通过阅读财报，我们可以对公司当前的风险程度做出判断。财报中的货币资金、负债、有息负债、现金流量表会告诉我们，这家公司一共有多少钱、有多少负债、现金流结构如何、手里的钱是不是够偿还债务、每年的现金及现金等价物是增加还是减少等。

一般来说，对于存在以下特点的公司，我们可以认为其风险较大，应该尽量避开：

（1）连续多年货币资金规模小于有息负债，且相差较多，这说明公司偿债能力较差，存在严重的债务危机，随时都有还不上银行贷款的可能。

（2）利息支出费用占比净利润比例极高，这说明公司从外面借了太多的钱，需要偿付大量的利息费用，而这些利息吃掉了绝大多数净利润，导致公司几乎没有利润能够留存下来，库存资金越来越少，无法扩大生产规模、加大宣传推广，甚至无法继续新一轮的生产经营。

（3）经营现金流净额连续多年为负，无法依靠正常经营活动获取现金，这说明公司的主营业务是赔钱的，而且连续多年赔钱，"造血"能力极差。

（4）利润中现金含量极低，绝大多数都是以应收账款形式结算，且坏账计提比例高、账龄长。这种情况是比较隐蔽的，有可能利润规模不小、增速也很快，但利润中基本没什么现金，全都是来自下游客户的欠条，公司根本没收到多少现金货款，这说明公司的产品竞争力较差，面对客户的定价权极弱，随时都有收不回来货款的可能。

这里只是简单举了几个例子，即使读者朋友对以上提到的这些财务科目没有任何概念，也完全不用焦虑，因为在本书的后续内容中，会对每一项财务科目做出细致的讲解分析。

二、财报分析能体现出公司的盈利能力如何

无论是美股、A股,还是任何国家的任何一个市场,其中优秀企业的必备特征之一就是盈利能力强,而且具有很好的持续性,说白了就是能赚钱,而且能一直赚钱。

在中国,无论做不做投资,无论男女老少,肯定都知道茅台酒的昂贵与稀少,那我们就以白酒龙头贵州茅台(600519)为例,看看公司究竟有多赚钱。

贵州茅台2022年报显示,茅台2022全年共实现营业收入1241亿元,同比增长16.87%,对应的营业总成本仅为100.93亿元,同比增长12.36%,营业收入已经突破千亿规模,但总成本却仅有100亿元出头,所以公司的毛利润水平为1140.07亿元,毛利率水平达到惊人的91.87%,也就是说公司每1元的营业收入里,就有0.92元的毛利润,茅台这门生意简直是太赚钱了,几乎没有什么成本支出。

解决了赚不赚钱的问题,接下来就要考虑,公司是不是一直能赚钱?

观察茅台2018—2022年的毛利率水平(表1-2),分别为91.14%、91.3%、91.41%、91.54%、91.87%,连续五年的毛利率水平都保持在90%以上,说明茅台90%以上的毛利率水平不是偶然,而是常态,贵州茅台是一家一直很能赚钱的公司!

表1-2 贵州茅台2018—2022年毛利率水平

	2018	2019	2020	2021	2022
毛利率	91.14%	91.30%	91.41%	91.54%	91.87%

但毛利润并不是企业最后剩余在手中的所有利润,只有减去各项费用以及税款后剩下的部分,才是企业这一年真正留存下来的利润,我们将其称作净利润。

有些公司,毛利很高,但是各项费用支出非常多,导致最后剩下的净利润很少,这样的公司看似热闹,但只是雷声大雨点小,实际上来说并不赚钱。

2022年,在贵州茅台1140.07亿元的毛利润中,销售费用支出了32.98亿元、管理费用支出90.12亿元、研发费用支出1.35亿元、财务费用净流入13.92亿元

（之所以会有净流入，是因为公司把多余的货币资金存到了银行里，由此产生的利息收入计入财务费用科目下，由此造成财务费用为负，也就是净流入的现象）、税金及附加支出 184.96 亿元，有效税率是 25.46%，由此计算出：

2022 年茅台净利润为：（1140.07−32.98−90.12−1.35+13.92−184.96）×（1−0.2546）=653.72（亿元）；净利率为净利润除以营业收入，也就是 653.72/1241=52.68%。

算到这里我们就很清楚了，茅台每 1 元的营业收入中，有接近 0.92 元的毛利润，0.53 元的净利润，各项费用支出较少，真实盈利能力极强。而且公司近五年的净利率水平（表 1-3）分别为：49%、49.49%、50.54%、50.9%、51.25%，在高水平位置上仍然保持了惊人的稳定性。

表 1-3 贵州茅台 2018—2022 年净利率水平

	2018	2019	2020	2021	2022
净利率	49.00%	49.49%	50.54%	50.90%	51.25%

茅台的净利润确实高，产品能一直很赚钱，但公司大几百个亿的净利润中，有多少是现金，多少是应收款？这也需要我们再进一步验证一下。

公司向下游销售产品，下游如果当即以现金的方式结算，公司的利润中就全部都是现金；如果是跟公司打个欠条把货先拿走，然后约定好未来付款的日期，以这种赊销方式结算的货款，利润中就不会是以现金为主，而是以欠条为主，用财务术语来说就是利润中全部都是应收款。

如果是我们作为公司的经营者，当然是希望卖货的时候客户使用现金结算，一旦出现赊账的情况，未来能不能收回、能收回多少，就全部都要看客户的意愿了，说不定一分钱也收不回来。对于上市公司也是如此，不光要看利润总量，还要看利润结构，其中现金的比例越高越好、应收款的比例越低越好。

来看一下贵州茅台的表现。

2022 年，相比于 1241 亿元的营收、654 亿元的净利润，茅台的应收账款仅有 2093.71 万元，如果把时间跨度放宽到近五年，此前四年茅台的应收款有多少？答案是 0。近五年来公司在突破千亿营收的路上，居然保持了 0 应收款，结合茅台酒供不应求的产品属性，充分说明公司向下游销售产品，下游全部都是立即以现金结算，不可能有谁能向茅台赊欠货款（表1-4）。

表1-4 贵州茅台2018—2022年净利润、应收账款水平

	2018	2019	2020	2021	2022
净利润（亿元）	378.3	439.7	495.23	557.21	653.75
应收账款（万元）	0	0	0	0	2093.71

至此我们基本可以得出结论，贵州茅台这家公司，营收规模突破千亿，净利润规模突破600亿元，毛利率连续五年超过90%，净利率连续稳定在50%，净利润中全部都是现金，盈利能力极强，经营质量高。如果以连续五年毛利率超过90%、净利率超过50%来选股，A股市场上除了茅台谁还能同时满足这两项条件？答案是没有！

三、财报分析能告诉我们一家公司的商业模式是否优秀

一般来说，商业模式优秀的公司，赚钱非常容易，不需要过多的投入就可以获得极高的回报，借此完成资金积累和品牌建设，处于良性循环中。这个投入可能指的是销售、研发等各项费用，也有可能是大规模的厂房设备带来的大量折旧等。

反之，商业模式差的公司，赚的都是辛苦钱，而且不确定性较强，来自外部的任何一个因素都有可能打破公司已有的平衡，导致现金流恶化或资金链断裂。

财报分析能够告诉我们一家公司的商业模式究竟是好是坏，对于那些商业模式差的公司我们要尽量远离。

举例来说，A公司和B公司的毛利率水平都为40%，看起来盈利能力相同，但A公司的各项费用率、成本和折旧支出加起来只有10%，因此最后的净利率可以做到30%左右；B公司的总费用率支出水平则超过了30%，因此最后只剩下不到10%的净利率水平。

可见A公司赚的钱比B公司多，而且更容易赚到钱，抗风险能力自然也要比B公司强得多。

之所以两家公司的盈利能力、商业模式有所不同，背后的原因可能涉及行

业竞争情况和公司固定资产情况。

（一）行业竞争是否激烈

A公司所在行业竞争不算激烈，或者竞争格局已经基本稳定，A公司已经占据了绝大多数的市场份额，坐稳了龙头企业的位置，说涨价就涨价，说降价就降价，在行业内有着绝对的主导权。

A股上具有此类绝对垄断性优势的企业不多，北新建材（000786）算是其中一个。

北新建材1997年成立，同年登陆资本市场，主要从事石膏板产品的研发、生产和销售。

石膏板是以建筑石膏为主要原料制成的一种材料，重量轻、强度较高、厚度较薄、加工方便以及隔音绝热和防火等性能较好，是当前着重发展的新型轻质板材之一，广泛应用于住宅、办公楼、商店、旅馆和工业厂房等各种建筑物的内隔墙、墙体覆面板（代替墙面抹灰层）、天花板、吸音板、地面基层板和各种装饰板等。

目前石膏板行业整体竞争格局大致分为三类：第一类是生产高档产品的大型公司，其生产装备、技术研发、产品质量都具有国际水平；第二类是生产中档产品的中型企业；第三类是生产低档产品的小企业。

北新建材已经成功覆盖第一类和第二类市场，连续多年石膏板产销量、市场份额位居国内第一，从公司2022年年报中的数据统计来看：

2022年，中国纸面石膏板行业总产能约48.7亿平方米，公司2022年的石膏板产量20.95亿平方米，占比行业总量达到43%，接近半数；2022年，国内石膏板产销量为30.73亿平方米，公司2022年石膏板销量为20.93亿平方米，占比行业总量为68.11%，接近70%。

可见公司在石膏板领域的龙头地位非常稳固。

翻开公司的财报（图1-1），我们发现，2022年北新建材的毛利率为29.24%，而十年前，也就是2013年，公司的毛利率为29.73%，期间最高达到过37.23%，不过整体来说波动不大，十年平均毛利率水平为32.42%，基本稳定在30%左右。

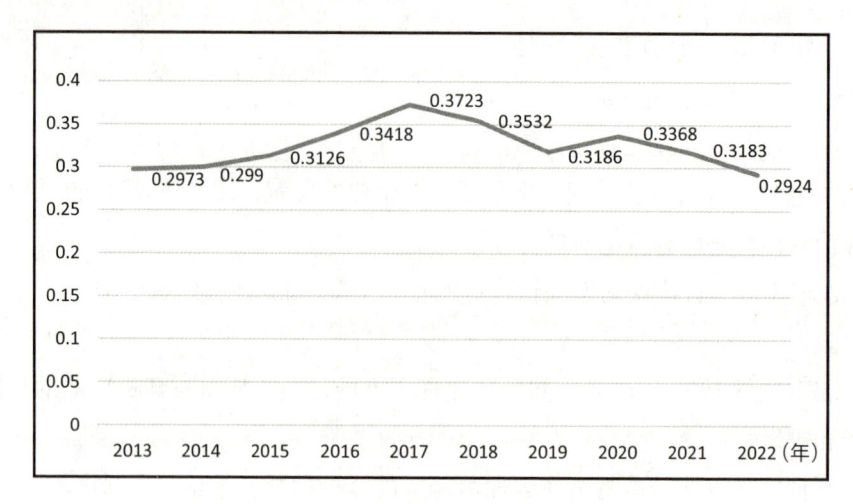

图 1-1　北新建材 2013—2022 年毛利率

如果除去 2019 年的非正常经营状态，公司的净利率水平整体也比较稳定，平均在 18% 左右（图 1-2）。

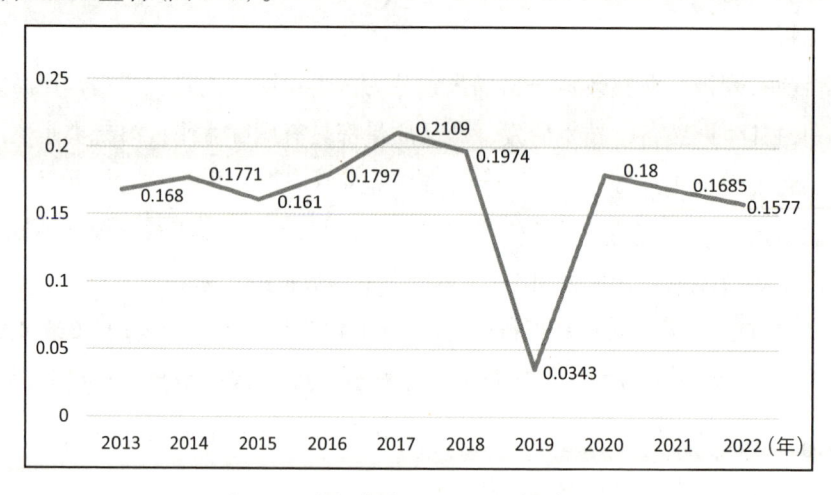

图 1-2　北新建材 2013—2022 年净利率

得益于稳固的行业地位，公司的销售费用率从未超过 4%（图 1-3），产品销售从来不用额外宣传推广。

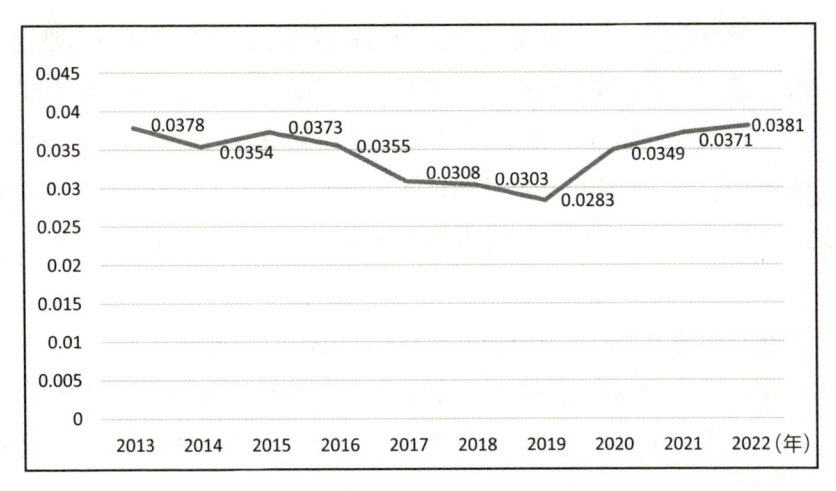

图 1-3　北新建材 2013—2022 年销售费用率

毛利率连续多年保持稳定，说明北新建材的产品在这十年期间涨价的幅度非常有限，那既然公司在行业内的龙头地位已经如此稳固，为什么不把产品价格提高一点，借此获得更高的利润水平和更强的盈利能力？

事实上这正是公司采取的发展战略，或者说是商业模式，北新建材最核心的竞争力其实在于成本，同样是石膏板，北新每平方米的平均成本要远远低于同行，所以公司作为业内龙头，主动压低产品售价，这就达到了压缩行业整体利润空间的目的。

各位读者朋友可以试想一下，如果你作为行业新进入者，或者是想跟北新建材掰掰手腕的竞争对手，该如何定价？

如果你的定价和北新一样低，但无法做到和其一样低的成本，那么最后的利润率一定落后于北新建材；如果定价如果高于北新，那就要考虑销量的问题，毕竟多年来北新建材已经积累了足够的产品力与品牌力，极受下游市场认可，石膏板产品本身的同质化属性又相对比较高，消费者自然更愿意购买价格更低、知名度更高的老牌企业的产品，所以销量就成为新进入者最大的阻碍，进而影响到营收的增长。

可见，通过财报中毛利率、净利率、费用率、行业现状、产销量占比等数据，我们发现北新建材的商业模式非常优秀，亮点在于：第一，竞争格局非常稳定。连续多年没怎么提价，毛利率保持稳定，通过压缩行业整体利润空间来将新进入者挡在门外，使得行业竞争格局越来越稳定，市场份额越来越向头部企业集中。第二，客户忠诚度极高。品牌力足够强大，因此不需要大额的营销宣传费用，也能保证销量的增长，产品被认可度极高。而对于那些竞争格局并不稳定的行业，业内各家同行彼此的市场份额都相差不大，也各自有各自的优势区域，随时想着吞并对方，因此都纷纷加大投入，这样的商业模式就算不上优秀。

比如化妆品赛道中的三家公司：珀莱雅（603605）、上海家化（600315）、丸美股份（603983）。近五年，三家公司的毛利率均保持在60%以上（表1-5），60%的毛利率水平在A股市场上并不算低了，说明三家公司的产品还是比较赚钱的。

表1-5 三家公司毛利率对比

	2018	2019	2020	2021	2022
珀莱雅毛利率	64.03%	63.96%	63.55%	66.46%	69.7%
上海家化毛利率	62.79%	61.88%	59.95%	58.73%	57.12%
丸美股份毛利率	68.34%	68.16%	66.2%	64.02%	68.4%

但是赚来的这些钱，真正变成净利润了吗？看起来并没有。从近五年的净利率来看，只有珀莱雅能稳定在10%以上；丸美股份的净利率连续四年下降，而且速度还比较快，从2019年的28.48%下降到2022年仅有9.67%；上海家化面临的形势就更加严峻了，近五年净利率从未高于9%，相比于60%以上光鲜亮丽的毛利率水平，这样的净利率实在是有点说不过去了（表1-6）。

表1-6 三家公司净利率对比

	2018	2019	2020	2021	2022
珀莱雅净利率	12.14%	11.73%	12.04%	12.02%	13.02%
上海家化净利率	7.57%	7.33%	6.12%	8.49%	6.64%
丸美股份净利率	26.15%	28.48%	26.56%	13.5%	9.67%

之所以会有这样的现象，最根本原因就是化妆品本身就是一个极需营销宣传的行业，公司不断推出新品，并且需要尽快在消费者心中建立品牌意识，因

此各家都在比拼谁的销售费用投放更多、更有效。近五年，珀莱雅和上海家化的销售费用率平均在40%左右，丸美股份则是一路上涨，从2019年30%提高到2022年的48.86%，本来是三家中最低，目前已经变成销售费用率最高了（表1-7）。

表1-7 三家公司销售费用率对比

	2018	2019	2020	2021	2022
珀莱雅销售费用率	37.52%	39.16%	39.9%	42.98%	43.63%
上海家化销售费用率	40.65%	42.18%	41.58%	38.54%	37.32%
丸美股份销售费用率	33.93%	30.01%	32.33%	41.48%	48.86%

由此可见，正是通过财报分析，我们才能发现这三家公司在商业模式上存在的不足，才能意识到这些外表上看似光鲜亮丽的公司其实并没有那么能赚钱。

（二）公司的固定资产情况

A公司做的可能是一门典型的轻资产属性生意。所谓轻资产，就是公司在生产经营中无需太多的厂房、大型设备等，正因如此，这种生意的固定折旧费用更少，因此对于净利润的直接影响更小。

在举例说明之前，有必要先简单介绍一下折旧的概念。上市公司为了扩大产能新引入了一批价值10亿元的设备，但这些设备随着每年的使用肯定是有损耗的，价值也在不断降低，可能到10年之后只剩下5亿元的市场价了。那么这5亿元的价值差，就要分摊到这10年里，每年5000万元，作为必须要支出的折旧费用，雷打不动地直接从净利润中扣除，所以我们说，固定资产每年所必须支出的折旧费用越少越好，这样对净利润的压力更小。

以爱美客（300896）为例。

公司位于北京市朝阳区，所处行业属于专业设备制造业，已上市的主要产品为III类医疗器械，应用于医疗美容行业，是国内领先的医疗美容产品提供商，处于医疗美容价值链中游，行业上游为生产医疗美容产品原料的供应商，行业下游为医疗美容机构，包括公立医院的整形外科、皮肤科和非公立医疗美容机构。

公司最新年报显示，2022年公司总资产62.59亿元，按照流动性的好坏分为流动资产和非流动资产，其中流动资产41.34亿元，占比66.05%，非流动资产 21.25 亿，占比 33.95%。所以，首先我们能看出来这是一家以流动资产为主的公司。

在占比不到 35% 的非流动性资产中，主要包括 9.35 亿元的长期股权投资、2.83 亿元的债券投资、2.45 亿元的商誉等，固定资产仅有 1.95 亿元，在建工程仅有 500 万元（表 1-8）。这说明什么？说明公司日常经营活动中基本不需要用到厂房和设备，因此重资产占比极低，2022 年固定资产折旧仅有 1292.03 万元，对已经突破 10 亿元规模的净利润几乎没有任何影响。

表 1-8 爱美客 2020—2022 年固定资产、在建工程及折旧规模（单位：亿元）

	2020	**2021**	**2022**
固定资产	1.43	1.43	1.96
在建工程	0	0	0.05
固定资产折旧	0.1	0.1	0.1
净利润	4.33	9.57	12.68

而 B 公司固定资产占比极高，每年都要固定计提大量的折旧费用，因此拉低了利润水平。

以顺丰控股（002352）为例。

公司位于深圳市宝安区，是中国第一大、全球第四大快递物流综合服务商，多年来顺丰二字代表的高端快递品牌形象深入人心。

2022 年，顺丰的总资产规模合计 2168.43 亿元，其中流动资产 906.73 亿元，占比 41.82%，非流动资产 1261.69 亿元，占比 58.18%。可见和爱美客不同，顺丰是一家非流动性资产占比更高的企业。

在 1261.69 亿元非流动资产中，固定资产规模达到 436.57 亿元，占比总资产 20.13%，近三年比例分别为 20.11%、17.59%、20.13%，此外还包括了在建工程 111.5 亿元，同比增长 30.09%，近三年在建工程增速分别为 72.63%、59.32%、30.09%，说明顺丰的资产结构中有相当一部分都是厂房、建筑物等，图 1-4 是公司固定资产的构成。

固定资产的预计使用寿命、净残值率及年折旧率列示如下：

	预计使用寿命	预计净残值率	年折旧率
房屋及建筑物（不包括永久业权的土地）	10-50年	5%	9.50%-1.90%
港口设备	28-40年	0%	3.57%-2.50%
运输工具（除电动车外）	2-20年	0%-5%	50.00%-4.75%
运输工具（电动车）	2年	5%	47.50%
机器设备（国外进口自动化分拣设备）	15年	5%	6.33%
机器设备（除国外进口自动化分拣或货仓操作设备外）	2-10年	0%-5%	50.00%-9.50%
计算机及电子设备	2-5年	0%-5%	50.00%-19.00%
办公设备及其他设备	2-20年	0%-5%	50.00%-4.75%
飞机及发动机机身	10年	5%	9.50%
高价飞机维修工具	5年	5%	19.00%
飞机机身大修替换件	1.5-10年	0%	66.67%-10.00%
周转件	10年	5%	9.50%

图 1-4 顺丰控股 2022 年固定资产构成

正是这些固定资产，让公司每年都要支出一些必需的折旧费用，近三年顺丰的固定资产折旧规模分别为 35.81 亿元、45.89 亿元、58.6 亿元（表 1-9），而公司同期的净利润水平分别为 69.32 亿元、39.19 亿元、70.04 亿元，可见顺丰每年仅是在折旧上需要支出的固定费用规模以及占比，要比爱美客高得多了。

表 1-9　顺丰控股 2020—2022 年固定资产、折旧及净利润情况（单位：亿元）

	2020	2021	2022
固定资产规模	223.57	369.26	436.57
固定资产折旧	35.81	45.89	58.6
净利润	69.32	39.19	70.04

可见，财报中的内容会告诉我们这家公司的商业模式是否优秀。

四、财报分析能告诉我们一家公司的营运能力如何

所谓营运能力，体现在公司存货、应收账款、应付账款、固定资产等科目的周转速度上，多长时间能完成一轮完整的生产周期，多长时间能够收回所有的应收款，接下来以存货为例简单说明。

存货，包括公司的原材料、半成品、库存商品、发出商品等。

存货周转率，则代表了企业存货的周转速度，计算公式为：

营业成本／((期初存货规模 + 期末存货规模)／2)

存货周转得越快，说明企业产品卖得越好，在下游市场非常受欢迎，没有出现库存积压等情况。

那反过来思考，是不是存货周转率越高，公司就一定越优秀呢？

也不一定，需要具体行业具体分析。

有的行业主打低毛利率、高周转速度，比如牛奶、零食、调味品、速冻食品、生活用纸等这些日常快消品，产品本身同质化属性较高，谁都难以涨价，因此只能比周转速度，谁卖得快，谁就赚得多。

以安井食品（603345）、三全食品（002216）、海欣食品（002702）为例。

这三家公司都是主做速冻食品的，从2020—2022年的存货周转率水平来见表1-10，净利率见表1-11。

表1-10　安井食品、三全食品、海欣食品2020—2022年存货周转率

	2020	2021	2022
安井食品	3.02	3.52	3.43
三全食品	3.72	4.09	4.3
海欣食品	3.92	3.61	3.43

表1-11　安井食品、三全食品、海欣食品2020—2022年净利率

	2020	2021	2022
安井食品	8.67%	7.41%	9.17%
三全食品	11.08%	9.22%	10.78%
海欣食品	4.39%	-2.36%	3.96%

由此我们可以得出一个重要结论：速冻品行业本身对存货周转率就有比较高的要求，因此业内公司存货周转速度普遍较快，但盈利能力较低，净利率最高也就是在10%左右。

而有的行业则是主打高毛利率、低周转速度，虽然产品周转周期长，但盈利能力强，三年不开张，开张吃三年，因此存货周转率往往较低，典型如高端白酒行业。

以贵州茅台（600519）、五粮液（000858）、泸州老窖（000568）为例。2020—2022年，这三家公司的存货周转率分别为（见表1-12）：

表1-12　贵州茅台、五粮液、泸州老窖2020—2022年存货周转率

	2020	2021	2022
贵州茅台	0.3	0.29	0.28
五粮液	1.1	1.2	1.21
泸州老窖	0.68	0.49	0.39

净利率分别为（见表1-13）：

表1-13　贵州茅台、五粮液、泸州老窖2020—2022年净利率

	2020	2021	2022
贵州茅台	50.54%	50.90%	51.25%
五粮液	36.48%	37.02%	37.81%
泸州老窖	35.78%	38.45%	41.44%

由此可见，高端白酒的周转率普遍不高，但净利率极高，盈利能力极强。

所以，通过财报中的存货周转率这一指标，我们能看出来一家公司的存货周转效率如何，进而看出公司究竟是以追求周转速度为主，还是盈利能力为主。

> 其实不只局限于以上列举的经营风险、盈利能力、商业模式、营运能力这几方面内容，财报能提供给我们的信息简直太多了，所以我认为财报分析应该是股票投资领域中人人必备的一项技能。

第三节　如何获取财务报表

这里给大家分享一些必备的金融资料网站，也是我平时常用的，在这些网站中我们可以获取到公司历年以来的财务报表原文，其中提供的资讯、内容也可以帮助我们更好地了解行业和上市公司。

1. 巨潮资讯网

http://www.cninfo.com.cn/new/index

打开网站之后，可以在右上角这里输入上市公司名称或代码进行搜索（图 1-5）。

图 1-5　巨潮资讯网

这里以伊利股份（600887）为例，搜索完毕进入详情页面（图 1-6），在这里可以查阅下载公司最新发布的报告原文，比如年报、半年报、一季报、三季报等。

此外，左侧还可以查找公司最新的调研情况，通过这些投资者关系活动记录表、公司问答汇总，我们可以了解公司更多的最新动态。

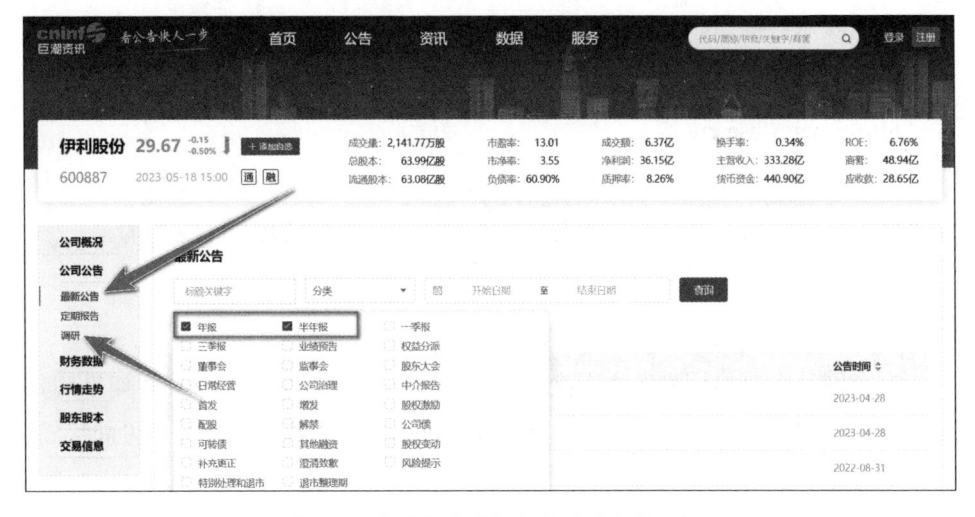

图 1-6　查询公司最新报告（巨潮资讯）

2. 理杏仁

https://www.lixinger.com

这是我个人最常用的网站，平时写文章、查资料，很多信息都是从这里获取的。

在网站右上角搜索栏输入公司名称或股票代码，就可以非常清晰地查看和下载上市公司每一年的财务报表，并且还能获取各个年份的经营数据、横向或纵向增速对比等，非常实用。

3. 东方财富

https://www.eastmoney.com/

这是一个偏综合性的财经资讯网站，新闻、研报、股吧、社区等各项功能十分齐全，和巨潮资讯网有些类似，都能帮助我们全面了解一个行业或者公司。

4. 上交所官方网站

http://www.sse.com.cn/

上交所，全称上海证券交易所，所有在上交所上市的公司，都会在这个网站上披露经营数据，如果对其他渠道获取的资讯有疑问，可以来这里验证。

5. 深交所官方网站

http://www.szse.cn/

深交所，全称深圳证券交易所，所有在深交所上市的公司，都会在这个网站上披露经营数据，如果对其他渠道获取的资讯有疑问，可以来这里验证。

6. 北交所官方网站

https://www.bse.cn/

北交所，全称北京证券交易所，所有在北交所上市的公司，都会在这个网站上披露经营数据，如果对其他渠道获取的资讯有疑问，可以来这里验证。

7. 上证 e 互动

http://sns.sseinfo.com/

这个网站主要是用来向在上交所上市的公司管理层提问，投资者如果对公司的财务数据、经营情况有疑问，都可以在该网站上直接对上市公司发起提问。

8. 深交所互动易

http://irm.cninfo.com.cn/

这个网站主要是用来向在深交所上市的公司管理层提问。

9. 全景网

https://www.p5w.net/

如果想观看公司的最新路演、直播活动等，可以登录这个网站。

第二章　上市公司的三表一注

第一节　利润表

之所以把利润表放在第一位，因为利润表最直观，容易理解，也是大部分投资者最感兴趣的一张报表。以伊利实业集团股份有限公司为例（表2-1）。

表2-1　伊利公司2022年度合并利润表　　　　　（单位：元）

项目	附注	2022年度	2021年度
一、营业总收入		123,171,044,056.27	110,595,203,162.81
其中：营业收入	七（61）	122,698,004,080.99	110,143,986,386.03
利息收入	七（62）	473,039,975.28	451,216,776.78
已赚保费			
手续费及佣金收入			
二、营业总成本		112,678,337,180.61	101,194,026,736.34
其中：营业成本	七（61）	83,118,546,374.24	76,416,705,532.38
利息支出			
手续费及佣金支出			
退保金			
赔付支出净额			
提取保险责任准备金净额			
保单红利支出			

续表

项目	附注	2022年度	2021年度
分保费用			
税金及附加	七(63)	741,784,528.25	663,580,122.76
销售费用	七(64)	22,908,208,330.35	19,314,809,749.71
管理费用	七(65)	5,342,849,558.31	4,227,073,064.46
研发费用	七(66)	821,551,260.99	601,017,082.00
财务费用	七(67)	−254,602,871.53	−29,158,814.97
其中：利息费用		1,402,531,643.41	809,513,715.44
利息收入		1,760,446,337.19	751,798,707.21
加：其他收益	七(68)	964,339,450.59	809,326,488.18
投资收益(损失以"−"号填列)	七(69)	243,960,060.47	461,385,429.63
其中：对联营企业和合营企业的投资收益		156,966,407.16	336,670,178.00
以摊余成本计量的金融资产终止确认收益			
汇兑收益(损失以"−"号填列)			
净敞口套期收益(损失以"−"号填列)			
公允价值变动收益(损失以"−"号填列)	七(71)	94,148,860.21	120,593,118.99
信用减值损失(损失以"−"号填列)	七(72)	−137,266,964.81	−108,504,746.59
资产减值损失(损失以"−"号填列)	七(73)	−792,471,175.67	−427,326,964.81
资产处置收益(损失以"−"号填列)	七(74)	−5,444,150.45	−26,338,924.91
三、营业利润(亏损以"−"号填列)		10,859,972,956.00	10,230,310,826.96
加：营业外收入	七(75)	60,883,336.91	58,249,092.55

续表

项目	附注	2022 年度	2021 年度
减：营业外支出	七（76）	290,665,973.24	176,205,851.03
四、利润总额（亏损总额以"－"号填列）		10,630,190,319.67	10,112,354,068.48
减：所得税费用	七（77）	1,311,984,452.90	1,380,328,444.23
五、净利润（净亏损以"－"号填列）		9,318,205,866.77	8,732,025,624.25
（一）按经营持续性分类			
1.持续经营净利润（净亏损以"－"号填列）		9,318,205,866.77	8,732,025,624.25
2.终止经营净利润（净亏损以"－"号填列）			
（二）按所有权归属分类			
1.归属于母公司股东的净利润（净亏损以"－"号填列）		9,431,064,679.78	8,704,915,103.95
2.少数股东损益（净亏损以"－"号填列）		－112,858,813.01	27,110,520.30
六、其他综合收益的税后净额		－792,811,671.33	－87,452,018.17
（一）归属母公司所有者的其他综合收益的税后净额		－871,947,855.76	－84,005,785.40
1.不能重分类进损益的其他综合收益		－487,678,333.85	321,509,931.28
（1）重新计量设定受益计划变动额		814,855.62	
（2）权益法下不能转损益的其他综合收益		－1,397,643.44	－2,917,938.27
（3）其他权益工具投资公允价值变动		－487,095,546.03	324,427,869.55
（4）企业自身信用风险公允价值变动			
2.将重分类进损益的其他综合收益		－384,269,521.91	－405,515,716.68
（1）权益法下可转损益的其他综合收益		－86,364,014.25	31,937,755.54
（2）其他债权投资公允价值变动			

续表

项目	附注	2022 年度	2021 年度
（3）金融资产重分类计入其他综合收益的金额			
（4）其他债权投资信用减值准备			
（5）现金流量套期储备		3,152,031.55	−128,425,141.51
（6）外币财务报表折算差额		−301,057,539.21	−309,028,330.71
（7）其他			
（二）归属于少数股东的其他综合收益的税后净额		79,136,184.43	−3,446,232.77
七、综合收益总额		8,525,394,195.44	8,644,573,606.08
（一）归属于母公司所有者的综合收益总额		8,559,116,824.02	8,620,909,318.55
（二）归属于少数股东的综合收益总额		−33,722,628.58	23,664,287.53
八、每股收益：			
（一）基本每股收益（元/股）		1.48	1.43
（二）稀释每股收益（元/股）		1.48	1.43

这份合并利润表最直接地传递出以下信息：

第一，2022 年伊利股份的营业总收入是 1231.71 亿元。

第二，2022 年伊利股份的营业总成本是 1126.78 亿元。

第三，2022 年伊利股份的营业利润是 108.6 亿元。

……

简而言之，利润表的核心可以概括为：

收入－成本＝利润

表中所有的财务科目都可以归类到以上这个公式的三大项目中。上市公司的利润表，直接反映出公司在一段时间内的经营情况，包括在这段时间内公司实现多少营业收入、花了多少费用、剩下多少利润以及其中的细节等。

上市公司每个会计年度都会披露四份报表：一季度报告、半年度报告、三季度报告、年度报告。年度报告反映的是公司在过去的一年里赚了多少钱，而如果是季度报告、半年度报告，则分别反映的是上市公司在这个季度内、这半年内分别赚了多少钱。

那么我们在分析利润表的时候，有哪些重点需要关注？

一、利润表的要点

（一）一家企业的盈利状况是我们判断这家企业是否优秀的基础标准

我国证监会规定企业上市必须同时满足以下条件：

（1）经国务院股票证券管控机构准予，股票已向社会发布发行；

（2）公司总市值不少于人民币五千万元；

（3）开业时间三年以上，最近三年连续盈利；原国有企业依法改建或者公司法实施后新成立的，其主要发起人为国有大中型企业的，可以连续计算；

（4）持有面值1000元以上的股东不少于1000人，向社会公开发行的股份达到公司股份总数的25%以上；公司股本超过4亿元的，向社会公开发行的比例超过15%；

（5）公司近三年无重大违法行为，财务会计报告无虚假记录；

（6）国务院规定的其他条件。

其中第（3）条极为关键：企业上市之前必须开业三年以上，近三年连续盈利。上市之前的要求尚且如此，那么上市之后，企业具备了更丰富的融资渠道、更广泛的客户来源，最重要的任务自然就是不停地扩大收入规模、提升利润水平、以高速增长的业绩或真金白银的分红来回馈投资者。

反之，如果一家企业多年来的净利润持续处于亏损状态，那么说明企业的生产经营遇到了问题，自身成长性非常差，我们不但不能称之为优秀，而且还应该尽快地避而远之，证监会也会为这样无法持续创造利润的企业戴上 ST 或 *ST 的帽子。

ST（Special Treatment），表示对财务状况和其他状况异常的上市公司的股票交易进行特别处理，最常见的情况就是公司经营连续两年亏损，其他

财务状况异常具体是指：

（1）最近一个会计年度的审计结果显示股东权益为负值；扣除非经常性损益后的净利润为负值。

（2）最近一个会计年度的审计结果显示其股东权益低于注册资本，即每股净资产低于股票面值。

（3）注册会计师对最近一个会计年度的财务报告出具无法表示意见或否定意见的审计报告。

（4）最近一个会计年度经审计的股东权益扣除注册会计师、有关部门不予确认的部分，低于注册资本。

（5）最近一份经审计的财务报告对上年度利润进行调整，导致连续一个会计年度亏损。

（6）经交易所或中国证监会认定为财务状况异常的。

*ST，表示对上市公司进行退市风险警示，具体来说，以下七种情况会被交易所标以 *ST：

（1）最近三年连续亏损（以最近三年年度报告披露的当年经审计净利润为依据）。

（2）因财务会计报告存在重大会计差错或者虚假记载，公司主动改正或者被中国证监会责令改正后，对以前年度财务会计报告进行追溯调整，导致最近三年连续亏损。

（3）因财务会计报告存在重大会计差错或者虚假记载，被中国证监会责令改正但未在规定期限内改正，且公司股票已停牌两个月。

（4）未在法定期限内披露年度报告或者半年度报告，公司股票已停牌两个月。

（5）处于股票恢复上市交易日至恢复上市后第一个年度报告披露日期间。

（6）在收购人披露上市公司要约收购情况报告至维持被收购公司上市地位的具体方案实施完毕之前，因要约收购导致被收购公司的股权分布不符合《公司法》规定的上市条件，且收购人持股比例未超过被收购公司总股本的90%。

（7）法院受理关于公司破产的案件，公司可能被依法宣告破产。

所以当我们看见一家上市企业的前面出现 ST 或 *ST 标志的时候，就应该多加小心了。

(二) 利润增速快慢是更进一步的筛选标准

如果仅仅是能够做到不亏损，但是营业收入、利润水平却原地踏步，连续多年没有增长，那这也很难称得上是一家优秀的公司。

无论是对于激进型投资者还是稳健型投资者来说，营业收入、净利润的增长都是最基础的筛选标准，有所区别的只是在于对增速水平的要求，所以以营业收入和净利润的增速水平为标准，又可以帮助我们筛掉一部分企业，一般来说，如果连续五年的净利润增速都小于3%，那就基本可以认定这样的公司没有什么成长性。

(三) 判断利润质量如何是利润表分析的更深层次要求

所谓利润质量，可以包括许多方面。比如公司的钱赚得容易吗？是不是一门苦差事？是否需要持续的费用投放来换取营业收入、净利润的增长？到手的利润中现金含量高或低？这些问题都能够通过对利润表的深层次解读来一一作答。

这里以最后一个问题为例：利润中现金含量如何？

之所以有这个讨论，是因为从财务角度来说，利润表实行的是权责发生制，企业获得了账面上的利润，但它并不一定是真金白银，有可能只是一个以应收款结算的数字。比如，一家公司全年实现净利润10个亿元，但并不代表着真正到手了10亿元现金，有可能客户支付了4亿元现金，另外6亿元是赊账结算的，约定好某一个时间点进行交付，那么这6亿元就会变成公司的应收款，因为在下一轮的生产经营中无法全部使用现金货款。因此应收款越多，公司的利润质量就越低。

总而言之，本节的目的就是通过对利润表中各个科目的讲解，来帮助你透过利润表看出企业经营层面的信息，并且能够独立判断这是否是一家好公司。

接下来逐一分析利润表中的每一项财务科目。

二、财务科目

(一) 营业收入

营业收入是指企业在从事销售商品、提供劳务和让渡资产使用权等日常经

营业务过程中所形成的经济利益的总流入,是企业利润的根本来源。

在电子版年报中,可以使用搜索功能(Ctrl+F)搜索:"营业收入""分行业""分产品""分地区""分销售模式"等关键词,就能了解到一家公司的营收规模如何、属于哪个行业、主要产品包括哪些、覆盖了哪些地区、采用怎样的销售模式、不同渠道占比如何等,这些信息是后续分析的基础。

这里以伊利股份2022年报为例。

(1)搜索关键词"营业收入",可以看到2022全年伊利共实现营业总收入1231.71亿元,其中包括1226.98亿元的营业收入,还有4.73亿元的利息收入。

如果分季度来看的话(表2-2),伊利2022年四个季度营收规模分别为309.12亿元、323亿元、302.87亿元、291.98亿元,各个季度内分布比较均匀,没有明显的季节性特点,有的公司由于销售的是时令季节产品,比如月饼、粽子等,分季度营收就会呈现明显的波动特点。

表2-2 伊利股份2022年分季度主要财务数据

单位:元

	第一季度 (1-3月份)	第二季度 (4-6月份)	第三季度 (7-9月份)	第四季度 (10-12月份)
营业收入	30,912,906,194.78	32,300,099,183.15	30,286,813,946.99	29,198,184,756.07
归属于上市公司股东的净利润	3,519,032,464.86	2,613,526,276.48	1,928,539,634.85	1,369,966,303.59
归属于上市公司股东的扣除非经常性损益后的净利润	3,290,051,933.91	2,597,847,576.66	1,692,818,530.48	1,004,974,690.39
经营活动产生的现金流量净额	441,419,296.72	5,088,491,525.10	3,344,795,643.60	4,545,614,114.94

(2)搜索关键词"分行业",可以在年报第15页看到,这是一家属于液体乳及乳制品制造行业的公司,乳制品为伊利贡献了绝大部分营收,此外还有一部分其他业务,不过占比极小可以直接忽略(表2-3)。

表2-3 伊利股份主营业务分行业情况

单位:元

主营业务分行业情况						
分行业	营业收入	营业成本	毛利率 (%)	营业收入比上年增减 (%)	营业成本比上年增减 (%)	毛利率比上年增减 (%)
液体乳及乳制品制造业	120,753,838,007.44	81,563,613,250.82	32.45	11.52	8.78	增加1.70个百分点
其他	394,760,071.01	309,815,571.40	21.52	116.48	123.16	减少2.35个百分点

（3）搜索关键词"分产品"，可见伊利的目前的主要产品包括三部分：液体乳、奶粉及奶制品、冷饮产品，此外还包括一部分其他产品，不过占比极小，可以忽略（表2-4）。

表2-4　伊利股份主营业务分产品情况

单位：元

主营业务分产品情况						
分产品	营业收入	营业成本	毛利率（%）	营业收入比上年增减（%）	营业成本比上年增减（%）	毛利率比上年增减（%）
液体乳	84,926,146,300.98	60,201,028,664.74	29.11	0.02	-1.07	增加0.78个百分点
奶粉及奶制品	26,260,338,472.78	15,476,558,237.72	41.06	62.01	57.10	增加1.84个百分点
冷饮产品	9,567,353,233.68	5,886,026,348.36	38.48	33.61	37.63	减少1.79个百分点
其他产品	394,760,071.01	309,815,571.40	21.52	116.48	123.16	减少2.35个百分点

接下来从规模、盈利能力、增速水平三个方面进行分析。

先看规模：

三大业务中，液体乳营收规模达到849.26亿元，超过奶粉及奶制品、冷饮，是公司的基本盘业务；奶粉及奶制品营收规模262.6亿元，位居第二；冷饮产品营收规模95.67亿元，位居第三，相比前两项业务，冷饮产品的体量就小了不少。

再看盈利能力：

液体乳业务的体量虽然最大，但毛利率却仅有29.11%，是三大业务中最低的；奶粉及奶制品的毛利率最高，盈利能力最强，能达到41.06%；冷饮产品的毛利率也有38.48%。

再看增速水平：

2022年，伊利增速最快的业务是奶粉及奶制品，营收规模比去年同期增长了62.01%。2017—2022年，奶粉及奶制品业务的营收增速分别为：17.83%、25.14%、24.99%、28.15%、25.8%、62.01%，平均增速超过20%，可见这部分业务应该是伊利目前正在打造的重点项目，增速很快，2022年增速之所以进一步提高，主要是由于收购的澳优乳业并表，增厚了业绩。

其次是冷饮产品，增速也有33.61%。2017—2022年，公司的冷饮业务营收增速分别为：9.82%、8.49%、12.7%、9.35%、16.28%、33.61%，最近三年营收增长连续加速，伊利的冷饮业务市场份额位居市场第一，已经连续28年稳居全国冷饮行业龙头地位。

体量最大的液体乳业务增速最慢，仅有0.02%，2017—2022年，伊利股份的液体乳业务营收同比增速分别为：12.61%、17.78%、12.31%、3.2%、11.54%、0.02%，可见液体乳业务在达到接近百亿的规模后，增速逐渐放缓，已经进入了发展成熟期。

所以，通过搜索关键词"分产品"，我们可以查看伊利股份各产品的营收情况，并初步得出结论：液体乳业务是公司的基本盘业务，但由于规模已经接近千亿，已经逐步进入发展成熟期，增速逐步放缓；奶粉及奶制品业务是公司目前重点发展的业务，增速最快，有希望成为拉动公司业绩增长的重要动力，应该予以重点关注；冷饮业务行业地位非常稳固，而且增速也处于连续上升中，经营情况良好。

（4）搜索关键词"分地区"，会发现伊利在全国各个地区的营收规模都差不多，增速也比较平均（表2-5），说明公司目前已经完成了全国化布局，产品在每个地区都有销售，而且销售情况差别不大，已经成为一个国民品牌。

表2-5 伊利股份主营业务分地区情况

单位：元

主营业务分地区情况						
分地区	营业收入	营业成本	毛利率（%）	营业收入比上年增减（%）	营业成本比上年增减（%）	毛利率比上年增减（%）
华北	33,195,425,505.64	22,306,250,121.60	32.80	5.69	1.99	增加2.44个百分点
华南	29,844,603,451.25	19,915,269,937.99	33.27	10.40	8.52	增加1.16个百分点
华中	22,702,871,949.80	14,821,857,642.31	34.71	15.44	13.65	增加1.03个百分点
华东	21,026,212,798.58	13,875,785,018.43	34.01	10.32	8.20	增加1.29个百分点
其他	14,379,484,373.15	10,954,266,101.89	23.82	27.30	21.29	增加3.77个百分点

所以，上市公司的营业收入并不只是一个冰冷的数字，我们在年报中搜索不同的关键词，并从不同的角度来分析，即使完全没有任何铺垫，也能知道这家公司属于什么行业、都有哪些产品、主要看点业务是什么、覆盖了哪些市场、采取何种销售方式等。

那么在分析营业收入的时候，还有哪些点需要注意？

1. 主营业务收入占比尽量高

一般来说，一家优秀企业的主营业务收入占比都是很高的。看到这里有些读者朋友可能存在疑问，总的营业收入规模大不就行了吗？为什么还要区分主营业务和其他业务呢？

因为对于上市公司来说，其他业务收入可能包括了一些无法持续的、偶然性的收入，既然无法持续，公司就不能依靠其来获得稳定的业绩增长。一家优秀企业的业绩增长一定不仅是高速的，而且还必须是可持续的，二者缺一不可。

举个例子，A 和 B 两家公司的主营业务都是调味品，总营收规模也都是 10 个亿。其中 A 公司的调味品业务收入 9 个亿，B 公司的调味品业务仅仅收入 5 个亿，依靠其他非调味品业务收入 5 个亿，那么我们就可以认为在调味品业务上，A 公司的经营质量和增长可持续性是要优于 B 公司的。

来看看伊利股份的表现。

2022 年，伊利全年的营业收入突破千亿规模，但营业外收入仅有 6088 万元。拉长时间线的话，2018—2022 年，伊利的营业收入分别为 795.53 亿元、902.23 亿元、968.86 亿元、1105.95 亿元、1231.71 亿元，营业外收入分别为 3481.89 万元、2983.76 万元、4852.19 万元、5824.91 万元、6088.33 万元，二者根本不在一个数量级上，可见伊利股份是一家专注于主营业务的优秀企业。

再来看看皖新传媒（601801），这是一家主要从事图书、报纸、期刊、电子出版物发行的公司，并且有自己开设的实体书店。

2016 年，皖新传媒的营业外收入从 2015 年的 4700 多万元增加到 4.6 亿元（表 2-6），增幅接近 10 倍，直接把营收增速拉高到了 15.38%，在阅读年报后得知，这 4.6 亿元大部分多是来自处置非流动资产所得，具体原因是公司处理了 8 家新华书店，由此获得了 3.97 亿元营业外收入，并计入非流动资产毁损报废利得。

如果除去这部分收入，2016 年公司的营收规模应该是 75.94−4.6=71.34（亿元），相比 2015 年 65.81 亿元的营收增长了 8.4%，而不是最后显示的 15.38%。那么公司能每年都指望着依靠处理书店来扩大营收吗？很显然答案是否定的，所以我们不能凭借 2016 年公司突然增长的营收增速，就下结论说公司的经营情况大幅改善。

表 2-6 皖新传媒 2016 年营业外收入情况

单位：元

项目	本期发生额	上期发生额	计入当期非经常性损益的金额
非流动资产处置利得合计	396,813,684.43	736,431.67	396,813,684.43
其中：固定资产处置利得	282,451,182.45	736,431.67	282,451,182.45
无形资产处置利得	114,362,501.98	-	114,362,501.98
债务重组利得			
非货币性资产交换利得			
接受捐赠			
政府补助	36,313,991.09	26,332,899.52	36,313,991.09
无法支付的应付款项	17,669,770.28	16,062,081.02	17,669,770.28
非同一控制下企业合并利得	3,329,694.88	-	3,329,694.88
其他	6,361,755.38	4,779,042.52	6,361,755.38
合计	460,488,896.06	47,910,454.73	460,488,896.06

因此，搞清楚公司营业收入中有多少来自主营业务，有多少来自非经常性所得，这一点在分析营业收入的过程中很关键。

2. 营业收入同比增长率很重要

按照计算公式：

营业收入增长率 =（本会计期内的营业收入 - 上年同一会计期内的营业收入）/ 上年同一会计期内的营业收入 ×100%

这一点很好理解，营收增长率代表了相比于去年同期，企业今年的营业收入增长了多少，增速水平越高，说明本报告期内公司的经营情况越好。

但需要注意，营收的增速水平也不能突然增长得太快了，如果增速异常过高的话，就要看是不是其他业务、其他非经常性收入拉高了整体收入水平，或者报告期内公司是否新并购了其他公司，合并了收入，从而考虑高增速水平背后的可持续性问题，这一点可以参考刚才提到的皖新传媒。

相反，如果营收减少了，营业收入同比增长率是负值，那么就要思考可能导致该情况的几点原因：

（1）商品价格下调。如果行业竞争激烈，产品供给充分且同质化属性较高，那么发生价格战的几率便会大大增加，大家都希望尽可能压低产品售价，凸显性价比，以此提高销量。

这种状态从长期角度来看并不利于行业后续发展，甚至可能造成价格下调、销量增长不及预期的情况出现，但为了争夺市场份额，价格战仍然频繁地出现在每一个行业，尤其是快消品行业中。

如需验证是否是这种情况，可以通过前面讲过的搜索关键词的方法，搜索"分产品"，看一看主要业务的毛利率是否降低。

（2）销量减少。无论是下游市场需求不佳，还是因竞争对手的产品优于自己而导致的客户流失，都会造成销量的减少，进而在产品价格变化不大的情况下，导致营收的同比减少。

这种情况可以通过搜索关键词"产销量"，来看看公司各项产品的销量是否有大幅减少的情况发生。

3. 营收增长率的变化趋势如何

即使一家公司的营业收入规模保持连续增长，也要观察其营收增长率的变化趋势。

如果营收增长率的增速越来越慢，甚至出现倒退，说明公司虽然还在增长，但是已经开始出现乏力的表现，有可能是渗透率已经较高，市场接近饱和，也有可能是新业务拓展不顺利，增长动力不足，总而言之，营收增长率的逐步降低，暗示着公司的规模扩张正在放缓。

反之，即使一家公司的营收规模逐年减少，但只要这个减少的速度在放缓，就说明公司的经营情况可能有所好转，也许见底的信号正在出现，这个时候加大对公司的关注，有可能获取困境反转的收益。

因此，针对营收增速水平高低以及变化趋势快慢的分析，能够反映出公司的经营情况是在好转或者恶化。

举例：中国巨石（600176），公司以玻璃纤维的研发、制造、销售为主营业务，是国内玻纤行业的龙头企业。

从营业收入变化趋势来看，中国巨石具备典型的周期股属性。

2014—2016年，公司的营业收入增速分别为：20.32%、12.55%、5.55%，

虽然营收规模保持增长，但是增速逐年放缓，说明这个时期公司增长势头在逐步放缓。随后的 2017—2018 年，公司的营业收入增速回升到 16.19%、15.96%，行业景气度回升，公司的业绩也开始加速反弹（图 2-1）。

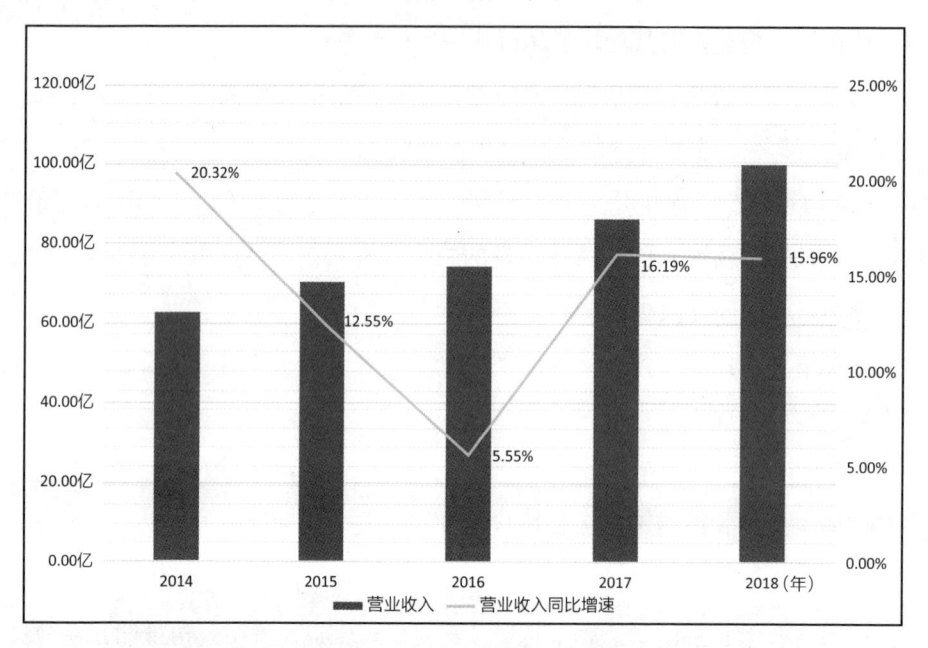

图 2-1 中国巨石 2014—2018 年营业收入及增速变化情况

4. 大客户、关联方营收占比是否过高

一家优秀的公司，一定不会太过于依赖某一家客户，因为极少有长盛不衰的企业，把赌注都压在一家客户上，一旦客户在经营层面出现问题、需求不佳，那对这家上市公司造成的影响将会是巨大的。

举例：欧菲光（002456），公司曾经的主营业务是为苹果公司代工 iPhone 手机镜头模组，也曾是苹果产业链中的巨头公司之一。

2016—2019 年，公司的营收增速分别为：44.59%、26.34%、27.38%、20.75%，四年间营收平均增速超过 25%，不可谓不优秀。但是以 2019 年报为例，前五名客户合计销售金额占比总营收的 83.61%（表 2-7），比例极高，也就是说公司的业绩绝大部分都是来自苹果的订单，过度依靠单一客户也为公司未来的发展埋下了隐患。

表 2-7　欧菲光主要客户占比情况

公司主要销售客户情况			
前五名客户合计销售金额（元）			43,453,565,168.96
前五名客户合计销售金额占年度销售总额比例			83.61%
前五名客户销售额中关联方销售额占年度销售总额比例			0.00%
公司前五大客户资料			
序号	客户名称	销售额（元）	占年度销售总额比例
1	第一名	16,197,117,439.53	31.16%
2	第二名	11,697,896,022.51	22.51%
3	第三名	10,209,954,537.15	19.64%
4	第四名	3,230,361,600.71	6.22%
5	第五名	2,118,235,569.06	4.08%
合计	--	43,453,565,168.96	83.61%

2021年3月，公司发布公告称，收到境外特定客户的通知，特定客户计划终止与公司及其子公司的采购关系，后续公司将不再从特定客户取得现有业务订单。虽然没有提到具体客户的名字，但业内都知道，公司是被苹果从供应商名单中剔除了。随后公司股价便开始了一路下跌模式，从最高点20多元跌到只有5元左右，如图2-2所示。目前，公司2021年的营收规模还没有2016年高，仍然没有从失去大客户的阴影中走出来。

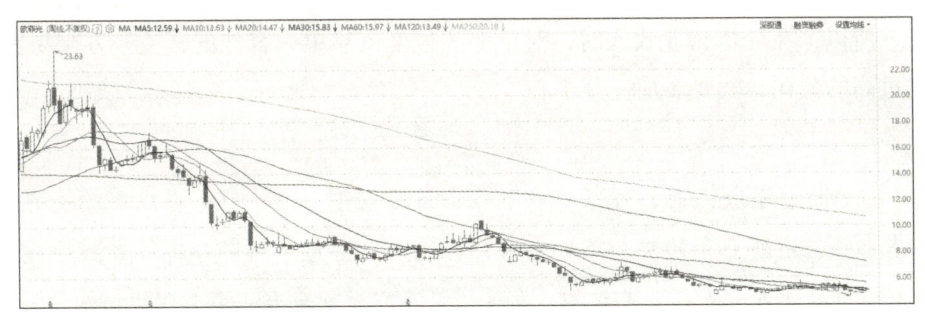

图 2-2　欧菲光股价走势

像欧菲光这样的例子还不算是最严重的，虽然客户流失、业绩下滑，但起码没有财务造假。但是再看乐视，是典型的通过关联方交易在营业收入上进行财务造假的案例。

举例：乐视网（300104），2016年是乐视退市之前业绩的巅峰，公司实现了 219.51 亿元的营业收入，但是打开年报发现，前五大客户占比营收达到 44.56%，这前五大客户全部都是乐视的子公司，这意味着公司全年接近一半的营业收入都是左手倒右手式的交易（表 2-8）。

表 2-8　乐视 2016 年前五大客户情况及关联方占比

前五名客户合计销售金额（元）	9,797,924,969.20
前五名客户合计销售金额占年度销售总额比例	44.56%
前五名客户销售额中关联方销售额占年度销售总额比例	44.56%

那这些营业收入最后变成了到手的真金白银了吗？并没有，而是大部分都以应收账款（赊销款）结算。2017 年，公司对应收账款计提了大额减值，导致净利润从 2016 年亏损 2.22 亿直接变成 2017 年亏损 181.84 亿，最终公司也被曝光出来财务造假，得到了其应有的惩罚（表 2-9）。

表 2-9　乐视 2017 年计提大额资产减值

	2017 年末		2016 年末		比重增减	重大变动说明
	金额	占总资产比例	金额	占总资产比例		
货币资金	853,110,169.68	4.77%	3,669,146,356.08	11.38%	-76.75%	主要是本年 TCL 股权保证金减少所致；
应收账款	3,614,408,001.33	20.19%	8,685,855,147.64	26.95%	-58.39%	主要是本年对关联方应收账款计提大额坏账准备所致；

所以，在分析营业收入时，对于那些过度依靠单一客户的、关联方交易占比过高的公司，就要多加一分小心了。

> 分析营业收入时，可以从以下几个角度入手：主营业务占比、营收增速水平、增速变化趋势、单一大客户占比。从这几个角度分析下来，对一家公司的营业收入、业务结构、发展趋势等方面就会有一个全面的认知了。

(二) 营业成本

营业成本是指企业对外销售商品、提供劳务等主营业务活动和销售材料的成本、出租固定资产的折旧额、出租无形资产的摊销额、出租包装物的成本或摊销额等其他经营活动所发生的实际成本。

需要注意的是，在经营活动过程中支出的各种费用，包括销售、管理、研

发、财务费用这几类，并不计入营业成本，而是在年报中单独列示，因为从定义来看，销售费用、管理费用和财务费用是指企业本期发生的、不能直接或间接归入营业成本，而是直接计入当期损益的各项期间费用、不能直接归属于某个特定产品成本的费用。

以伊利股份为例（表2-1），2022全年公司的营业总成本一共1126.78亿元，其中主要包括营业成本831.19亿元、税金及附加7.42亿元、销售费用229.08亿元、管理费用53.43亿元、研发费用8.22亿元、财务费用-2.55亿元等。

营业成本分析的几个关键点：

1. 拆分公司的成本结构

不同于营业总收入包括的财务科目有限，营业总成本涵盖的范围非常广泛，而且不同公司因为主营业务不同，成本的构成也会有所不同。因此首先需要搞清楚公司的成本结构，看一看哪些成本占比较大，并由此判断出哪些外部因素的变化会影响到成本的增减、未来成本的变化趋势大概如何。

举例：春秋航空（601021），作为国内知名航空公司之一，从2022年报中的成本分析表（表2-10）来看，公司的成本主要来自航空燃油，占比营业总成本达到34.03%，其次是工资及福利费用占比19.33%、飞机及发动机租赁折旧费用占比18.87%。所以，油价的高低对于春秋航空的总成本影响最大，如果油价持续上涨，那么都不用去年报里查阅，就知道公司的营业成本肯定是大幅上涨的，利润水平也会因此受到影响。

表2-10 春秋航空2022年成本分析表

单位：元

分行业	分行业情况						
	成本构成项目	本期金额	本期占总成本比例（%）	上年同期金额	上年同期占总成本比例（%）	本期金额较上年同期变动比例（%）	情况说明
航空运输业	航油成本	3,945,983,056	34.03	3,363,567,896	29.69	17.32	
航空运输业	飞机及发动机租赁折旧费用	2,186,824,543	18.87	2,119,775,970	18.71	3.16	

续表

分行业	成本构成项目	分行业情况					情况说明
		本期金额	本期占总成本比例(%)	上年同期金额	上年同期占总成本比例(%)	本期金额较上年同期变动比例(%)	
航空运输业	工资及福利费用	2,239,969,250	19.33	2,394,143,905	21.13	-6.44	
航空运输业	起降费用	1,352,096,449	11.67	1,827,140,364	16.13	-26.00	
航空运输业	维修成本	807,623,452	6.97	443,206,541	3.91	82.22	
航空运输业	民航发展基金	115,152,423	0.99	168,094,698	1.48	-31.50	
航空运输业	主营业务成本—其他	863,103,941	7.45	913,501,143	8.06	-5.52	
航空运输业	其他业务成本	79,589,772	0.69	101,376,752	0.89	-21.49	

再以圆通速递（600223）为例，2022年公司的成本分析表（表2-11）中，派送服务支出占比最多，达到49.03%，也就是快递小哥配送的人力成本占比最高；其次是运输成本18.82%、中心操作成本12.05%，其他科目占比普遍较小。所以对于快递行业来说，人力成本是大项，对春秋航空影响最大的油价，放到圆通身上，重要性反而要降低一个级别。

表2-11　圆通速递2022年成本分析表

单位：万元

分行业	成本构成项目	分行业情况					情况说明
		本期金额	本期占总成本比例(%)	上年同期金额	上年同期占总成本比例(%)	本期金额较上年同期变动比例(%)	
快递行业	派送服务支出	2,328,462.28	49.03	1,921,949.28	46.38	21.15	主要系快递业务量增长及派费同比上调带来成本增加所致
快递行业	运输成本	893,959.43	18.82	832,408.55	20.09	7.39	主要系快递业务量增长及成品油价格同比提升带来成本增加所致
快递行业	网点中转费	264,814.71	5.58	242,219.19	5.85	9.33	主要系结算政策调整所致
快递行业	中心操作成本	541,493.47	11.40	499,221.59	12.05	8.47	主要系快递业务量增长带来成本增加所致
快递行业	面单成本	28,438.82	0.60	30,665.59	0.74	-7.26	主要系菜鸟面单采购成本下降所致

续表

分行业	成本构成项目	分行业情况					情况说明
		本期金额	本期占总成本比例(%)	上年同期金额	上年同期占总成本比例(%)	本期金额较上年同期变动比例(%)	
快递行业	增值服务支出	9,348.18	0.20	4,715.88	0.11	98.23	主要系增值服务业务量增加所致
快递行业	仓储业务成本	306.12	0.01	1,204.03	0.03	-74.58	主要系仓储业务减少所致
快递行业	其他	34,348.91	0.72	30,850.41	0.74	11.34	主要系系统运营、短信及通讯成本增加所致
快递行业	快递行业成本合计	4,101,171.92	86.36	3,563,234.52	85.99	15.10	

以养元饮品（603156）为例，公司的主要产品是生活中常见的"六个核桃"饮料。从公司2022年报中的成本分析表来看，直接材料成本占比总成本比例达到82.84%（表2-12）。

表2-12　养元饮品2022年成本分析表

单位：元

分行业	成本构成项目	分行业情况					情况说明
		本期金额	本期占总成本比例(%)	上年同期金额	上年同期占总成本比例(%)	本期金额较上年同期变动比例(%)	
植物蛋白饮料	直接材料	2,692,784,965.51	82.84	3,013,213,099.71	84.99	-10.63	
植物蛋白饮料	直接人工	79,001,879.53	2.43	79,922,425.45	2.25	-1.15	
植物蛋白饮料	制造费用	125,914,402.15	3.87	140,806,200.27	3.97	-10.58	
植物蛋白饮料	委托加工费	162,279,268.06	4.99	179,672,495.16	5.07	-9.68	
其他植物饮料	直接材料	3,268,274.82	0.10	896,558.67	0.03	264.54	
其他植物饮料	直接人工	85,341.25	0.00	25,475.33	0.00	235.00	
其他植物饮料	制造费用	632,055.95	0.02	193,453.9	0.01	226.72	
功能性饮料	采购成本	186,752,545.33	5.75	130,441,922.65	3.68	43.17	

再向下拆分公司的采购金额（表2-13），却发现核桃的采购成本只能排到第二，排第一的竟然是易拉罐/盖的采购成本，而且占比总采购金额接近60%。

表 2-13　养元饮品 2022 年采购金额明细

单位：万元　币种：人民币

原料类别	当期采购金额	上期采购金额	占当期总采购额的比重（%）
易拉罐/盖	142,392.04	183,952.99	55.79
核桃仁	48,140.34	54,989.58	18.86
白砂糖	9,417.41	11,182.79	3.69
其他原材料	50,100.58	64,307.29	19.63
能源类	5,180.45	6,036.11	2.03

明明卖"六个核桃"饮品的公司，占比成本最高的却不是核桃，而是易拉罐，如果不看年报的话，可能大部分人都想不到吧。

所以，核桃的价格并不是影响养元饮品营业成本最大的因素，铝、铁等大宗商品的价格波动更大程度上影响着公司的成本。

2. 分析营业成本增速

在了解了成本构成之后，分析增速至关同样重要，那怎样的增速算是合理的？ 10%？ 20%？这就要把营业成本增速和营业收入增速放在一起对比，主要分为三种情况：

（1）如果营收增速比成本增速快，说明公司控制总成本的能力较强，用较少的成本取得了较多的收入。

（2）如果营收增速与成本增速相当，那么就是中规中矩的表现，谈不上大幅好转或恶化。

（3）如果营收增速慢于成本增速，那么就要注意了，说明公司的成本压力变大，利润空间也变小了。这个时候我们要把公司与行业内其他企业来做一个横向对比，看一看成本的压力究竟是全行业面临的共性问题，还是公司自己面对上游原材料供货商的话语权变弱了。

2021年，白色家电行业普遍面临着铜、铝等大宗商品原材料价格上涨的压力，格力电器、美的集团的营业成本增速分别为11.8%、22.01%，都比各自的营业收入增速快，导致利润水平降低。

但2021年另一家白电龙头海尔智家在成本控制上就做得非常不错，营业成本增速6.73%，慢于营业收入8.5%的增速，说明公司的供应链体系、成本控制能力要比格力、美的更强。

总之，在分析营业成本的时候，第一要搞懂成本的结构，第二要分析成本增减的原因。我们不希望成本的增速超过收入增速，最起码也要相差不多，否则公司取得的收入增长质量其实并不高。

（三）销售费用

销售费用，是指企业销售商品和材料、提供劳务的过程中发生的各种费用。主要包括：广告费、促销费、保险费、装卸费、运输费、差旅费、折旧费等。简单理解，销售费用就是企业为了产品卖得更好、卖得更多而支出的各项开销。

对于大多数公司，我们在分析费用的时候，往往是首先看销售费用，其次才是管理、研发等。因为在这个整体供给过剩的时代，"酒香不怕巷子深"这一认知已经过时了，产品力再强，也需要合适的销售手段作为辅助。所以对于上市公司来说，在很多情况下产品和渠道同样重要，甚至有的行业里，渠道的重要性更甚于产品。

这里需要注意：

> 上市公司于2020年1月1日起执行新收入准则，根据《企业会计准则第14号—收入》应用指南（2018）中的规定："在企业向客户销售商品的同时，约定企业需要将商品运送至客户指定的地点的情况下，企业需要根据相关商品的控制权转移时点判断该运输活动是否构成单项履约义务。通常情况下，控制权转移给客户之前发生的运输活动不构成单项履约义务，而只是企业为了履行合同而从事的活动，相关成本应当作为合同履约成本。"

合同履约成本，也就是运输费用，之前是算在销售费用下的，但自从新收入准则开始施行后，会随着收入的确认结转到主营业务成本中。这样给公司带来的影响主要是销售费用减少、营业成本增加。所以，我们如果发现感兴趣的公司2020年的销售费用大规模减少，可能并不是公司本身削减了费用支出，而是由于执行了新的分类准则。

通过对销售费用的分析，我们能得出以下结论：

1. 不同行业的销售费用规模不同，代表了各自不同的商业模式

以不同客户群体为例，面向C端客户群体的公司在销售费用方面的支出，往往比面向B端、G端客户的公司要多。因为我国面积较大，各个地区消费者的消费习惯、特点都有所不同，因此，想要完成在广大消费者心目中的品牌建

设,需要长时间的营销投入。

而对于以商业企业、政府机构为客户的公司来说,更重要的是保持所提供产品、服务的稳定性和安全性而不需要过多的宣传,因此销售费用支出往往更少一些。

2.同行业内不同企业的销售费用规模、结构也有可能相差较多,通过这一点能看出不同公司采取的经营策略不同

科沃斯(603486),2018年上市,产品结构主要包括两部分:以科沃斯品牌为代表的家用服务机器人、以添可品牌为代表的智能清洁电器产品。其中科沃斯品牌的扫地机器人在国内市场线上零售份额达到43.5%,线下零售份额为86.6%,在行业内拥有相当强的品牌力和竞争力。

石头科技(688169),2020年上市,产品结构中以智能扫地机及配件业务为主,占比总营收规模超过96%。

目前在扫地机器人这条赛道中,以科沃斯和石头科技的市场份额优势最为明显,整体呈现两超多强的局面。而就是这样产品类似的两家公司,在销售费用上的构成却有着较大的差别。

2021年科沃斯共实现营业收入130.86亿元,销售费用规模达到32.37亿元,这样算下来,公司的销售费用率为24.73%。

2021年石头科技的营业收入规模为58.37亿元,用在销售费用上的支出为9.38亿元,算出公司的销售费用率为16.08%,比科沃斯少了将近9个百分点。

那是不是科沃斯的销售费用率只有2021年比石头科技更高呢?需要更多年份的数据来验证结论。表2-14展示了2018—2021年两家公司的销售费用率水平:

表2-14 科沃斯、石头科技2018—2021年销售费用率

	2018	2019	2020	2021
科沃斯	18.82%	23.19%	21.58%	24.73%
石头科技	5.35%	8.41%	13.69%	16.08%

可见,2021年两家公司在销售费用率上近9个百分点的差距已经是近四年以来差距最小的了,2018年科沃斯的销售费用率要比石头科技要高出13个

百分点。近年来随着石头科技逐步加大在营销上的投入，二者的差距已经有所减小。

那么石头科技此前的经营重点在哪里呢？年报告诉我们，在于研发。表2-15展示了2018—2021年两家公司的研发费用率水平：

表2-15 科沃斯、石头科技2018—2021年研发费用率

	2018	2019	2020	2021
科沃斯	3.60%	5.22%	4.67%	4.20%
石头科技	3.82%	4.59%	5.80%	7.55%

可见，这四年时间里，除了2019年科沃斯的研发费用率高于石头科技外，其余三年石头科技用于研发上的费用支出比例都要更高，而且保持了单调递增趋势，说明随着石头科技营收规模的增长，公司研发投入力度也随之水涨船高，因此研发费用率才能一路提升。

通过对科沃斯、石头科技这两家同处一条赛道、主营业务类似的公司进行对比，我们应该能得出以下结论：

（1）即使是同行业内的公司，采取的经营策略不同，费用结构上也有可能差别较大。比如科沃斯重视销售，而石头科技则更为重视研发。

（2）从各项费用的变化趋势中，能看出公司的策略是否有所调整或者改变。科沃斯的研发费用支出从2019年开始也稳定在4%以上，相比之前有所提升；而石头科技近四年的销售费用率则是一路上涨，说明公司开始越来越重视在营销方面上的投入。

再来看一组例子。

伊利股份（600887），主要从事乳制品、奶粉及奶制品、冷饮产品的生产和销售，2021年营业收入规模正式突破千亿元，是我国乃至亚洲范围内最大的乳制品企业。

天润乳业（600419），同样是从事乳制品的生产销售，2021年营业收入21.09亿元，主要市场集中在新疆地区内，是一家区域性的乳制品龙头企业。

天润乳业虽然也很优秀，但和伊利在营收体量上完全不是一个规模的，所以不能直接对比二者的销售费用规模，而是应该用销售费用率（销售费用/营

业收入)来比较。

从伊利的2021年报中,可以看到2021全年公司实现营业收入1105.95亿元,在销售费用上共支出了193.15亿元,销售费用率为17.54%。

在销售费用的各项细分构成中(表2-16),广告营销费规模最大、占比最高,达到了65.29%;其次是职工薪酬,占比27.96%;这两项费用占比加在一起就达到了93.25%,说明伊利的主要销售费用其实就是广告宣传费、职工薪酬这两大块,其他费用包括差旅费、仓储费等占比就很低了。

表2-16 伊利股份2021年销售费用明细

单位:元 币种:人民币

项目	本期发生额	上期发生额
职工薪酬	5,400,474,305.31	4,619,627,537.02
折旧修理费	225,323,477.74	131,573,371.43
差旅费	337,656,586.46	250,669,768.16
物耗劳保费	41,736,478.75	41,610,305.13
办公费	224,150,457.34	377,735,431.02
广告营销费	12,610,159,003.89	10,998,828,995.05
仓储费	323,658,891.56	314,091,086.19
其他	151,650,548.66	149,422,134.86
合计	19,314,809,749.71	16,883,558,628.86

再来看看天润股份的情况。2021全年公司营业收入规模21.09亿,其中销售费用为9654万元,这样算下来销售费用率为0.9654/21.09=4.58%,比伊利17.54%的销售费用率低了近13个百分点。

再看天润的销售费用构成(表2-17),规模最大的是职工薪酬,占比达到56.14%,其次是9.09%的差旅费、5%的物料消耗费等,而在伊利年报中占比最高的广告宣传费用,在天润这里仅只有4.88%(广告费)+4%(宣传费)=8.88%,还不到10%,可见二者在营销宣传上的投入规模差距巨大。

表2-17 天润乳业2021年销售费用明细

单位:元 币种:人民币

项目	本期发生额	上期发生额
职工薪酬	54,198,160.68	47,637,105.04
折旧费	976,097.92	1,016,533.10

续表

项目	本期发生额	上期发生额
业务招待费	431,213.15	343,671.80
差旅费	8,776,613.77	6,775,000.93
车辆费	370,939.30	306,827.24
广告费	4,707,767.71	2,182,135.65
宣传费	3,852,863.59	1,512,001.89
进场费	4,308,193.89	3,550,261.83
促销费	1,193,084.16	26,325,970.71
销售佣金		489,970.38
物料消耗（材料费）	4,824,519.65	5,809,535.08
商品损耗	501,079.55	435,050.01
装卸费	3,393,986.31	2,820,347.76
劳务费	1,719,001.65	591,545.29
其他	7,287,298.16	8,024,717.78
合计	96,540,819.49	107,820,674.49

但分析公司的时候，不能仅用单独一年的例子就做出判断，这样的偶然性太大，需要参考连续多年的数据。

表 2-18 统计了 2017—2021 年两家公司各自的销售费用率水平。

表 2-18　伊利股份、天润乳业 2017—2021 年销售费用率

	2017	2018	2019	2020	2021
伊利股份	22.98%	25.04%	23.41%	22.31%	17.54%
天润乳业	12.55%	11.95%	11.71%	6.10%	7.55%

分析到这里，可以得出以下结论：

（1）虽然伊利股份、天润乳业同属于乳制品行业，但在销售费用上的整体投入力度则是相差甚远的。伊利的平均销售费用率在 20% 左右，而天润则是在 10% 左右。

（2）不仅是投入力度不同，而且在构成上也是差别极大。伊利关注的重点在于广告宣传，占比最高；而天润则是职工薪酬占比最高，对于伊利来说最重要的宣传费用，在天润这里的优先级则要靠后一些。

那为什么会存在这种区别呢？重要原因之一就是二者的产品结构不同、市场范围不同。

先说产品结构，伊利的产品结构包括各类乳制品、奶粉及奶制品、冷饮等等，品类十分丰富，并且还在持续推出新口味、新产品，每一样新品的推出，

都需要投入销售费用以增加在终端市场的曝光度。而天润的产品结构中绝大部分都是乳制品，而且无论是现有品类数量还是新品数量都远小于伊利，因此公司无需在新品推广上花费太多的投入。

再说市场范围。伊利目前已经是一家全国性的乳企，经销渠道遍布各大省份和市场，并且还在持续向海外地区扩张，面临的竞争不仅来自国内的同行，也来自海外的乳制品企业，这就需要公司持续开展广告宣传，来保证自己的市场份额不被挤压。而天润则是新疆地区内的乳制品龙头企业，虽然公司近几年一直在推进对疆外市场的扩张，但从效果上来看暂时还并不明显，所以面临的竞争压力比伊利要小得多，也不需要持续大量的营销费用投放，因为在疆内市场，天润品牌已经深入人心。

通过对科沃斯和石头科技、伊利股份和天润乳业这两对案例的分析，相信读者朋友们能够发现，即使是同行业内的不同企业，销售费用的规模、结构也有可能相差很多，通过这点能看出不同公司所处的发展阶段不同，所采取的经营策略也不同。

3. 过多的销售费用支出有可能让看似赚钱的生意其实没有那么赚钱

如何衡量一家企业的盈利能力？首先要观察的是毛利率这一指标，毛利率越高，主营业务越赚钱，但有的公司却由于费用支出过多，导致本来挺赚钱的一门生意，最后到手的利润却剩不下多少。

这里来看三家身处化妆品行业的公司。

珀莱雅（603605），公司位于浙江省，于2017年上市，主要从事护肤类、美容彩妆类产品的研发、生产、销售。

丸美股份（603983），公司位于广东省，2019年上市，以护肤类、眼部类、洁肤类、彩妆及其他类产品为主。

上海家化（600315），公司位于上海市，2001年上市，主营产品包括护肤类、个护家清、母婴用品、美妆日化等。

2021年，珀莱雅、丸美股份、上海家化三家企业的毛利率水平分别为66.46%、64.14%、58.73%，接近60%的毛利率不可谓不高了。

但是再看他们的净利率水平（净利润/营业收入＝净利率），分别为12.02%、13.5%、8.49%，远远没有毛利率表现得那么亮眼，尤其是老牌厂商上海家化，接近 59% 的毛利率水平最后却只有 8.49% 的净利率。

是什么原因导致这种现象？主要原因在于高额的费用支出，尤其是销售费用。

2021 年，珀莱雅、丸美股份、上海家化三家企业的销售费用率水平分别为 42.98%、41.48%、38.54%。

这样的销售费用投入放眼整个 A 股都找不出太多公司能与之相提并论，而且三家化妆品厂商均是如此，说明化妆品本身就是一门需要持续投放高销售费用的生意。

而销售费用吃掉了大部分毛利润，导致这门看起来很赚钱的生意实际上并没有那么风光。

4. 分析有关销售费用的指标能判断出公司的经营状况是在好转或是恶化

(1) 销售费用不能过高。

> 来看看股神巴菲特对于伟大生意模式的描述：
>
> 伟大生意的重要特征之一，应该是投入有限，产生无限。只要进行有限的投入，每年就都能获得高利润，甚至不需要把利润再次投入以维持利润稳定，这样就可以把这些利润投入到其他公司的生意上，继续获得高利润。
>
> 在我看来，这样的公司就是赚钱机器，也是我们应该选择的优秀企业。比如最近 10 年的亚马逊和腾讯，以及过去 50 年的伯克希尔，这些公司从事的就是一份伟大的生意，成长速度非常惊人。

所以一门优秀的生意，并不需要持续高强度的销售费用以及各种费用的投放，就能持续地为经营者和投资者带来较高的利润回报，这就是所谓"投入有限、产生无限"。

所以在选股时，要尽量避免那些依靠高强度销售费用投放以保持增长的公司，一般来说销售费用率最好不要超过 30%，因为本质上来说无法判断公司一旦放弃或者无力维持高强度的营销投入，是否还能保证营业收入、净利润、销量的增长。

以步长制药（603858）为例，公司位于山东省，主营产品为心脑血管相关用

药、医疗器械、泌尿、妇科药品等，表2-19列出了2018—2020年公司的毛利率水平，初步可见公司产品的盈利能力非常强。

表2-19　步长制药2018—2020年毛利率

	2018	2019	2020
步长制药	82.79%	83.24%	76.63%

但是再来看销售费用。2018—2020年，公司的销售费用规模分别为80.36亿元、80.81亿元、83.73亿元，销售费用率分别为58.81%、56.68%、52.31%，意味着营业收入的一半还多，都投放在了销售费用中。

那么公司的营业成本是多少呢？2018—2020年，公司的营业成本分别为23.52亿元、23.89亿元、37.41亿元。

也就是说在这三年里，公司投入在销售上的费用均比营业成本的两倍还要多，占比营业收入的比例超过50%，这是极其不正常的现象。

2021年4月12日，步长制药因"以咨询、市场推广费的名义，向医药推广公司支付资金，再转付给代理商，涉及金额5122.39万元"被财政部处罚，被处罚后投资者才发现公司在销售费用上所做的手脚。

那有没有办法避免踩中步长制药这颗雷呢？是完全可以的，当看到公司过高的销售费用时，就应该多加小心，如果不能确定公司是否出现了财务造假，最稳妥的办法就是直接排除掉这家公司不看，因为优秀的上市企业实在太多了，实在没有必要承担潜在的风险。

(2) 如果销售费用率较高，那就和同行业内其他公司横向对比分析原因。

这个步骤主要是为了分辨出销售费用率高究竟是行业自带的属性，还是由于公司自身采取的经营策略。

洋河股份（002304），公司位于江苏省宿迁市，2009年登陆资本市场，旗下拥有洋河、双沟、泗阳三大酿酒生产基地，是国内白酒企业中唯一拥有两大中国名酒、两个中华老字号（洋河、双沟）的公司，还有蓝色经典、梦之蓝等商标品牌为市场所熟知。

2018—2021年，洋河股份的销售费用率水平分别为10.6%、11.64%、12.34%、13.98%，呈逐年增加趋势。

这个费用率水平其实算不上特别高，再来看看高端白酒两大龙头：贵州茅台和五粮液的情况。

五粮液（000858）2018—2021年的销售费用率分别为9.44%、9.95%、9.73%、9.82%。

贵州茅台（600519）2018—2021年的销售费用率分别为3.49%、3.84%、2.68%、2.58%。

由此我们能得出结论：三家白酒企业的销售费用率水平并不相同，洋河股份最高而且还处于增加趋势，五粮液则是稳定在9%～10%，贵州茅台的销售费用支出比例最低，仅有2%～3%，而且近年来还在持续降低。说明白酒行业并非一个本身自带高销售费用率的行业，这和前面分析的化妆品行业有所不同。贵州茅台和五粮液由于拥有极深的品牌护城河，因此无须在销售费用上过多投入。

洋河作为近年来快速发展的白酒企业，2021年营收规模253亿元，不到五粮液的一半、茅台的三分之一，因此仍然有较大的发展空间。而且公司采取的策略之一就是大力在营销端投入，因此销售费用高于茅台和五粮液，并且还在逐年递增。

以上，我们从销售费用率这一简单的指标切入，一直分析到了企业采取的经营策略、目前所处的发展阶段。

（3）如果销售费用率高是行业本身自带的属性，就要分析行业内哪一家公司的费用投放最有效率。

怎样去给这个"最有效率"下一个具体的定义？那就是看谁的营业收入、市场份额等增长得最快。如果销售费用的增速比营业收入的增速快，说明企业的费用投放效率一般；如果销售费用的增速逐步放缓，慢于营收增长，那么说明在前期的市场建设中，公司已经取得了比较好的效果，因此可以慢慢减少费用的投放，增加最后剩余在手里的利润。这种情况是我们所希望看到的，也是一家优秀企业应该具备的表现。

（四）管理费用

管理费用是指企业行政管理部门为组织和管理生产经营活动而发生的各种费用。常见的管理费用具体项目有：公司经费、工会经费、待业保险费、劳动保险费、董事会费、聘请中介机构费、咨询费、诉讼费、业务招待费、办公费、

差旅费、邮电费、绿化费、管理人员工资及福利费等。

从构成中就能看得出来，管理费用的构成非常琐碎，各种名目的支出、各种费用的调节都可以放在管理费用中。因此在分析管理费用的时候，需要具体问题具体分析，首先看这家公司的管理费用由什么构成，再来分析其背后的意义。

这里需要注意一点，在2018年之前，研发费用是包括在管理费用名下的，如果想知道一家公司在研发上投入了多少费用，需要到管理费用的细分构成中去找。但随着市场对于企业研发越来越重视，研发费用也成为越来越多投资者重点关注的一项指标，尤其是科技股、医药股。因此从2018年开始，研发费用开始作为一项独立的科目在上市企业的财报中列示，和销售费用、管理费用、财务费用一起共同构成了企业的四项主要费用支出，我们也就不用再专门去管理费用中查找研发费用的多少了。

所以在分析管理费用时，如果发现一家公司自从2018年开始，管理费用规模突然大幅减少，其背后的原因可能并不是公司主动削减了管理费用上的支出，而是由于执行新分类准则，把研发费用从管理费用中独立出来。这一点各位读者朋友需要注意。

那么如何通过对管理费用的分析挑选出优秀的公司？

一项重要的筛选标准就是管理费用支出不能过多，要尽量保持在较低水平，至少波动不应该太大，只有这样，才能说明公司管理层的能力较强、效率较高。

但是不是一定要严格按照这个标准筛选呢？也不一定，只不过如果费用占比过高的话，就需要深入分析一下原因到底来自哪里，进行细致的比对，才能得出结论，毕竟有些初创公司在市场建设初期，高费用投放也是一个必需的过程。但拉长时间线来看，优秀企业的管理费用率一定是保持稳定或者逐步减少的。

以伊利股份为例，2018—2022年，公司的管理费用率分别为3.77%、4.76%、5.05%、3.84%、4.35%，连续多年保持在较低水平，而且其中绝大多数都以职工薪酬为主，完全不用担心增长的管理费用会对利润造成压力。

再来看看天喻信息（300205），这家公司位于湖北省，主要业务为数据安全智能卡、智能终端、税控终端及面向纳税户企业的增值服务、物联网技术服务云平台及增值服务和以国家教育信息化为背景的K12智慧教育业务。

2016年，公司的营业收入规模为16.27亿元，毛利率28.62%，将近30%的

毛利率算不上太高，但至少也算中等水平，但最后公司16个亿的营业收入却只剩下452万元的净利润，净利率只有0.28%。

究其原因，就是各项费用占比太高了，管理费用率（管理费用/营业收入）达到了14.06%，吃掉了将近一半的毛利润，销售费用率11.67%，又占据了剩下几乎所有的毛利，这样算下来，公司一年到头算得上是白忙活，根本赚不到什么钱。

所以费用率持续居高不下，对公司的利润水平、永续经营能力的损害是非常大的，现在的企业都在大力号召开源节流，往往都过于注重开源，忘了节流其实也是同样重要的。

> 管理费用的构成比较琐碎，这一点和销售费用不同，不论何种企业的销售费用就是那么几样：广告宣传、职工薪酬等，因此对于管理费用要具体情况具体分析。但原则上是一样的，就是管理费用率不能太高，一旦过高的话就要去公司的年报中分析管理费用的构成，以此来判断公司是否采取了有效的经营和发展战略。

(五) 研发费用

研发费用从字面上来看很好理解，就是企业用于研发所支出的费用，包括理论研究、实验等各个阶段需要用到的支出。

对于研发费用的分析要点，主要有两个：研发费用的投入力度和研发费用的处理方式。

1. 研发费用投入力度

对于不同的行业来说，对研发投入的需求程度是有所不同的。

比如大多数的日常消费品企业，并不太需要大力度的研发费用支出，因为产品本身的同质化属性较高，企业更应该关注的是如何提高产品的曝光度、完善渠道的布局、加快产品的周转效率。

而对于那些科技股、医药股尤其是创新药企业来说，在研发方面上的投入力度就至关重要。因为这些行业的技术更迭速度极快，一旦谁在新技术上取得突破，也许就能引领一个时代的到来，而那些在技术上落后于同行的公司，从历史上来看无一例外地都被迅速淘汰了。毕竟有了4G手机之后，谁还会想着去用 3G、2G 的手机呢？

但是企业在研发方面的投入力度并不完全等同于研发费用规模。

一家 10 亿元营收的公司拿出 3 亿元做研发，和一家 100 亿元营收的公司拿出 10 亿元做研发，性质是完全不同的。

因此，衡量公司在研发上的投入力度，要看研发费用率，也就是研发费用规模占比营业收入的比例，而非单纯比较研发费用的多少。

这里我们来看贝达药业（300558），公司位于浙江省，从事创新药的相关研究，主要应用于肺癌等恶性肿瘤治疗领域。

2021 年，公司的总营收规模 22.46 亿元，却拿出了 5.66 亿元做研发，研发费用率达到 25.2%。

2018—2021 年，公司的研发费用率分别为：24.81%、21%、19.4%、25.2%，平均水平在 20% 以上，可见公司对于研发非常重视。

对于这种以研发为重点的创新药企业，市场也愿意给予其高于同行的估值水平，所以公司虽然营收仅有小几十亿规模，但市值却能达到 300 亿元左右。

表 2-20 统计了近五年以来平均研发费用率排名从高到低且上市时间超过四年的前十家医药股，如果各位读者感兴趣的话，可以自行统计更多数据。

之所以要选取五年平均研发费用率作为筛选标准，是因为想尽可能地避免偶然性。而上市时间超过四年，则是为了避免一些新股、次新股的干扰，因为有很多 2022 年、2023 年刚刚上市的创新药企，营收规模极小，但从市场上融到了大量资金以投入研发，这样的公司不能说前景不好，恰恰是因为前景一片光明，才能让众多机构甘愿在其没有业绩的时候用真金白银去投入。但对于我们普通投资者来说，这样的新股风险较大、跟踪难度更高，而选择那些上市时间更长的公司，才可以有更多的年报数据供我们研究和分析。

表 2-20　A 股市场医药股近五年研发投入前 10 名（截至 2023 年）

股票代码	股票简称	近五年研发费用率平均水平（%）
300204.SZ	舒泰神	45.906
300558.SZ	贝达药业	42.148
300436.SZ	广生堂	25.516

续表

股票代码	股票简称	近五年研发费用率平均水平（%）
300142.SZ	沃森生物	23.906
300199.SZ	翰宇药业	23.886
300630.SZ	普利制药	23.298
002294.SZ	信立泰	22.366
002773.SZ	康弘药业	21.298
002653.SZ	海思科	21.108
600276.SH	恒瑞医药	20.766

这份排名里，舒泰神（300204）排名第一，这是一家以复方聚乙二醇电解质散、注射用鼠神经生长因子为主营业务的化学制剂企业，五年期间研发费用占比营业收入的平均比重达到了惊人的45.9%，可以看出该公司非常舍得在研发方面投入。

表2-21统计的是近五年整个A股市场范围内研发费用率排名前十的公司，可以看到，这些企业所属的赛道包括集成电路、化学制剂、通信设备、计算机、生物制品等，基本都是科技、医疗方向。所以，各位读者朋友的自选股或者持仓中一旦有科技股或医药股，一定要重点观察其在研发方向上的投入。

表2-21 近五年A股市场研发费用率前十名（截至2023年）

股票代码	股票简称	所属同花顺行业
833575.BJ	康乐卫士	医药生物—生物制品—疫苗
688180.SH	君实生物	医药生物—生物制品—其他生物制品
688428.SH	诺诚健华	医药生物—生物制品—其他生物制品
688221.SH	前沿生物	医药生物—化学制药—化学制剂
688578.SH	艾力斯	医药生物—化学制药—化学制剂
688331.SH	荣昌生物	医药生物—化学制药—化学制剂
688302.SH	海创药业	医药生物—化学制药—化学制剂
688192.SH	迪哲医药	医药生物—化学制药—化学制剂

续表

股票代码	股票简称	所属同花顺行业
688220.SH	翱捷科技	电子—半导体及元件—集成电路设计
688062.SH	迈威生物	医药生物—生物制品—其他生物制品

2. 研发费用的处理方式

从会计学的角度来说，对于研发费用的处理有两种方式：费用化处理、资本化处理。采取不同的处理方式会对企业最后的费用支出总额、利润规模产生完全不同的影响。这里先从理论层面上讲解，然后再列举出上市公司的实例帮助理解。

根据《企业会计准则第6号－无形资产》第7条中的明确规定，企业内部研究开发项目的支出，应当区分研究阶段支出与开发阶段支出。

(1) 研究阶段支出。

研究阶段，是指为获取新的科学或技术知识并理解它们而进行的独创性的有计划调查，主要是指为获取相关知识而进行的活动。

但是研究是否能成功？是否真的能得出有用的结论？仅凭理论研究能否保证实际应用的落地？落地后的量产是否能确定带来经济层面上的收益？

这些都是不一定的事情，因为新技术、新路线的研发探索，本身就具备着极大的不确定性，更别说把新技术顺利地应用到生产中，并且克服运输、材料等成本因素和其他外部因素的影响，为企业真正地带来效益。

因此，在研究阶段的费用支出，由于无法确定其是否能够为企业带来回报，所以就要全部按照费用化处理，计入当期损益中。比如这一年，企业在研发上花费了5个亿，那么研发费用就是实打实的5个亿。

(2) 开发阶段支出。

开发阶段，从书面定义上来看，是指在进行商业性生产或使用前，将研究成果或其他知识应用于某项计划或设计，以生产出新的或具有实质性改进的材料、装置、产品等，包括生产前或使用前的原型和模型的设计、建造和测试、小试、中试和试生产设施等。

进入开发阶段的项目，证明理论研究阶段已经成功，形成成果的概率较大，因此如果企业能够证明开发支出符合无形资产的定义及相关确认条件，则可将

其确认为无形资产。

而一旦把这部分开发阶段中支出的费用看作是能带来未来经济回报的资产，那么就不会再计入当期损益，而是按照资产的处置方法，把费用分几年来进行摊销。

对于没有财务基础的读者朋友，看到这里可能有些不明所以，没关系，举个简单的例子就能明白了。

A公司在2015年为一个研发项目投入了1个亿，根据以上知识点，如果A公司并不确定投进去的1个亿未来能否带来经济回报，认为它属于研究阶段的支出，那这1个亿就要完全按照研发费用化来处理，反映在利润表上就是2015年的研发费用为1个亿。这种处理方式叫作研发费用化处理。

但如果A公司认为，这1个亿已经不再仅属于研究阶段的支出，而是基于研发已经成功后的开发阶段支出，未来极有可能带来回报，那么这1个亿就可以不再被看作是费用，而是根据这个回报让公司受益的期限，来分期摊销。比如项目落地之后，可以在五年内为公司带回10个亿的业绩，那么就可以把这1个亿按照五年摊销，这1个亿也不再仅是费用科目，而是被看作无形资产，这样的处理方式叫作研发费用资本化处理。

这两种不同的处理方式分别会带来什么结果？

如果是第一种情况，按照费用化处理，那就会直接影响到本报告期内的利润情况，2015年A公司实现营业收入10个亿，研发支出了1个亿，最后利润就剩下9个亿。

但如果按照第二种情况，进行研发费用资本化处理，我把这1个亿看作是无形资产，能够在未来5年内带来利润，那么就要分5年摊销，每年就是2000万，那同样是2015年10个亿的营收，利润就不仅是9个亿，而是9.8亿。

通过不同的处理方式来美化公司当期的净利润水平，这就是研发费用采取资本化处理方式的最大好处。

那有些读者朋友可能会问了，本来9个亿的利润，变成了9.8亿，这不是虚增利润、财务造假吗？

并不是这样的，对研发费用采取资本化处理方式是完全符合规定的，关键就在于企业从主观上如何定义研发费用的性质。

那作为投资者的我们就要擦亮双眼,尽量避免研发费用资本化率过高的企业,因为这种公司有可能在利用这种方式来让自己账面上的利润变得更好看。

在了解了研发费用的不同处理方式后,再来看一看刚才提到的贝达药业。

2019—2021年,公司的研发费用资本化率分别为:51.62%、51.12%、34.24%,可见公司虽然在大力投入研发,但在研发费用的处理方式上还是有一定瑕疵(表2-22)。不过也不能过于苛求,因为创新药的研发本来就是一项高风险的工作,公司对费用进行一些处理来优化利润也是可以理解的。只不过投资者需要心中有数,公司并没有直观看上去那么优秀。

表2-22 贝达药业2019—2021年研发费用处理方式

	2021年	2020年	2019年
研发投入金额(元)	860,589,138.87	742,390,944.68	674,585,005.59
研发投入占营业收入比例	38.32%	39.69%	43.41%
研发支出资本化的金额(元)	294,641,339.43	379,540,939.57	348,221,558.68
资本化研发支出占研发投入的比例	34.24%	51.12%	51.62%
资本化研发支出占当期净利润的比重	77.63%	63.14%	154.19%

如果说有的公司采取资本化处理方式是为了适当地美化利润,那么有的公司则是为了掩盖利润亏损的事实。

乐视网(300104,现已退市),公司位于北京市,2015—2018四年期间,乐视在研发费用资本化处理的比例都要超过60%,这个比例算是很高了。再来看这四年公司的净利润情况,分别为:2.17亿元、-2.22亿元、-181.84亿元、-57.34亿元,从微微盈利转为大幅亏损,所以公司为了不让利润那么难看,可谓是无所不用其极。

那么A股市场上有没有研发费用投入力度又大又完全采用费用化处理的优秀企业呢?当然是有的。

恒瑞医药(600276),公司位于江苏省,主要从事各类创新药的研发,是A股市场上最优秀的创新药龙头企业。

2016—2019年,公司的营业收入规模分别为:110.94亿元、138.36亿元、174.18亿元、232.89亿元;研发费用规模分别为:11.84亿元、17.59亿元、26.7亿元、38.96亿元。这样算下来,四年间公司的研发费用率水平分别为:10.67%、12.71%、15.33%、16.73%,始终保持在两位数水平并且保持了单调递增趋势。

而在这四年的年报中，我们会发现，公司对所有的研发费用支出都采取了全额费用化的处理，在研发费用较多且保持增长的背景下依然采用全部费用化处理，是一种对利润和自身实力非常自信的表现，公司并不需要修饰自己的利润以博得市场和投资者的青睐。

公司这么做完全是有底气的，2016—2019 年，恒瑞的净利润增速分别达到了 18.45%、25.01%、23.33%、31.16%，非常亮眼，如果公司采用适当的手段进行修饰的话，业绩会更好看。

但随后的 2020—2021 年，恒瑞的净利润增速回落到 18.44%、−28.93%，背后的原因是多样的，包括全球创新药融资市场景气度下降、研发管线进度放缓等。

在利润端承受压力的同时，公司也不得不考虑采用合理的方式来放缓利润的减少。于是在恒瑞的 2021 年报中，公司首次对研发费用采用了资本化处理的方式，比例为 4.19%（表 2-23）。

表 2-23 恒瑞医药 2021 年研发费用处理情况

单位：元

本期费用化研发投入	5,943,306,005.11
本期资本化研发投入	259,982,322.06
研发投入合计	6,203,288,327.17
研发投入总额占营业收入比例（%）	23.95
研发投入资本化的比重（%）	4.19

其实这个比例并不高，对利润的影响也没有那么大，但市场更看重的是这个处理方式本身透露出企业正处在经营困难的阶段，因此在年报正式披露之后，恒瑞的股价再一次大幅下跌，而研发费用资本化处理便是大跌的导火索之一（图 2-3）。

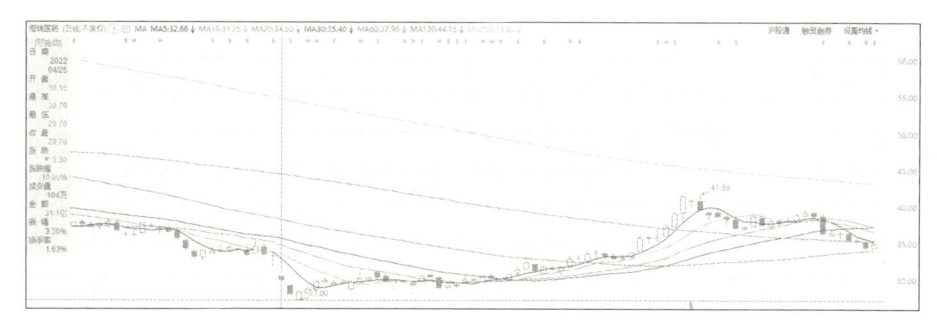

图 2-3 恒瑞医药股价走势

> 对于研发费用这一财务科目，我们一般在分析科技股、医药股的时候会重点关注。首先看规模，其次看处理方式。对于科技股、医药股，我们希望公司对于研发的重视程度尽量高些，而不是把精力都放在模仿和营销宣传上；其次，即使研发费用支出很多，还要看处理方式，如果资本化处理比例大的，我们就要怀疑企业的经营是否出现了较大问题。

(六) 财务费用

说完了销售费用、管理费用、研发费用，上市公司的四大项费用中就只剩下最后一项：财务费用。

财务费用的字面意思可能没有前三项费用那么好理解。先看一下定义：财务费用主要是指企业为筹集生产经营所需资金等而发生的费用。包括利息收入、利息支出、手续费，还包括一部分涉外企业的汇兑损益等。

上市公司详细的财务费用构成会在年报中的财务报表附注中列示出来，使用关键词搜索功能搜索"财务费用"就可以看到。一般来说在财务费用的构成中，利息是大头，需要重点分析的通常也主要是三部分：利息支出、利息收入、手续费。

利息支出，通常是银行贷款、其他贷款、借款的利息支出。

利息收入，通常是银行活期利息、定期利息、出借款项利息的收入（银行理财产品利息通常记入投资收益），以负数入科目的借方。

手续费，各类银行业务相关的手续费，比如网银服务费、转账手续费、银行函证费用等。

原则上，一家公司的财务费用支出不应过多，因为这代表公司账面上可能存在大量借款，从而需要偿付大量的利息支出。

有的公司甚至全年的净利润都还不够支付利息的，听起来荒谬，但确实是存在的。2022年12月31日，A股市场上净利润小于财务费用的公司一共有1147家！可见仅是通过财务费用这一简单指标，就能筛选掉一千多家净利润还不足以偿还借款的公司，财报分析看起来也没有那么难！

此外，财务费用和另外三项费用的另一大区别就是，现实情况中财务费用可以为负数，其他三项费用则只能为正。

财务费用为负数是什么意思？说明公司利息收入大于利息支出，每年还能凭借多余的资金来购买一些理财产品，从而获得一部分额外的利息收入，这就造成了账面上财务费用为负数的现象。

这样的情况是投资者希望看到的，至少说明公司没有太多借款，偿债压力不大，债务风险可控。2022年12月31日，A股市场上财务费用为负的公司一共有2416家。

来看看伊利股份，2018—2022年公司的财务费用规模分别为 −6027 万元、800 万元、1.88 亿元、−2915 万元、02.55 亿元，财务费用率分别为 −0.08%、0.01%、0.19%、−0.03%、−0.21%，虽然没能每一年都实现利息的净流入，但整体也保持了极低水平（表2-1）。

如果说伊利在财务费用上的表现还算不上顶级，那么青岛啤酒在这方面则充分展现了自己的能力。自2011年以来，青岛啤酒的财务费用就一直保持在负数水平（图2-4），最高曾经在2018年达到过4个多亿，而2018年公司全部的净利润一共才15.61亿元，也就是利息收入贡献了青啤接近三分之一的净利润。

可见，从财务费用这一科目就能看出，青岛啤酒这家公司账面上的资金非常充足，多年来负债水平极低，几乎没有什么借款，所以能凭借利息收入来增厚净利润水平，债务风险可控，是一家不差钱的公司。

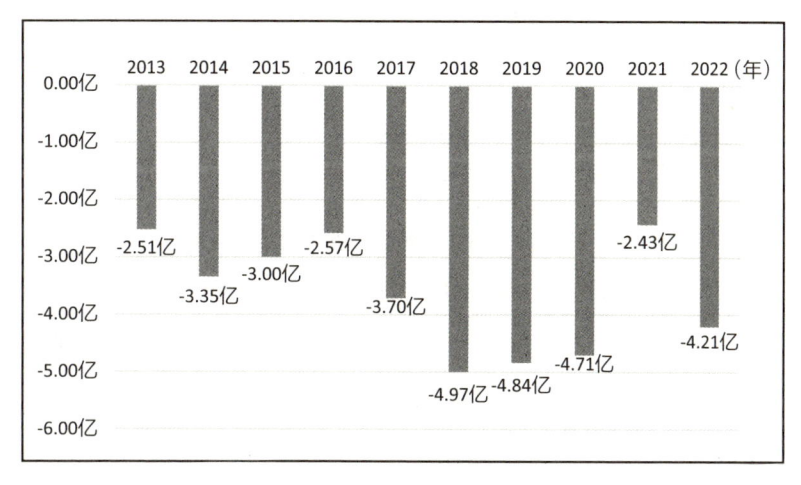

图 2-4 青岛啤酒（2013—2022年）财务费用

除了上面提到的利息收入、支出会影响到财务费用，还有一个常见的影响因素：汇兑损益。

这里以东方航空（600115，现已改名中国东航）为例。公司位于上海市，1997年上市，主要从事客运、货运等航空运输业务。2016年，公司的净利润一共49.65亿，随后的2017年，净利润大幅增长37.36%达到68.2亿元。

是由于公司的经营情况出现大幅改善，从而带来了利润增长吗？并不是。

观察公司的财务费用变化，2016年财务费用63.93亿元，2017年大幅减少到12.61亿元，原来财务费用支出的减少，才是净利润增长的最主要因素。

之所以会有这种变化，主要是因为东方航空以外币结算的有息负债规模极高，而外币汇率的变动会带来巨额的汇兑损益。2016年汇兑损失35.74亿元，2017年汇兑收益20.01亿元，一进一出形成了55.75亿元的差额，由此造成东航在2017年的财务费用支出大幅度减少，净利润水平大幅提高（图2-5）。可见，财务费用的变化，除了由利息决定，还可以由汇兑损益的变化决定。

45. 财务费用		单位：百万元
	2017年	2016年
利息支出	3,977	3,447
其中：精算利息净额	98	88
减：资本化金额（附注五、13）	793	718
汇兑损益	(2,001)	3,574
减：汇兑损益资本化金额（附注五、13）	-	31
减：利息收入	111	96
其他	189	217
	1,261	6,393

图 2-5　东方航空 2017 年财务费用明细

那什么样的公司可能存在这种波动呢？那些海外市场业务占比较高、外币结算比例高的公司，他们的财务费用就会很大程度受到汇兑损益的影响。

表 2-24 统计了 2022 年 A 股市场中财务费用率最高的前十家企业，可以看到前五家都已经戴上了 ST 的帽子，排名第一的 *ST 紫鑫，2022 全年财务费用达到了 4.63 亿元，而公司全年的营收规模一共才有 1.44 亿元，也就是说，一年到头赚到的钱都还不够支出财务费用的一半！可见公司正面临着极大的经营风险。

表 2-24 A 股市场 2022 年财务费用率前十名

股票代码	股票简称	财务费用／营业总收入（%）	财务费用（亿元）	营业总收入（亿元）
002118.SZ	*ST 紫鑫	322.571	4.63	1.44
300297.SZ	*ST 蓝盾	295.9891	2.91	0.98
600242.SH	*ST 中昌	259.6857	0.29	0.11
000711.SZ	*ST 京蓝	232.3066	4.53	1.95
300495.SZ	*ST 美尚	166.8334	2.22	1.33
600783.SH	鲁信创投	115.9099	1.34	1.16
000056.SZ	皇庭国际	87.4858	5.80	6.63
300309.SZ	吉艾退	84.7641	0.44	0.51
300273.SZ	*ST 和佳	76.8744	1.94	2.52
600306.SH	*ST 商城	67.0499	0.74	1.10
600306.SH	*ST 商城	67.0499	0.74	1.1

再来看 2022 年财务费用率最低的前十家公司（表 2-25），排名第一的亚虹医药 2022 全年营业收入只有 2.6 万元，但财务费用净流入了 2553 万元。这份统计表中前六家公司的财务费用净流入规模都高于全年营收，可见财务费用是一个神奇的科目，既可以消耗营收，又可以增厚利润。

表 2-25 A 股市场 2022 年财务费用率后十名

股票代码	股票简称	财务费用／营业总收入（%）	财务费用（元）	营业总收入（元）
688176.SH	亚虹医药	−97832.0989	−25529599.26	26095.32
688197.SH	首药控股	−1100.4666	−20107727.7	1827200.11
833575.BJ	康乐卫士	−1063.8203	−20219173.99	1900619.35
688302.SH	海创药业	−452.8459	−7475682.03	1650822.41
688062.SH	迈威生物	−125.3571	−34764292.15	27728179.2
600751.SH	海航科技	−101.4476	−149058000	146931000

续表

股票代码	股票简称	财务费用/营业总收入(%)	财务费用(元)	营业总收入(元)
000886.SZ	海南高速	−29.7452	−50317860.14	169163109.8
603955.SH	大千生态	−19.1649	−48290721.75	251974832.7
688185.SH	康希诺	−17.8564	−184741000	1034595000
300695.SZ	兆丰股份	−17.4874	−92357836.62	528137823.5

(七) 投资收益

投资收益是指企业对外投资所得的收入，如企业对外投资取得股利收入、债券利息收入以及与其他单位联营所分得的利润等。如果投资成功，则投资收益为正；反之，如果投资失败，那么投资收益就为负，意味着损失。

既然是投资，盈亏比例就各占50%，没有绝对稳赚不赔的投资，因此即使一家公司连续多年依靠投资收入增厚了业绩，那么在新的一年，公司投资成功和失败的概率依然各占50%，所以投资带来的收益本质上并不可持续。而与之相对的是这家公司赖以生存的主营业务，可持续性要比投资得来的收益强得多。

对于一家上市公司来说，比较理想的情况应该是：首先，能够依靠主营业务获取稳定的利润和现金流，造血能力强，以保证公司能够抵御各种黑天鹅事件。其次，还能够依靠剩余的资金和管理者卓越的战略眼光，来投资看好的项目、产业，并且由此带来一部分经济回报，增厚业绩水平。注意，即使没有这部分投资回报，公司的利润规模也不会受到太大的冲击，因为投资得来的收入本来就是不可持续的、锦上添花的，而不能指望其具备雪中送炭的性质、成为业绩增长的主要来源。如果一家公司常年以投资收益为生的话，首先要对管理层的投资能力给予肯定，但业绩的可持续性一定是会受到质疑的。

那我们如何衡量投资收益究竟是否过高呢？可以将投资收益和净利润做比值，比例过高的企业要格外重视，大概率不是不务正业就是主营业务遇到问题。表2-26统计了2021年A股市场上投资收益和归母净利润前十名的企业：

表 2-26　A 股市场 2021 年投资收益 / 归母净利润前十名

股票代码	股票简称	投资收益（亿元）	净利润（亿元）	投资收益 / 净利润
000793.SZ	华闻集团	3.62	0.13	27.85
000627.SZ	天茂集团	103.79	4.71	22.04
300353.SZ	东土科技	1.14	0.05	22.8
300278.SZ	华昌达	5.73	0.34	16.85
600410.SH	华胜天成	3.75	0.23	16.3
002426.SZ	胜利精密	4.95	0.39	12.69
300199.SZ	翰宇药业	3.89	0.31	12.55
600626.SH	申达股份	4.31	0.35	12.31
002072.SZ	凯瑞德	1.09	0.09	12.11
600791.SH	京能置业	0.68	0.06	11.3

第一名是华闻集团（000793），这是一家 1997 年上市的公司，主营业务为信息传播服务业、网络游戏、软硬件销售及其服务。

2021 年，公司的营业收入规模为 10.1 亿元，归属于上市公司股东的净利润为 1342.88 万元，但扣除非经常性损益后归属于股东的净利润却是亏损了 3.29 亿元，这其中绝大多数的非经常性损益就来自投资收益，2021 全年公司依靠投资收益共收入了 3.62 亿元。可见，投资收益很大程度上修饰了公司的净利润水平，如果是不会分析非经常性损益科目的投资者来分析这家公司，也许根本看不到风险所在。

公司 2021 年依靠投资收益增厚利润的缺陷也在 2022 年报中暴露无遗，2022 年公司总营业收入 7.59 亿元，净利润亏损 8.43 亿元，扣非净利润亏损 6.01 亿元，去年给公司带来 3.62 亿元直接利润的投资收益科目，今年转盈为亏，变成了净亏损 1.44 亿元（表 2-27）。

表 2-27　华闻集团 2022 年投资收益

单位：元

项目	本期发生额	上期发生额
权益法核算的长期股权投资收益	-46,488,745.92	-50,695,329.02

续表

项目	本期发生额	上期发生额
处置长期股权投资产生的投资收益	-2,264,183.88	179,408,613.87
交易性金融资产在持有期间的投资收益		6,362,956.65
处置交易性金融资产取得的投资收益	-94,907,495.03	16,256,501.72
委托贷款或理财收益	-354,206.09	
其他		210,206,001.72
合计	-144,014,630.92	361,538,744.94

除了排名第一的华闻集团，其余公司分别为：天茂集团、东土科技、华昌达、华胜天成、凯瑞德、胜利精密、瀚宇药业、申达股份、京能置业，都是一些投资收益远大于净利润的企业。

那么主营业务增长情况良好，还能依靠投资收益实现锦上添花的公司有没有呢？当然有，泰格医药就是一个典型的例子。

泰格医药（300347），公司位于浙江省，主要业务是提供临床前CRO服务，通俗来讲，由于创新药的研发投入较多、失败率较高、风险较大，所以创新药企业为了降低风险，把药品研发、试验等流程外包给专业的第三方企业来做，这类企业就叫作CXO企业，包括CRO、CDMO等等，泰格医药就是一家专门从事创新药临床前阶段CRO服务的公司。

按理说公司的主营业务跟对外投资关系并不算大，只要保质保量完成来自下游创新药企业客户的订单就可以了。但是公司管理层眼光独到，牵头成立了多家基金，对外投资了很多医药行业不同的细分子赛道。那么投资收益如何呢？

2018—2021年，公司的投资收益分别为：1.19亿元、1.8亿元、2.84亿元、3.12亿元。而这四年间，公司的净利润规模分别为：5.07亿元、9.75亿元、20.29亿元、33.92亿元。投资收益占比净利润比例分别为：39.25%、18.46%、13.99%、9.2%。

可见，一开始泰格医药的投资收益增厚了接近40%的净利润，随后虽然投资收益规模仍然在增长，但主营业务的发展更为强劲，因此投资收益在净利润中的占比越来越低。所以我们应该对公司管理层的投资能力表示肯定，因为投资收益虽然比例降低，但规模仍然保持了增长，产生了锦上添花的效果。

但即使是对于泰格医药这种主营业务保持增长、投资收益同样增长但占比越来越低的公司，市场上对于泰格仍旧褒贬不一，有人认为如此时间跨度的持续验证，可以把投资收益作为利润的稳定来源之一；也有人认为，不能忽略投资收益的本质仍然是不确定性的，因此要使用剔除投资收益后的利润来为公司估值。可见即使是能保持每年的投资收益规模都在增长，也无法完全消除市场对于不可持续性收入的担忧。而作为普通投资者的我们，最好的选择仍然是多一分谨慎，对于投资收益占比过高的公司敬而远之。

(八) 公允价值变动损益

公允价值变动损益，是指企业各种资产公允价值变动形成的应计入当期损益的利得或损失。

简单来说，就是公司账面上那些以公允价值计量的资产，比如交易性金融资产 (持有的股票、债券、基金等)、投资性房地产、衍生金融资产、金融负债这几大类科目，这些资产在两个不同时点上不同的公允价值，会直接影响到公司当期的净利润水平，而这两个时间点的公允价值差异要被列入利润表的公允价值变动损益中，可以为正，说明这些资产得到升值，也可以为负，意味着资产发生贬值。

而且从定义上来看，公允价值变动损益仅是这些资产的账面价值发生变动而带来的损益，并不需要公司真的对这些资产进行处理。

举个例子，上市公司持有10亿元价值的股票，过了一阵，这些股票价值缩水到了8亿元，这时就要有2个亿计入公允价值变动损益中。那么公司是否需要真的去交易这些股票呢？完全不用 (在这里读者朋友们可以思考一下，如果公司真的交易了这些股票，那么由此造成的2个亿亏损应该计入哪个科目中呢？答案就是投资收益)。

可见，如果一家公司账面上以公允价值计量的投资性资产较多，那么即使公司不对这些资产进行真正的处置，也有可能因为其账面价值的变动而影响最终的利润水平。

先来看伊利股份，近五年伊利的公允价值变动损益分别为23.1万元、7816万元、1.71亿元、1.21亿元、9400万元，整体规模较小，不会对利润产生太大的影响 (表2-1)。

再来看华西股份 (000936)，公司位于江苏省，主营业务是涤纶短纤维，占

比总营收超过 90%，其他还包括了近 10% 的仓储业务。

根据 2021 年报显示，在公司所持有的以公允价值计量的资产和负债科目中，由于交易性金融资产公允价值变动造成了 8.74 亿元的亏损、其他非流动资产公允价值变动造成了 9000 万元的亏损，这样总的公允价值变动亏损达到了 9.64 亿元，导致公司 2021 全年的净利润只有 3.42 亿元，还没有 2016 年和 2018 年的净利润多。

那是不是只有理财产品的公允价值变动，才有可能带来公允价值变动损益？不是的，只要是以公允价值计量的资产或负债都可以。

这里以美凯龙（601828）为例。这家公司位于上海市，业务结构非常分散，包括租赁及管理收入、商业咨询费及招商佣金收入、建造施工及设计等，是一家热衷于房地产投资的企业。

从 2019 年年报来看（表 2-28），公司采用公允价值计量的资产规模达到了 824.5 亿元，但其中理财产品占比极少，绝大多数都是投资性房地产，一共有 785.33 亿元。2019 年，这些投资性房地产的公允价值变动为公司带来了 16 个亿的账面收益，要知道公司 2019 年全年的净利润一共才 46.86 亿元，可见，这些投资性房地产的公允价值变动贡献了公司大概 34% 的利润。

表 2-28 美凯龙 2019 年采用公允价值计量的项目

单位：元 币种：人民币

项目名称	期初余额	期末余额	当期变动	对当期利润的影响金额
交易性金融资产	236,256,219.87	233,385,470.05	-2,870,749.82	16,355,231.33
其他非流动金融资产	324,850,000.00	368,774,540.60	43,924,540.60	15,024,540.60
衍生金融资产	-	31,751,504.22	31,751,504.22	40,125,000.00
其他权益工具投资	3,302,748,467.57	3,999,157,825.44	696,409,357.87	-
应收款项融资	55,000,000.00	41,040,000.00	-13,960,000.00	
投资性房地产	78,533,000,000.00	85,107,000,000.00	6,574,000,000.00	1,600,693,492.00
合计	82,451,854,687.44	89,781,109,340.31	7,329,254,652.87	1,672,198,263.93

但这些利润是经营所获得吗？并不是，因为其本身的可持续性较差，不能看作是企业自身竞争力在经营业绩上的体现，所以美凯龙实际的经营情况并没有利润上表现得那么好。

而且对于这些投资性房地产规模极大的公司，还需要额外多一分警惕。因为在地产市场景气度高的时候，他们可以把自有的固定资产，也调节到投资性房地产中，借此实现进一步放大利润的目的。因此，投资者在分析地产投资规模较大公司的时候,要格外关注是否突然有大额固定资产变动到投资性房地产的情况出现。

(九) 资产减值损失

资产减值损失这一科目,很多投资者应该都对它比较熟悉了。资产的涵盖范围非常广,包括存货、应收账款、固定资产、无形资产、生产性生物资产等,大部分上市公司都计提过或多或少的资产减值损失,也有的公司因为这一科目而造成了净利润的大幅亏损,所以关注资产减值损失的规模是非常有必要的。

资产减值损失产生的本质原因,就是某一项资产的账面价值高于其可回收价值造成的差额部分,进而直接影响到净利润水平。比如本来价值100亿元的厂房设备,因为行业景气度下降、技术更新等原因,可回收价值只有70亿元了,那这30亿元的差额部分就要计入资产减值损失。

如果这部分资产真的被处理了,那就计入资产减值损失;如果仅是账面价值的变化,那就计入资产减值准备。

所有的资产都可能发生减值损失,常见的主要有八种:应收账款、存货、长期投资、短期投资、固定资产、在建工程、无形资产、商誉,不同公司可能计提减值的资产有所不同:

热衷对外并购的公司,计提商誉减值的风险较大;

科技类公司,技术更新迭代快,计提存货减值的可能性更大;

下游客户不稳定的时候,计提应收账款减值的可能就更大些,

所以对于资产减值损失这一财务科目,更多地需要具体行业具体分析。这里主要探讨如何通过资产减值损失这一科目实现对利润的调节,因为资产减值损失的来源是资产价值的变化。如何衡量价值变化的程度?很大程度上取决于上市公司的主观判定,这就提供了调节利润的空间。

看一种常见的通过资产减值损失来调节利润的方法:

在第一年一次性计提大额资产减值损失,造成当期净利润的大幅减少甚至亏损,然后第二年轻装上阵,在低基数效应下很容易实现利润的同比增长,而且还可以在第二年把资产减值的部分转回来,进一步增厚利润。

这里以中国船舶(600150)为例。公司位于上海市,1998年上市,主营业务为船舶造修与海洋工程、动力装备、机电设备等。从历史水平来看,公司

每年的资产减值损失规模基本是在 10 个亿以下，2013—2015 年还呈现逐年减少趋势。但随后的两年里，公司的资产减值损失规模迅速增加，2016 年达到 37.56 亿元，2017 年达到 26.92 亿元，随后的 2018 年，资产减值损失规模又再次大幅减少到 3.92 亿元，并且保持在 10 几亿的规模直到现在。

为什么要这么做？

在 2016 年新增大额资产减值损失后，公司的净利润从 2015 年亏损 2.34 亿元直接变成了亏损 30.22 亿元，变化幅度高达 11.93 倍。2017 年资产减值规模略有减少，但仍有近 27 亿元规模，因此公司的净利润继续亏损 25.44 亿元。但在随后的 2018 年，公司资产减值损失已经计提完毕，在低基数效应下，公司实现 6.07 亿元净利润，同比增速达到 123.85%（图 2-6）。如果是对公司不够了解的投资者，还以为是公司的经营质量大幅提高呢，但其实只是一次财务洗澡而已。

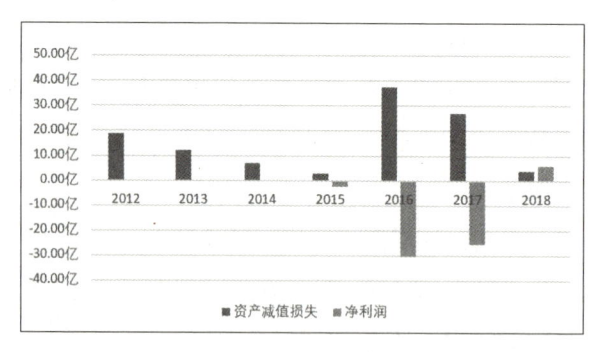

图 2-6　中国船舶 2012—2018 年净利润、资产减值损失

各位读者朋友们，关于利润表的解读到这里就告一段落了。现在，你学会看利润表了吗？

第二节　资产负债表

从本节开始，我们进入资产负债表各个科目的讨论中。

表 2-29 是贵州茅台（600519）最新的 2022 年度合并资产负债表，这份表格

里传递出的信息很多，下面一一来看。

表 2-29 贵州茅台 2022 年度合并资产负债表

单位：元　币种：人民币

项目	附注	2022 年 12 月 31 日	2021 年 12 月 31 日
流动资产：			
货币资金	1	58,274,318,733.23	51,810,243,607.11
结算备付金			
拆出资金	2	116,172,711,554.59	135,067,287,778.03
交易性金融资产			
衍生金融资产			
应收票据	3	105,453,212.00	
应收账款	4	20,937,144.00	
应收款项融资			
预付款项	5	897,377,162.27	389,109,841.28
应收保费			
应收分保账款			
应收分保合同准备金			
其他应收款	6	31,818,622.84	33,158,974.32
其中：应收利息			
应收股利			
买入返售金融资产			
存货	7	38,824,374,236.24	33,394,365,084.83
合同资产			
持有待售资产			
一年内到期的非流动资产	8	2,123,601,333.33	
其他流动资产	9	160,843,674.42	71,527,560.74
流动资产合计		216,611,435,672.92	220,765,692,846.31

续表

项目	附注	2022年12月31日	2021年12月31日
非流动资产：			
发放贷款和垫款	10	4,134,744,407.92	3,425,175,000.00
债权投资	11	380,685,319.09	170,468,623.71
其他债权投资			
长期应收款			
长期股权投资			
其他权益工具投资			
其他非流动金融资产			
投资性房地产	12	5,335,046.99	5,242,431.75
固定资产	13	19,742,622,547.86	17,472,173,182.85
在建工程	14	2,208,329,892.95	2,321,988,541.82
生产性生物资产			
油气资产			
使用权资产	15	402,551,533.46	362,785,970.23
无形资产	16	7,083,177,226.45	6,208,358,330.24
开发支出	17	190,536,632.60	
商誉			
长期待摊费用	18	146,455,346.90	139,342,455.82
递延所得税资产	19	3,458,931,368.11	2,237,206,443.84
其他非流动资产	20		2,059,761,333.33
非流动资产合计		37,753,369,322.33	34,402,502,313.59
资产总计		254,364,804,995.25	255,168,195,159.90
流动负债：			
短期借款			
向中央银行借款			

续表

项目	附注	2022年12月31日	2021年12月31日
拆入资金			
交易性金融负债			
衍生金融负债			
应付票据			
应付账款	21	2,408,371,053.69	2,009,832,495.56
预收款项			
合同负债	22	15,471,920,924.98	12,718,465,288.02
卖出回购金融资产款			
吸收存款及同业存放	23	12,874,043,355.42	21,763,575,647.32
代理买卖证券款			
代理承销证券款			
应付职工薪酬	24	4,782,311,242.41	3,677,845,718.53
应交税费	25	6,896,555,423.83	11,979,802,144.01
其他应付款	26	4,543,842,833.87	4,124,404,781.29
其中：应付利息			
应付股利			
应付手续费及佣金			
应付分保账款			
持有待售负债			
一年内到期的非流动负债	27	109,351,155.28	104,319,886.87
其他流动负债	28	1,979,272,808.90	1,535,976,293.22
流动负债合计		49,065,668,798.38	57,914,222,254.82
非流动负债：			
保险合同准备金			
长期借款			

续表

项目	附注	2022年12月31日	2021年12月31日
应付债券			
其中：优先股			
永续债			
租赁负债	29	334,447,942.79	296,466,199.74
长期应付款			
长期应付职工薪酬			
预计负债			
递延收益			
递延所得税负债			
其他非流动负债			
非流动负债合计		334,447,942.79	296,466,199.74
负债合计		49,400,116,741.17	58,210,688,454.56
所有者权益（或股东权益）：			
实收资本（或股本）	30	1,256,197,800.00	1,256,197,800.00
其他权益工具			
其中：优先股			
永续债			
资本公积	31	1,374,964,415.72	1,374,964,415.72
减：库存股			
其他综合收益	32	-10,776,907.33	-13,017,880.78
专项储备			
盈余公积	33	32,522,779,178.88	25,142,832,818.16
一般风险准备	34	1,061,529,724.00	1,061,529,724.00
未分配利润	35	161,301,978,184.73	160,716,861,920.19
归属于母公司所有者权益（或股东权益）合计		197,506,672,396.00	189,539,368,797.29

续表

项目	附注	2022年12月31日	2021年12月31日
少数股东权益		7,458,015,858.08	7,418,137,908.05
所有者权益（或股东权益）合计		204,964,688,254.08	196,957,506,705.34
负债和所有者权益（或股东权益）总计		254,364,804,995.25	255,168,195,159.90

（一）货币资金

无论是以何种格式统计的资产负债表，货币资金都是排在第一位的科目。

货币资金是指在企业生产经营过程中，处于货币形态的那部分资金，它是企业中最活跃的资金，流动性最强，是企业的重要支付手段和流通手段，因此排在资产负债表中的首位，一家上市公司拥有货币资金的多少，最直接代表了其支付能力和偿债能力的水平。

按其形态和用途不同，货币资金可分为现金、银行存款和其他货币资金。

现金主要是指库存现金，无论一家公司上市与否，都需要一定规模的现金用作日常采购、生产、运输、销售等经营活动。

银行存款则是企业存放在开户银行的、可以随时取用的资金，流动性稍弱于现金，但区别不大。

其他货币资金主要是指银行汇票存款、本票存款、保证金存款等，流动性弱于现金和银行存款，涵盖的项目也要冗杂得多。

从表2-29中可以看到，2022年贵州茅台账面上一共有582.74亿元货币资金，而公司的总资产规模是2543.65亿元，这样算下来茅台的全部资产中有22.91%是货币资金，家底非常殷实。2019—2022年，贵州茅台的货币资金占总资产的比例分别为7.24%、16.91%、20.3%、22.91%，可见这四年里茅台的总资产中现金占比持续提高，说明公司经营情况越来越好，手里越来越有钱，抵御风险的能力也越来越强。

表2-30统计了截至2022年12月31日，A股市场账面上货币资金最多的前十家公司。第一名是中国平安，作为我国综合型保险龙头企业，公司的货币资金规模超过6100亿元，遥遥领先于其他上市公司。其次是中国建筑、中信证

表 2-30　A 股市场货币资金规模前十名（截至 2022 年底）

股票代码	股票简称	2022 年货币资金（亿元）
601318.SH	中国平安	6137.37
601668.SH	中国建筑	3352.54
600030.SH	中信证券	3162.34
601390.SH	中国中铁	2385.84
601919.SH	中远海控	2368.77
601857.SH	中国石油	2250.49
600941.SH	中国移动	2234.83
300750.SZ	宁德时代	1910.43
601211.SH	国泰君安	1790.65
600048.SH	保利发展	1765.37

券，这两家公司的货币资金规模也超过三千亿规模，前十名内其他公司还包括了中国中铁、中远海控、中国石油、中国移动、宁德时代、国泰君安、保利发展，可见货币资金规模较大的公司有不少都处于保险、证券行业，很多都是中字头的大型央企、国企。

表 2-31 也统计了截至 2022 年底货币资金最紧张的前十家公司，最少的是 *ST 中期，这是一家 2000 年上市的公司，主要从事汽车销售、维修、保险等业务，2022 年底公司账面上仅剩下 101.63 万元货币资金，占比总资产 0.15%，对应着 2136 万的有息负债，说明公司目前已经出现严重的流动性危机，随时都有无法偿还债务的风险。

其次是 *ST 未来、*ST 文化、华嵘控股、吉艾退、ST 天成、华资实业、*ST 越博、乐通股份、海达尔，这些公司里货币资金规模最大的也不过才 648 万，而且普遍对应较高的资产负债率，偿债能力严重不足。此外还观察到这份名单里有 5 家公司都戴上了 ST 或 *ST 的帽子，说明这些公司在日常生产经营活动中赚钱很不容易，很难把营收留存下来变成利润，因此货币资金极为紧张，经营困难。

表 2-31　A 股市场货币资金规模后十名（截至 2022 年底）

股票代码	股票简称	2022 年货币资金（元）
000996.SZ	*ST 中期	1016276.2
600532.SH	*ST 未来	1343601.12
300089.SZ	*ST 文化	2671579.39
600421.SH	华嵘控股	3704392.81
300309.SZ	吉艾退	4235344.14
600112.SH	ST 天成	4692354.35
600191.SH	华资实业	5545126.7
300742.SZ	*ST 越博	5859096.45
002319.SZ	乐通股份	6262685.61
836699.BJ	海达尔	6483248.23

我们的直观感觉是一家上市公司的在手资金越多越好，越有钱越好，但仅凭一个货币资金规模的数字就能帮助我们下定公司有钱或没钱的结论吗？并不是，我们还需要观察货币资金中是否存在受限制的资金以及占比如何。

具体来说，资产负债表上显示的货币资金余额，有可能并不都是公司可以随时支配的现金，在年报中会列示货币资金的具体构成，其中有一项是"受限制的货币资金"，字面上很好理解，就是不能随时支取的现金。如果这种资金占比过高的话，那么公司有可能仅仅是纸上富贵，实际上可随时支配的流动资金并不充足。

先来看看贵州茅台（600519）的表现。表 2-32 为 2022 年贵州茅台的货币资金具体构成，可见合计 582.74 亿元的货币资金中，有 64.19 亿元使用受到限制的货币资金，也就是说茅台真正可以随时支取的现金是 518.55 亿元，不过好在公司没有任何长短期借款，因此不存在债务风险。

表 2-32　贵州茅台 2022 年货币资金具体构成

单位：元　币种：人民币

项目	期末余额	期初余额
库存现金	12,740.70	9,500.00
银行存款	58,274,305,992.53	51,810,234,107.11

续表

项目	期末余额	期初余额
其他货币资金		
合计	58,274,318,733.23	51,810,243,607.11
其中：存放在境外的款项总额	29,007,671.59	20,665,732.96
使用受到限制的货币资金		

项目	期末数	期初数
	人民币金额	人民币金额
存放中央银行法定存款准备金	6,418,765,887.71	6,381,004,565.81

再来看看乐视网（300104，已退市）。乐视的 2017 半年报显示，公司当时在手的货币资金共有 29.82 亿，但就是这不到 30 亿的资金却对应了 21.11 亿短期借款、29.77 亿长期借款，可见货币资金规模无法覆盖负债，而且差距较大，仅从资金和负债规模的对比上来看，公司就已经存在一定的偿债风险。

继续观察货币资金的构成，其中受限制的货币资金规模竟然高达 21.53 亿，本就不太够日常经营和偿债使用的货币资金中居然还有一大部分是不能动用的，所以当时乐视的资金链情况非常差，暴雷已经初现端倪（表 2-33）。

表 2-33 乐视网 2017 年货币资金具体构成

单位：元

项目	期末余额	期初余额
库存现金	134,795.47	424,576.15
银行存款	829,385,404.31	1,482,118,516.72
其他货币资金	2,152,896,629.44	2,186,603,263.21
合计	2,982,416,829.22	3,669,146,356.08
其中：存放在境外的款项总额	5,211,458.82	18,650,622.15

其他说明
1：期末银行存款余额中冻结款项 29,070,194.36 元；其他货币资金余额中受限资金 2,151,200,000.00 元，为 TCL 多媒体股权并购项目保证金。
2：期末货币资金中无其他抵押、质押等对使用有限制、有潜在回收风险的款项。

无独有偶，不仅是乐视网，东旭光电（000413）也同样如此。这是一家以光电显示材料、建筑安装等业务为主的公司，2019—2021 年东旭光电账面上的货币资金规模分别为 115.99 亿元、96.37 亿元、93.77 亿元，对应的有息负债规模分别为 203.34 亿元、204.21 亿元、218.77 亿元，同样是货币资金难以覆盖有息负债。再看年报，2019—2021 年受限制的货币资金分别为 111.43 亿元、86.53 亿元、85.77 亿元，也就是说公司能动用的货币资金其实极少，而且从 2019 年

开始，公司年报的审计意见从无保留意见变成了保留意见，连续三年如此，因此东旭光电在财务数据上存在较大的风险。对于这些货币资金中受限制使用比例过高的企业，一定要多加小心。

> 货币资金是一家上市公司流动性最强的资产科目，覆盖了公司日常经营活动的采购、结算等各种环节，因此被放在资产负债表中的第一项，一定规模的在手资金可以帮助上市公司抵御黑天鹅事件和系统性风险，让公司更有底气。在分析货币资金这一财务科目时，首先需要关注货币资金规模，规模太小的或者难以覆盖有息负债的，都要多留意一下；其次，即使货币资金规模尚可，也要拆分其构成，如果其中受限制使用的比例过高，那么说明公司的资金情况并没有看起来那么好，背后隐藏着偿债风险。

（二）交易性金融资产

交易性金融资产，简单来说就是企业购买的短期理财产品，目的是在短期内获取一定收益，这种短期理财的收益一般都高于银行存款收益，因此可以提高企业闲置资金的使用效率，由于其具备短期属性，因此流动性同样较强，也可以看作是货币资金的另一种存在形式。

对于这种短期理财可能带来的潜在收益，在财报中主要体现在"公允价值变动收益""投资收益"这两项科目中。

如果公司真的将交易性金融资产进行交易了，由此带来的收益或亏损，要计入投资收益中；如果公司一直持有这些资产，没有去完成交易，那么这些理财产品账面价值的变动，就会计入公允价值变动收益而非投资收益。

既然交易性金融资产的本质定位是短期理财，避免过多资金闲置，因此规模不能太大。毕竟相比于购买理财，我们还是更希望上市公司把在手的资金尽量用在主营业务上，比如消费企业用来开发新品、加大营销；科技、医药企业用于加大研发投入等，买理财只是在某些特定时期增厚利润的一种手段，比如这个阶段行业需求不景气、需要保守型经营的时候才会做的一种选择。

如果短期理财产品连续多年占比较高的话，就有可能是企业进取心不足、投入主营业务开发的确定性不高的原因，企业只能把闲置资金拿来买理财，这种情况我们就要注意了。

以上海莱士（002252）为例，这是一家主营产品为白蛋白、静丙及其他血液制品的公司。在2018年一季报公布后，投资者们发现，一季度公司亏损了6.91个亿，这在之前的历史上是从来没有过的。在随后的业绩说明会和公告中，公司表示由于一季度国内证券市场波动较大，公司持有的理财产品公允价值发生大幅变动，投资业务产生了8.98亿元的亏损（表2-34）。

表2-34　上海莱士2018年一季度公允价值变动收益大幅亏损

单位：元

项目	年初至报告期期末金额
非流动资产处置损益（包括已计提资产减值准备的冲销部分）	85,041.34
计入当期损益的政府补助（与企业业务密切相关，按照国家统一标准定额或定量享受的政府补助除外）	3,711,491.87
除同公司正常经营业务相关的有效套期保值业务外，持有交易性金融资产、交易性金融负债产生的公允价值变动损益，以及处置交易性金融资产、交易性金融负债和可供出售金融资产取得的投资收益	-897,900,869.49
除上述各项之外的其他营业外收入和支出	-441,078.14
其他符合非经常性损益定义的损益项目	640,142.15
减：所得税影响额	-134,000,457.88
少数股东权益影响额（税后）	-29,986.92
合计	-759,874,827.47

可见，避免资金闲置确实是每个公司都需要考虑的问题，但如果眼光不够独到、投资能力较差出现失误，可能不但无法获取利息，而且连本金都有亏损的风险，因此对于账面上存在大额交易性金融资产的公司，各位读者朋友还是要多加注意为好。

（三）应收票据、应收账款

应收账款是指企业已经交付了商品或提供了劳务，但尚未收到相应的款项或以货币计量的劳务和财物。

下游客户向企业购买了1亿元的产品，但只有4000万元现金，剩下的6000万元以欠条的形式结算，注明何时付清。那么从企业的角度来说，本次交易实现营业收入1亿元，但实际收到的现金只有4000万元，另外6000万元就变成了资产负债表中的应收账款，可见应收款的多少，会直接影响到企业的现金流水平。

应收款如果能在短期内及时收回，企业的流动资金就会增加，可以继续投

入到生产经营中，提高资金使用效率；如果不能及时收回或者有一部分变成坏账无法收回，那就会对公司的造成负面的影响，白白销售了产品却无法取得回报。

一家优秀企业的资产结构中是不会存在太多应收账款的，因为他们面向下游客户的话语权足够强，产品在下游市场中供不应求，即使某一个客户资金不够，也完全可以把产品销售给其他客户，丝毫不用担心产品会出现滞销等问题，甚至有的客户还要预先支付定金才能取得优先购买权，所以应收账款规模可以看作是企业对于下游客户话语权的体现，应收款越少，企业的产品力越强、话语权越强。

反之，如果一家公司正处于起步时期，规模小，话语权弱，产品知名度较低，没什么品牌效应，那么为了快速打开下游市场、扩大自己的销售领域、抢占更多的市场份额，这些公司往往会放宽对下游客户的回款期限，购买产品可以暂时不用付钱，企业需要的是让更多人看到、用到自己的产品。这样赊销的情况出现后，企业账面上的应收账款就会迅速增加，利润中现金含量降低，通常是成长时期公司牺牲利润质量换取市场份额增长的方式之一。

可见应收账款的多与少，直接体现出了一家公司在下游市场中的话语权和竞争力。

此外，应收账款还是企业修饰财务报表的一大常用工具，很多企业都会在应收账款这一科目上动手脚，通过调整应收账款来达到粉饰利润的目的。

比如有些应收款已经成为坏账，肯定无法收回了，但是企业依然为其计提坏账准备，因为这么做可以虚增利润，不用直接减去那部分无法收回的账款；

比如公司和某一大客户仅只是签了合同开了发票，伪造了收据，但是完全没有钱货交易，账面上仍然会以应收款的形式把这笔订单显示出来，这也是一种常见的虚增营收、利润的方法。

相比于应收账款，应收票据的安全性就要高得多。以公允价值计量的应收票据主要由银行等金融机构的承兑票据为主，银行承兑的应收票据相当于打折的现金，其可靠性与提取的保证性很强。所以我们希望公司尽量不要有太多的应收款存在，如果不可避免的话，那么尽可能以应收票据结算，最大限度地避开应收账款。

应收账款的分析要点主要有：

1. 看规模、增速

应收账款占比营业收入的比例不能太高，增速也不能太快，否则大概率会出现虚假繁荣的情况，企业看似赚了不少钱，但其实都是赊销，并没有收到多少真金白银，这样就无法继续生产、营销，资金情况愈发紧张，进入恶性循环。

在应收账款这方面，贵州茅台给我们展示了什么叫作教科书级别的表现。2022年公司实现营业收入1241个亿，但是应收账款仅有2093.71万元，连营业收入的一点点零头都不够，比例低到几乎可以直接忽略。而更惊人的是，自2015年开始直到2021年，贵州茅台账面上的应收账款规模一直都是0！营业收入保持两位数增长的同时，还能保证没有任何赊销情况出现，产品百分百都是以现金形式结算，不接受任何赊账，茅台自身的稀缺属性以及对于下游客户的话语权可见一斑（表2-35）。

表2-35　贵州茅台2015—2022年营业收入、应收账款规模

	2015	2016	2017	2018	2019	2020	2021	2022
营业收入（亿元）	326.6	388.62	582.18	736.39	854.3	949.15	1061.9	1241
应收账款（万元）	0	0	0	0	0	0	0	2093.71

再来看看欣泰电气（300372，已退市）。2013—2016年（表2-36），公司的营业收入规模分别为4.73亿元、4.19亿元、3.72亿元、1.41亿元，营收逐年减少，但应收账款规模分别达到2.08亿元、4.39亿元、4.94亿元、3.99亿元，不但连续增长，而且规模逐步超过营收，说明公司的营收和利润根本就不是真金白银，全部都是欠条，连续四年这样的变化趋势应该足够能引起投资者的警惕。

2015年5月，辽宁证监局成立联合调查组，正式对欣泰电气进行现场检查，历时4个月左右，终于坐实了欣泰电气从2011—2014年，连续四年里的六期财务报告中，每期都虚构应收账款7000多万元到2亿元不等，公司也因应收款被查出欺诈成为创业板退市的第一股。所以，如果一家公司的应收账款连续高速增长，占比营收越来越大，不仅有可能是生产经营遇到了困难，还有可能是在财务造假。

表 2-36　欣泰电气 2013—2016 年营业收入、应收账款、现金流规模

	2013	2014	2015	2016
营业收入（亿元）	4.73	4.19	3.72	1.41
应收账款（亿元）	2.08	4.39	4.94	3.99
经营活动现金流净额（万元）	4095.98	-980.25	1933.23	-9893.43

表 2-37 统计了 2022 年 A 股上市公司应收账款占比营业收入从高到低的前十名，第一名国盛金控 2022 年的应收账款规模已经达到 10.72 亿元，但营业收入仅有 75.48 万元，第二到第五名均已戴上 *ST 的帽子，前十名中共有 7 家 ST 企业，可见应收账款规模越大，公司在下游市场中的话语权越弱，经营风险也随之同步提高。

表 2-37　A 股市场 2022 年应收账款 / 营业收入前十家公司

股票代码	股票简称	2022 年应收账款	2022 年营业收入	应收账款 / 营业收入
002670.SZ	国盛金控	10.72 亿元	75.48 万元	1420.24
300297.SZ	*ST 蓝盾	15.95 亿元	0.98 亿元	16.28
600532.SH	*ST 未来	13.26 亿元	1.66 亿元	7.99
002504.SZ	*ST 弘高	10.51 亿元	1.33 亿元	7.9
000711.SZ	*ST 京蓝	13.47 亿元	1.95 亿元	6.91
300506.SZ	名家汇	6.14 亿元	1.23 亿元	4.99
300495.SZ	*ST 美尚	6.03 亿元	1.33 亿元	4.53
605069.SH	正和生态	15.09 亿元	3.50 亿元	4.31
600070.SH	ST 富润	8.03 亿元	1.95 亿元	4.12
300799.SZ	*ST 左江	2.32 亿元	0.59 亿元	3.93

2. 看结构

这里的结构主要是指应收账款的账龄，在财务报表附注中可以找到。所谓账龄就是负债人约定还款的时间，欠款时间越久，这笔款项就越难以收回，所以账龄分析法是分析应收账款常用的一种方法。具体来说主要是将应收账款按

照不同账龄分类,然后确定各账龄组的坏账损失,最后加在一起得到总的坏账估计金额。

为什么要这么做?因为应收账款需要计提坏账准备,不是所有下游客户都能完全保证按时全额还款,一旦有部分应收款无法收回,那就要计入资产减值损失,进而直接影响到本报告期的净利润水平。

对于投资者来说,当看到那些账龄比较长的应收账款,就应该仔细排查,账龄特别长的基本可以确认为是坏账了,但这个特别长具体是多长,不同账龄的应收款各自应该计提多少坏账准备,这就完全由企业自己决定了。所以仅仅是通过调整不同账龄期内应收款的计提比例,企业便可以达到调整净利润的目的。在分析这里的时候,各位读者朋友可以将公司和同行业内其他企业进行对比,如果计提比例有较大差别,那么就要仔细研究其背后的原因。

3. 看周转效率

应收账款周转率是反映应收账款周转速度的比率,体现出报告期内公司应收账款转换为现金的平均次数,计算公式为:

$$应收账款平均余额 = (年初应收账款余额 + 年末应收账款余额) / 2$$

$$应收账款周转率 = 销售收入 / 应收账款平均余额$$

$$应收账款周转天数 = 360 / 应收账款周转率$$

从以上计算公式可以看到,就算是应收账款增长得很快,但是如果销售收入增长更快的话,应收账款周转速度也还是提高的,这背后意味着只要公司的产品足够畅销,那么是可以允许一定数量的应收款出现,只不过应收款的增速尽量不要超过营业收入的增速。

> 在筛选企业时,我们应该首先选择应收票据或账款规模较小的企业,如果一定要有应收款,那我们希望公司的应收票据能更多一些,如果大多数是应收账款,那就要从规模、增速、结构、周转效率这几大方面来分析,至于更深层次的讨论,就要结合现金流量表的情况来进行综合分析,因为权责发生制下无法验证利润的真假,但现金流水是很难伪造的,所以凭借

现金的流入流出情况便可判断企业的利润是真是假，这种通过现金流量表来交叉验证营收利润质量是常用的分析方法之一。总之，应收账款是资产负债表中一项非常重要的财务科目，能够反映出企业经营层面、产品层面的很多问题，是分析每一家企业都必须看的一项财务指标，能够帮助我们排除掉很多潜在的风险。

(四) 应收款项融资

应收账款融资是近几年新设立的一项财务科目，就是企业将自己的应收款转让给银行，并向银行申请贷款，银行的贷款额一般为应收账款规模的50%～90%。企业将应收款转让给银行后，再向下游欠款客户发出通知，要求其付款到相应的融资银行。

这么一解释相信大家就很清楚了，因为应收款都是有明确还款期限的，但如果在这个期限之前企业需要用钱，就可以把这些应收款打个折转让给银行，并立即从银行处获得贷款，从而进行下一步的采购、经营活动。

以格力集团为例，2019—2021 年，格力的应收款项融资规模分别为：282.26 亿元、209.73 亿元、256.12 亿元，年报中公司表示这些融资绝大多数都是以公允价值计量的应收票据换来的。因此，如果再看到其他上市公司也有应收账款融资这一财务科目，大部分都是用来短期贴现的应收票据。而对于银行来说，愿意接收的也是这种信用等级较高的应收票据，否则就相当于将应收款回款的风险转移到了自己身上，银行肯定是不愿意这么做的。所以，应收款项融资这一财务科目，虽然规模有可能很大，但是风险并非和规模成正比，在这一科目上动手脚的可能性也比较小（图 2-7）。

> 12、应收款项融资
> 　　分类为以公允价值计量且其变动计入其他综合收益的应收票据和应收账款，自取得起期限在一年内（含一年）的部分，列示为应收款项融资；自取得起期限在一年以上的，列示为其他债权投资。其相关会计政策参见附注三、10"金融工具"及附注三、11"金融资产减值"。

图 2-7 格力电器应收款项融资分类

(五) 预付款项

和应收账款相对的，是预付款项。之所以说它们是相对的，是站在了产业

链的角度，前者面向下游客户，后者则是面向上游原材料供应商。所谓预付款项，就是企业提前付给上游供应商的钱，如果某种原材料很抢手，必须先付定金才能买得到，那这部分预付的定金，体现在企业的财务报表里就叫作预付款项。

下游客户没有交钱就拿走了产品，以应收款的形式结算，存在货款无法收回的风险；预付款也是类似的道理，先付了款，上游供应商有可能不发货或者晚发货，对于企业自身来说也存在着风险。所以，分析预付款项主要看以下几点：

1. 规模、增速

如果规模较小，说明企业无需提前付定金购买原材料，反之如果规模较大，说明企业对于上游供应商的议价权力较弱。而如果预付款的增速加快的话，说明企业在产业链中的地位正在降低，还有一种可能，就是存在关联方利益输送的现象。

2. 账龄

预付款也是有账龄的，而且账龄不能太长，不能付了定金后两三年都没有发货，那企业如何进行下一步的生产、制造、销售？所以，预付款项的账龄不能过长，最好是在1年之内。预付款的内容并不只局限于生产产品的原材料，还可以包括地皮租金等等，比如家家悦（603708），2020年公司的4.53亿元预付款项中有一部分就是向房东预付的租金（表2-38）。

表2-38 家家悦预付款项明细

单位：元　币种：人民币

账龄	期末余额		期初余额	
	金额	比例(%)	金额	比例(%)
1年以内	441,033,887.24	97.34	346,379,980.32	96.87
1至2年	9,780,024.19	2.16	7,941,340.74	2.22
2至3年	1,022,624.48	0.23	1,585,473.57	0.44
3年以上	1,239,155.89	0.27	1,691,533.06	0.47
合计	453,075,691.80	100	357,598,327.69	100

账龄超过1年且金额重要的预付款项未及时结算原因的说明：
主要是部分门店按照合同约定向房东预付租金形成的余额。

3. 去向

关注预付款的去向主要是为了分析预付款项具体都付给了哪些供应商。有的公司会在年报中列示出前五大供应商名单，如果是这样的话，我们可以用"天眼查"等工具，检查一下这些公司的成立时间、主营业务、实际控制人、产品等，看看这些供应商的产品是不是真的很抢手。同时检查一下公司主营业务和供应商产品的关系，比如一家卖手机的企业，向上游采购制作雪糕的原材料，这明显就是不合理的。如果供应商企业成立时间较短，产品也没有什么亮点，但公司依然为其支付大量的预付款项，我们也要谨慎起来。上述这些情况可能存在着潜在的利益输送，要么将这些资金转移到大股东手里，要么以营业收入、其他应收款等形式重新流入公司，借此增厚业绩，所以一旦预付款项和其他应收款规模同时大幅增加时，投资者们就要格外小心了。

> 预付款项和此前分析到的应收款项有很多相似之处，只不过是面向的群体不同，一个是下游客户，一个是上游供应商。对于一家优秀企业来说，预付款也和应收款一样，是越少越好，这样说明企业更容易拿到原材料进行生产，而不需要过度占用自身的资金。如果预付款较多或者突然增加，那么就要谨慎，公司议价能力是否有所减弱，是否存在通过将资金以预付款项的形式支付给关联方企业，进而流入大股东口袋里，或者以营收的形式重新流入公司，以此达到虚增营收利润的情况。

（六）其他应收款

其他应收款是指企业除应收票据、应收账款、预付账款以外的其他各种应收、暂付款项，反映了企业尚未收回的其他应收款项。这个财务科目就像是一个垃圾桶，各种费用都可以往里面放，比如：

（1）应收的各种赔款、罚款、补贴款。

（2）应收的各类政策性退税、待抵扣的税金。

（3）应向职工收取的各种垫付款项（比如公司帮员工垫付的医药费等）。

（4）备用金（也就是向企业各职能科室、车间等部门科室拨出的备用款项）。

（5）支出的各类保证金（比如租入包装物支付的押金等）。

（6）预付账款转入（这里的预付款项分2种情况，一种是有确凿证据表明其不符合预付账款性质的金额，另一种是因供货单位破产、撤销等原因已无望再收到所购货物的金额）。

（7）本部与分子公司间的资金往来。

既然其他应收款的内容这么琐碎，我们应该如何分析它？很简单，一家优秀的企业是不会有很多杂乱费用的，因此其他应收款这一科目的规模应该极小，甚至为零，比如2019—2022年贵州茅台的其他应收款规模分别为7654万元、3448万元、3315万元、3181万元，和几百亿元的营收规模完全不在一个数量级上。而一旦其他应收款规模变大，或者增速加快，那就要具体情况具体分析。

以兔宝宝（002043）为例，这家公司的主营业务包括装饰材料、柜类产品等，2005年上市，号称"A股板材第一家"。2015—2017年，公司的其他应收款规模从395万元快速增加到5.22亿元、9.19亿元，要知道2017年公司的总资产不过也才26.67亿元，净资产19.53亿元，其他应收款占比就已经接近50%，这种变化趋势是极为不正常的。

翻开年报，发现其他应收款中的绝大部分都是来自委托贷款。所谓的委托贷款，就是在集团内部的一方向另一方贷款，委托第三方银行（主要是商业银行）进行管理，商业银行不承担贷款损失风险，只负责按照委托人所指定的对象或投向、规定的用途和范围、定妥的条件（金额、期限、利率等）代为发放、监督使用并协助收回贷款。委托贷款通常被用作是绕开公司间借贷禁令的一种方法。自2016年以来，公司通过积极对当地国企放贷收获了不少利润，但这种利润注定是不可持续的，企业想要长远发展，仍然要依靠主营业务，那么兔宝宝的主营业务情况如何？

分行业来看，2017年公司装饰材料销售业务卖了32个亿，但毛利率仅有9.23%。反观品牌授权业务，虽然营收规模仅有2.22亿元，但毛利率达到了惊人的98.74%。公司2017年全年的净利润是多少？3.64亿元，也就是说利润中的绝大部分都是来自品牌授权业务，主营业务虽然规模很大，但不怎么赚钱，公司的主业经营情况并不乐观（表2-39）。

表 2-39 2017 年占兔宝宝公司营业收入或营业利润 10% 以上的行业、产品或地区情况

单位：元

	营业收入	营业成本	毛利率	营业收入比上年同期增减	营业成本比上年同期增减	毛利率比上年同期增减
分行业						
装饰材料销售	3,241,135,104.63	2,941,833,908.45	9.23%	59.05%	62.39%	-1.87%
成品家具销售	435,432,485.46	352,814,149.94	18.97%	46.28%	50.08%	-2.05%
互联网业务	70,691,398.64	12,965,827.52	81.66%	24.72%	58.41%	-3.90%
品牌授权业务	222,868,642.29	2,798,620.75	98.74%	49.76%	-21.64%	1.14%

在随后的 2018 年，公司对外贷款的利率已经高达 9.9%，这个利率水平很难吸引企业来借款，兔宝宝自身也不敢再以如此高的利率继续对外借款，所以 2020 年，公司的其他应收款规模从 7 个亿大幅减少到 1.91 亿元（表 2-40）。

表 2-40 兔宝宝 2020 年其他应收款明细

单位：元

款项性质	期末账面余额	期初账面余额
押金保证金	10,719,251.07	22,125,231.03
应收暂付款	1,540,979.36	23,830.50
应收出口退税	101,163.80	721,088.08
委托贷款本金及利息[注]详见本财务报表附注其他重要事项之说明	181,301,886.79	679,863,679.29
其他	907,107.07	356,609.86
合计	194,570,388.09	703,090,438.76

再来看看两面针（600249），公司是国内老牌日化用品厂商，产品中以两面针牙膏最为知名。2019 年，公司的其他应收款规模从 8400 万元大幅增加至 6.46 亿元，2020 年继续保持在 6.31 亿元，直到 2021 年才减少到 1100 万元。

根据 2019 年报中的描述，其他应收款中的绝大部分是来自广西柳州市产业投资发展集团有限公司，款项性质为债权转让款，主要是两面针向其出售了持有的纸品公司、房地产开发公司的债权，因为暂时还没有完全收回，所以计入其他应收款科目（表 2-41）。

表 2-41　两面针 2019 年其他应收款明细

按欠款方归集的期末余额前五名的其他应收款情况　　　　　　　　　　单位：元　币种：人民币

单位名称	款项的性质	期末余额	账龄	占其他应收款期末余额合计数的比例(%)	坏账准备期末余额
广西柳州市产业投资发展集团有限公司	债权转让款	628,919,716.40	1 年以内	95.53	
广西亿康南药药业种植公司	往来款	3,801,452.43	5 年以上	0.58	3,801,452.43
汉庭星空（上海）酒店管理有限公司	保证金	2,000,000.00	4 年以内	0.30	
广西博纳文化传播有限公司	往来款	2,000,000.00	5 年以上	0.30	2,000,000.00
四川保宁制药有限公司	往来款	960,000.00	5 年以上	0.15	960,000.00
合计		637,681,168.83		96.86	6,761,452.43

那么为什么要卖出这些债权？从业务来看，两面针主要做日化产品，和纸品、房地产开发完全不沾边。再来拆分业务结构，2019 年纸浆纸品业务营收规模减少 20.63%、毛利率减少 12.91%，房地产及物业管理业务营收减少 54.82%，毛利率减少 14.67%。据此我们可以推测，之所以出售这些子公司的股权，应该是为了聚焦日化、药品等主营业务。但日化业务营收增速 5.32%、药品业务增速 1.43%，哪个都说不上优秀（表 2-42），所以两面针此前应该是进行了较为全面的业务拓展，但效果一般，主营业务并不能稳定贡献现金流，新业务也没有带来第二增长曲线，所以公司选择剥离，这才出现了其他应收款的大幅增长。

表 2-42　两面针主营业务增速乏力

主营业务分产品情况						
分产品	营业收入	营业成本	毛利率(%)	营业收入比上年增减(%)	营业成本比上年增减(%)	毛利率比上年增减(%)
日化产品	723,023,531.19	563,655,874.69	22.04	5.32	5.18	0.1
纸浆、纸品	322,547,967.85	322,561,934.25	-0.00	-20.63	-8.86	-12.91
药品	108,927,853.61	66,619,898.56	38.84	1.43	1.68	-0.15
商业贸易	7,049,370.96	5,723,773.32	18.80	-17.08	-21.07	4.10
房地产及物业管理	2,373,160.97	1,655,837.27	30.23	-54.82	-42.79	-14.67

> 其他应收款是一个非常杂乱的科目，总的原则就是规模要尽量小一些，分析的时候就需要结合公司自身具体情况具体分析了。

（七）长期应收款

长期应收款是指企业融资租赁产生的应收账款，以及采用递延方式进行的分期付款。

企业融资租赁产生的应收账款，举个例子，A企业想购买一批设备，但是现有资金不够，于是求助B企业，希望B企业出资购买，然后租赁给A企业使用几年，这几年期间A企业向B企业定期支付租金，等到A企业资金充足之后，再从B企业那里完全把这批设备购买过来，当然了，这个购买的价格肯定比B企业几年之前购买的价格高一些。如果这样的合作达成，那么在B企业的报表中就会出现一笔长期应收款，对应的A企业报表上则会加上一笔长期应付款。

采用递延方式分期付款也比较好理解，A企业无法一次性向B企业支付全部货款，于是采取分批次连本带息偿还，那么B企业的报表上也会出现一笔长期应收款。

那么长期应收款和之前分析的应收账款有何区别？主要是这笔款项是否具有融资性质，应收账款的产生是由于企业在生产经营过程中对外提供了产品或劳务，而在上述长期应收款的例子中，对外借款的单位一定程度上扮演了融资行为的出资方，具备了一定融资性质，所以计入长期应收款。

什么样的企业账面上会有比较多的长期应收款？表2-43统计了2022年12月31日，A股市场上长期应收款规模前十家公司，其中有七家"中字头"，很多都是通过租赁实现销售的企业。

表2-43　A股上市公司2022年长期应收款前10名

单位：亿元

股票代码	股票简称	2022年长期应收款
601800.SH	中国交建	1772.74
601668.SH	中国建筑	1090.92

续表

股票代码	股票简称	2022年长期应收款
600705.SH	中航产融	910.77
601186.SH	中国铁建	805.55
601669.SH	中国电建	577.49
000617.SZ	中油资本	404.15
000987.SZ	越秀资本	394.08
601618.SH	中国中冶	358.42
601868.SH	中国能建	349.98
600390.SH	五矿资本	331.11

既然是应收款,不管是否是长期,都要面临只能收回一部分、甚至完全无法收回的风险。所以原则还是能少则少,如果规模较大或者增长较快的话,需要留意一下年报中给出的原因,并结合主营业务、客户结构、下游景气度变化趋势等因素来综合评估回款方面存在的风险。

(八) 存货

存货是指企业在日常活动中持有以备出售的产成品或商品、处在生产过程中的在产品、在生产过程或提供劳务过程中耗用的材料或物料等,包括各类材料、在产品、半成品、产成品或库存商品以及包装物、低值易耗品、委托加工物资等。

可见对于一家上市企业来说,存货并不仅指的是已经生产好的产品,那些原材料、半成品、包装物等也都要算在存货这一财务科目下,这里以贵州茅台的2022年报为例,看看公司的存货构成。

2022年茅台的存货规模为388.24亿元,比去年同期增长了16.26%,从存货分类中可以看到,388亿的存货中分别包含了39.17亿元原材料、173.11亿元在产品、18.14亿元库存商品、157.83亿元自制半成品(表2-44)。

表2-44　贵州茅台2022年存货明细

单位：元　币种：人民币

项目	期末余额			期初余额		
	账面余额	存货跌价准备/合同履约成本减值准备	账面价值	账面余额	存货跌价准备/合同履约成本减值准备	账面价值
原材料	3,917,462,473.00		3,917,462,473.00	4,019,538,465.82		4,019,538,465.82
在产品	17,311,447,077.83	1,283,984.83	17,310,163,093.00	14,310,650,087.51	1,283,984.83	14,309,366,102.68
库存商品	1,814,110,748.17		1,814,110,748.17	1,319,352,631.84		1,319,352,631.84
自制半成品	15,782,637,922.07		15,782,637,922.07	13,746,107,884.49		13,746,107,884.49
合计	38,825,658,221.07	1,283,984.83	38,824,374,236.24	33,395,649,069.66	1,283,984.83	33,394,365,084.83

分析企业存货时主要有以下几个重点：

1. 存货规模占总资产的比重

和其他资产类科目一样，对于存货首先应该关注的就是存货规模以及占比总资产的比重。对于绝大多数上市企业来说，存货占总资产的比例不能过高，毕竟不是每家公司的产品都像茅台酒一样越放越香、越放越值钱。存货一旦过多，第一有可能意味着公司的产品并不畅销，发生了库存积压的情况；第二则要面临着潜在的大额计提减值准备。

以獐子岛（002069）为例，这是一家主要从事水产养殖、水产加工、水产贸易业务的公司，主要产品包括虾夷扇贝、海参、鲍鱼、海螺、海胆及其他。2014年半年报中显示公司的存货规模为28.36亿元，占比总资产46.67%，这个比例不算低了，总资产中接近一半都是存货。2014年10月31日，公司发布公告称，由于在对秋季底播虾夷扇贝存量抽测时发现部分异常，导致对105.64万亩海域成本为7.35亿元的底播虾夷扇贝存货放弃采捕、进行核销处理，对43.02万亩海域成本为3亿元的底播虾夷扇贝存货计提跌价准备2.83亿元，扣除所得税影响，这些存货跌价准备直接影响净利润7.63亿元，使得公司从二季度盈利4757.66亿元的净利润直接变成三季度净亏损8.13亿元，相比于去年同期净利润下降了1388.60%，由此可见大额存货的潜在计提折旧对于净利润的影响不可忽视（图2-8）。

```
一、预计的本期业绩情况

1、业绩预告期间：2014年1月1日至2014年9月30日。

2、前次业绩预告情况：

公司于2014年8月27日披露的《2014年半年度报告全文》中预计公司2014年1-9月归属于上市公司股东的净利润比上年同期增减变动幅度为-30%~20%，2014年1-9月归属于上市公司股东的净利润变动区间为4,412.86万元~7,564.91万元。

3、修正后的预计业绩：

√亏损　□扭亏为盈　□同向上升　□同向下降　□其他
```

项目	本报告期		上年同期
归属于上市公司股东的净利润	比上年同期下降：1388.60 %		盈利：6,304.09万元
	亏损：81,234.45万元		

图2-8　獐子岛2014年计提大额存货减值导致亏损

是不是对于所有公司来说，存货规模大幅增长都是坏事？也不尽然。比如在房地产开发企业的眼里，土地是一切业务发展的基础，只有拿到了地，才能谈到后续的一切，所以在分析一家房地产开发企业的时候，存货中土地的多少直接预示出其发展潜力的大小，这个时候存货就不再是越少越好了。所以，存货规模还要根据所处行业不同来具体情况具体分析。

2. 存货的结构

大多数人对于存货的第一印象都是存货就等于已经生产好的商品，但实际上并不是，除了产成品以外，存货中还包括原材料、在产品、发出商品等，因此除了看存货整体的规模，还要看结构中各项细分科目的占比变化情况。

这里来看看东阿阿胶（000423），公司主要从事阿胶及阿胶系列产品的研发、生产和销售。2016—2018年，东阿阿胶的整体存货规模保持在30亿元~35亿元，没有太多增长，但从年报中的细分构成来看，这三年期间的在产品分别为3.1亿元、8.21亿元、8.17亿元、库存商品分别为9.62亿元、6.85亿元、6.65亿元，在产品持续保持高位，但是库存商品不增反降，那这些生产好的产品去哪了？答案是来到了经销商、线下药房的手中。

那阿胶产品本身的受欢迎程度以及在消费者心中的品牌意识能否支撑得起下游市场消化这些产品？看起来并不能。2019年东阿阿胶的库存商品暴增

至 13.8 亿元，比去年同期增长翻倍有余，产品销售不畅已经初见端倪。因此公司开始降价促销，减少发出商品，大力清理渠道库存，毛利率从 2018 年的 65.99% 降低到 47.65%。随后的 2020 年，即使在降价促销的大背景下，公司依然对库存商品计提了 1.96 亿元减值准备，2019、2020 年两年的净利润分别为 −4.45 亿元、4096.89 万元，和此前 20 个亿左右的净利润水平相差甚远。

可见，即使是存货总量保持稳定，也要观察各项细分科目的变化趋势，如果一味地扩大生产而不考虑下游市场的接受能力，那么积压的库存暴雷几率便大大提高了。

3. 存货的周转速度

通常用存货周转率这一指标来衡量上市企业存货周转的速度，计算公式如下：

存货平均余额 =（期初存货余额 + 期末存货余额）/2

存货周转率 = 营业成本 / 存货平均余额

存货周转天数 =360/ 存货周转率

2018—2022 年，贵州茅台的存货周转率分别为 0.2863、0.3046、0.3011、0.2886、0.2795，可见茅台的周转速度比较稳定，产品销售情况没有什么问题。

再来看看安井食品（603345）、三全食品（002216）、海欣食品（002702），这三家公司都是主要从事速冻食品的研发、生产和销售，表 2-45 统计了他们近五年的存货周转率情况。

表 2-45　三家速冻食品公司 2018—2022 年存货周转率

	2018	2019	2020	2021	2022
安井食品	3.18	2.7	3.02	3.52	3.43
三全食品	3.5	3.21	3.73	4.09	4.3
海欣食品	3.46	3.71	3.92	3.61	3.43

可见三家公司近五年的存货周转率水平都差不多，普遍在 3.5 倍左右，产品从生产到销售完毕整个周期在 102 天左右，这可比茅台的周转速度要快得多，但我们能仅凭借存货周转率这一指标就判定速冻企业的产品销售情况比茅台更好吗？显然不能。因为白酒需要酿造，从原材料到产成品需要好几年，而且产

品本身价值也会随着存放时间的延长而增长。但速冻品就不同了，生产好了之后需要尽快运输销售，否则超过保质期就只能计提减值了。

因此，对比存货周转率这一指标时，一定要注意在同行业内之间进行横向对比，不同行业由于产品属性不同，对于周转率的要求也有所差别。

> 在分析存货这一财务科目时，可以从规模、结构、周转速度这三个角度入手，来判断一家上市公司的存货情况究竟如何。

（九）其他流动资产

其他流动资产，是指除货币资金、应收票据、应收账款、其他应收款、短期投资、存货等流动资产以外的流动资产。可见这也是一项涵盖范围比较广的财务科目，有一些不容易归类的流动资产，就要计入其他流动资产名下，一般包括：

（1）待抵扣增值税及预缴税金。

（2）待认证税项。

（3）待摊费用以及租金收入等。

（4）远期外汇合约持仓盈亏。

（5）一年内到期的理财产品。

（6）可供出售债务工具（流动部分）。

（7）期货合约保证金、存入期货公司备用保证金，国债逆回购等。

（8）其他内容的资产。

可见其他流动资产同质化属性比较差，不同企业有各自不同的特点，需要具体问题具体分析。但它毕竟本质上属于资产项目，既然是资产，就要面临减值的风险。因此读者朋友们需要观察，其他流动资产的规模是否过大、增速是否突然提高或降低、是否大额计提减值，如果有这些现象出现，就需要去年报里的财务报表附注中寻找答案。

我们来看美的集团（000333），2021年公司账面上的其他流动资产规模达到了331.56亿元，从构成来看，有236.9个亿的固定收益类产品，公司解释为取得时期限在一年以内存放于金融机构的货币性投资产品，意味着美的集团的其他流动资产中主要是短期理财产品（图2-9），其他公司该科目下的构成则需要具体情况具体分析了。

(12) 其他流动资产	2021年12月31日	2020年12月31日
固定收益类产品(a)	23,696,825	25,542,595
待抵扣增值税进项税	6,137,776	4,336,260
待摊费用	828,675	786,140
其他(b)	2,492,736	2,414,923
	33,156,012	33,079,918

(a) 于2021年12月31日，固定收益类产品为取得时期限在一年以内存放于金融机构的货币性投资产品，计量模式为以摊余成本后续计量。

(b) 于2021年12月31日，本集团取得时期限在一年以内的可转让大额存单约为230,015,000元（2020年12月31日：无），计量模式以公允价值计量且其变动计入其他综合收益。

图2-9　美的集团2021年其他流动资产明细

（十）在建工程

在建工程这个科目从字面上来说其实并不难理解，就是企业正在建设的大楼、扩建的产线等，书面上则是这样定义的：在建工程是指企业固定资产的新建、改建、扩建，或技术改造、设备更新和大修理工程等尚未完工的工程支出。

一家公司，尤其是对于制造业企业来说，想要增厚利润，就要提高营业收入；想要提高营业收入，就要扩大生产规模。在扩大生产规模过程中新增的厂房、设备等，在尚未投入生产的阶段，就要计入在建工程这一财务科目，等到产能新建完毕、可以正式开始生产，就要从在建工程转入固定资产，也就是我们常说的"在建工程转固"，这么一说相信读者朋友就很容易理解了。

2022年贵州茅台账面上共有22.08亿元在建工程，在2022年年报中可以看到，其具体包括：酱香型系列酒制酒技改工程及配套设施项目（6400吨）、中华片区第一期茅台酒技改工程及配套设施项目、"十二五"扩建技改项目中华片区第二期茅台酒制酒工程技改项目、"十三五"中华片区茅台酒技改工程及其配套设施项目、"十四五"酱香酒习水同民坝一期建设项目等。

表2-46统计了2022年A股市场上在建工程规模排名前十的企业，可见这些公司都有一个共性，就是普遍专注于主业，而且大都属于制造业，比如石油

加工、新能源发电、通信服务、火电、聚氨酯等，想要业绩增长，必须扩大生产规模。

表 2-46　A 股上市公司 2022 年在建工程前十名

股票代码	股票简称	2022 年在建工程	所属同花顺行业
601857.SH	中国石油	1968.76 亿	石油石化 - 石油加工贸易 - 石油加工
600028.SH	中国石化	1960.45 亿	石油石化 - 石油加工贸易 - 石油加工
601985.SH	中国核电	1015.14 亿	公用事业 - 电力 - 新能源发电
000301.SZ	东方盛虹	801.22 亿	基础化工 - 化工合成材料 - 涤纶
600941.SH	中国移动	697.76 亿	通信 - 通信服务 - 通信服务Ⅲ
003816.SZ	中国广核	682.99 亿	公用事业 - 电力 - 新能源发电
600795.SH	国电电力	614.01 亿	公用事业 - 电力 - 火电
601728.SH	中国电信	584.43 亿	通信 - 通信服务 - 通信服务Ⅲ
000100.SZ	TCL 科技	520.54 亿	电子 - 光学光电子 - 面板
601390.SH	中国中铁	507.05 亿	建筑装饰 - 建筑装饰 - 基础建设

表 2-47 统计了 2022 年在建工程规模最小的十家公司，他们所处的行业分布于住宅开发、饰品、多元金融、商业地产等，在建工程都是 0，可见一家业务聚焦于投资、开发的公司是不会有太多在建工程的，在做分析时这里自然也不是重点。

表 2-47　A 股上市公司 2022 年在建工程后十名

股票代码	股票简称	2022 年在建工程 (元)	所属同花顺行业
000004.SZ	ST 国华	0	计算机 - 计算机应用 - 软件开发
000006.SZ	深振业 A	0	房地产 - 房地产开发 - 住宅开发
000007.SZ	*ST 全新	0	商贸零售 - 零售 - 商业物业经营
000010.SZ	美丽生态	0	建筑装饰 - 建筑装饰 - 装饰园林
000011.SZ	深物业 A	0	房地产 - 房地产开发 - 住宅开发
000017.SZ	深中华 A	0	轻工制造 - 家用轻工 - 饰品

续表

股票代码	股票简称	2022年在建工程（元）	所属同花顺行业
000023.SZ	ST深天	0	建筑材料-建筑材料-水泥
000026.SZ	飞亚达	0	轻工制造-家用轻工-饰品
000029.SZ	深深房A	0	房地产-房地产开发-住宅开发
000036.SZ	华联控股	0	房地产-房地产开发-住宅开发

那么分析在建工程这一科目时，需要注意哪些重点？

1. 在建工程规模是否过大，是否存在某一项目时间过长，迟迟不转入固定资产

首先在建工程的规模不能过大，最好占比总资产不要超过20%，一旦超过也不能长时间保持大幅度扩产的状态。因为无论一项工程规模多大，总有计划完工的时间，如果公司年报中某一项工程迟迟不完工，我们就要警惕了，因为在建工程是不需要计提折旧的，意味着不会影响到利润，但是一旦完工转成固定资产，就要开始计提折旧，从而带来影响利润的可能，所以有的公司账面上存在着进度常年停滞不前的在建工程，目的就是为了避免转入固定资产计提折旧影响到利润水平。

除了这种可能性，还有一种就是公司通过在建工程，将资金转移给供应商，然后再让供应商以采购公司商品或者其他的名义，把这部分资金以收入的形式再转移回公司，借此达到虚增收入的目的。

所以，我们需要观察公司连续几年财报，如果存在某一在建工程迟迟不完工转固，就要到年报中寻找解释，并且思考其背后的合理性。

贵州茅台连续多年的在建工程都保持在20亿～25亿元的规模，资产规模则是已经突破2000亿元，因此不用过多担心。

再来看看天齐锂业（002466）。得益于2016—2018年业绩的大幅增长，公司的在建工程规模在2017、2018年期间也快速增长，从3.57亿元增加到46.99亿元。从2018年在建工程明细来看，包括了一期年产2.4万吨锂项目、二期年产2.4万吨锂项目、2万吨碳酸锂项目这几个主要工程。

但是再看2020年报，这几大项目的推进进度都十分有限。再看2018—2020年

天齐锂业的利润，分别为 28.04 亿元、-54.82 亿元、-11.27 亿元，根据三年净利润亏损就要被戴上 ST 帽子的规则，很难不怀疑公司一定程度上推迟了在建工程转固的进度，由此减少新增固定资产折旧对利润带来的潜在影响（表 2-48）。

表 2-48　天齐锂业 2018、2020 年主要在建工程项目进度对比

项目名称	2018 年工程进度	2020 年工程进度
化学级锂精矿扩产项目	91.59%	完工
雅江锂辉石矿采选一期工程	33.53%	24.56%
第一期年产 2.4 万吨电池级单水氢氧化锂项目	92.77%	96.53%
第二期年产 2.4 万吨电池级单水氢氧化锂项目	43.51%	50%
2 万吨碳酸锂工厂项目	2.17%	4.54%

2. 在建工程增速及公司资金储备、现金流情况

这一点相比于财务造假来说，就更加偏向对公司经营质量、发展策略的检验。公司在手的货币资金规模、现金流是否足以支撑连续多年的大幅扩张？如果一边高举负债，一边大幅扩产，我们也还是要加一分小心的，尤其是对那些技术更新快、投产资金需求大的产品，一旦在产能建设的过程中产品出现突破式更新，那么有可能这些厂房、设备就都白买了，企业就会陷入进退两难的尴尬境地，最典型的就是消费电子赛道了。所以能力范围内的适当幅度扩产是好事，能充分体现出企业的进取心，但是切忌力度过猛，切忌出现技术路线上的巨大失误。

3. 在建工程明细项目

这里主要是想说，看一看年报中在建工程的明细项目，结合企业的战略规划，可以帮助我们判断企业业绩增长的爆发点，从而找到更好的布局时机，同时也要结合行业发展阶段、同行其他公司的扩产力度进行综合分析。

如果行业竞争激烈、同行们纷纷大幅扩产，那么产能大概率会集中在未来某一时间点或时间段释放，有可能造成到时候供需大幅失衡，由供小于需或供需平衡迅速转变为供远大于需，这样就会带来潜在价格战的风险，如果销量的增长无法弥补利润率的降低，那么最后的业绩也还是要倒退的，而且要付出更

多营销推广费用，得不偿失。

所以，分析在建工程的明细项目，预判产能释放的时间点，对比同行扩产力度如何，这些也十分重要。典型如新能源汽车动力电池产业链，上游是锂矿，中游是隔膜、电解液、正负极等各种材料，下游则是动力电池制造企业，在前几年电车景气度较高时，中游材料供不应求，于是各大厂商纷纷扩产，但产能释放的时间点也基本一致，所以造成产能过剩的预期。

> 在分析在建工程这一财务科目时，需要重点关注的就是在建工程规模是否过大、是否存在部分项目迟迟不转固的情况、是否进行了过于激进的扩张，以及具体项目的预计完工时间、行业内竞争程度、产品供需情况等。

（十一）固定资产

从书面角度来说，固定资产的定义是指企业为生产产品、提供劳务、出租或者经营管理而持有的、使用时间超过12个月的、价值达到一定标准的非货币性资产，包括房屋、建筑物、机器、机械、运输工具以及其他与生产经营活动有关的设备、器具、工具等。

注意，固定资产要求使用期限超过12个月，不足12个月的就直接计入当期费用。之所以超过12个月要单列成固定资产，是因为如果一次性按费用计算的话，会对当期净利润产生较大影响。比如一台价值1万元的设备，使用期限为5年，按5年折旧，每年对利润的影响是2000元，但如果按费用计算，会直接影响当年度1万元的净利润，这样显然是不合理的。

一般我们用固定资产占总资产的比例来衡量一个行业、一家企业是否具备重资产属性。如果占比较高，则是重资产属性，反之则是轻资产属性。

为什么要区分轻重资产？因为固定资产比如厂房、设备等，随着使用年限的增加，需要每年计提一定比例的折旧，而这些折旧会直接影响到当年度当季度的净利润水平。如果一家企业具备轻资产属性，那我们基本可以忽略大额固定资产折旧带来对净利润的潜在影响；反之，如果是重资产行业，那就必须而且要重点考虑折旧带来的影响。

表 2-49 统计了 2018—2022 年贵州茅台的固定资产、占总资产比例、折旧规模、净利润水平等情况，可见茅台的固定资产占比并不高，折旧规模相比于净利润来说影响也不是很大。

表 2-49　贵州茅台 2018—2022 年固定资产规模以及折旧等情况

单位：亿元

	2018	2019	2020	2021	2022
固定资产	152.49	151.44	162.25	174.72	197.43
固定资产占总资产比例	9.54%	8.27%	7.6%	6.85%	7.76%
固定资产折旧	10.85	11.5	11.96	13.45	14.44
净利润	378.3	439.7	495.23	557.21	653.75

再来看看京东方 A（000725），表 2-50 同样统计了 2018—2022 年公司的固定资产、折旧、营收、利润等情况，固定资产占总资产的比例接近半数，可见京东方 A 是一家典型的重资产企业。虽然京东方 A 有着千亿级别的营业收入，但净利润却极其不稳定，究其原因，离不开该公司每年几百个亿的固定资产折旧。

表 2-50　京东方 A 2018—2022 年固定资产规模以及折旧等情况

单位：亿元

	2018	2019	2020	2021	2022
固定资产	1281.58	1257.66	2248.67	2266.95	2059.87
固定资产占比总资产比例	42.15%	36.95%	53%	50.41%	48.98%
固定资产折旧	133.36	183.57	216.81	333.25	332.6
营业收入	971.09	1160.6	1355.53	2193.1	1784.14
净利润	28.8	-4.76	45.28	304.32	-17.37

所以众多投资大师对于重资产行业都是抱着规避态度，更青睐那些轻资产属性的生意。因为折旧费用属于刚性费用，无论经营情况好坏都是要支出的，而销售、管理、研发、财务等费用，会随着产品受欢迎程度、竞争格局的变化而有所调整。

但是重资产行业就完全一无是处吗？我认为这样彻底的否定也不对。

一门重资产的生意，意味着单位产线所需资金成本大、投资周期长、产能落地后折旧偏刚性，但这些同样对上市公司提出了更高的要求，是否有足够的实力来完成产能扩张并且承担每年的折旧费用，如果实力不足，要么主动退出，要么被别人淘汰，这样的话那些具有先发优势、资金优势的龙头企业会充分享受到行业发展的红利，凭借已有的规模优势、成本优势来挤压后来者。同样的产品，产能更大的公司成本更低，那么可以选择把价格压低，保持微微盈利或盈亏平衡的状态，但这样低廉的产品售价对于那些小企业来说则是无法承受之重，因为他们没有那么大的产能规模，无法分摊成本，因此面临连续的亏损，大多数都会选择退出，这就是重资产行业龙头公司一种常用的竞争手法。

所以重资产行业也并非完全不值得投资，真正重要的是选择其中产能规模、成本优势足够明显的龙头公司，典型的如北新建材、中国巨石、万华化学等。

如果从财务造假、排雷的角度，应该如何分析固定资产？

1. 固定资产规模和折旧规模应该呈正比，且同行业内的折旧年限、比例应该相差不大

以春秋航空（601021）为例，2021年公司的固定资产规模165.65亿元，占比总资产达到43.23%，比例不低。固定资产中大部分都是飞机，公司的固定资产规模增速和折旧增速二者差不多，属于正常变化范围。如果某一家公司固定资产规模增加了，但是折旧规模没有增加甚至减少，那么就要注意了，有可能是在通过减少折旧以达到美化当年度净利润的目的。

从年报来看，公司预计飞机及发动机核心部件使用时间为20年，到期后残值率为0%~5%，年折旧率大概在4.75%~5%（表2-51）。对比行业内其他航空公司，比如南方航空、吉祥航空、中国东航等，发现这些航空公司飞机的预计使用时间、残值率、年折旧率水平都差不多。如果某一家航空公司某一年度大幅更改了飞机的折旧率，那就需要注意了，因为飞机这种资产的折旧应该是不会出现太大变化的。

表 2-51 春秋航空飞机折旧率

类别	折旧方法	折旧年限（年）	残值率（%）	年折旧率（%）
飞机、发动机核心件及模拟机	年限平均法	20	0~5	4.75~5
与飞机及发动机大修相关的替换件-年限平均法部分	年限平均法	6	0	16.67
与飞机及发动机大修相关的替换件-工作量法部分	工作量法	27千小时	0	3.70
高价周转件	年限平均法	10	0	10
运输设备	年限平均法	4	1	24.75
办公及其他设备	年限平均法	3~10	1	9.9~33

再来看三安光电（600703）。公司主要从事LED灯的研发、生产、销售，从2020年报来看（表2-52），三安光电机器设备的折旧年限是8~25年，但是同行的华灿光电是5~10年，乾照光电2~10年，为什么三安光电的设备就更耐用呢？很难不让人怀疑公司在用拉长折旧年限的方法摊薄每年的折旧金额，以此减小利润的压力。

表 2-52 三安光电设备折旧年限

类别	折旧方法	折旧年限（年）	残值率（%）	年折旧率（%）
房屋及建筑物	年限平均法	30	5.00	3.17
机器设备	年限平均法	8~25	5.00	3.8~11.875
运输工具	年限平均法	5	5.00	19
其他设备	年限平均法	5	5.00	19

2. 固定资产规模应该和营收、利润规模成正比

这一点也很好理解，有多少厂房、设备，就大致应该能有多少业绩，有一万台设备的公司，营收、利润规模自然要比有一百台设备的公司大得多。这个看似常识性的东西，A股市场上却有公司曾在这一层面上做过文章。

尔康制药（300267），2013—2016年，公司的固定资产分别为3.94亿元、7.19亿元、12.77亿元、17.69亿元，同时期内恒瑞医药的固定资产分别为13.02亿元、13.66亿元、14.24亿元、16.77亿元，可见尔康制药在这四年间固定资产规模增长非常快速，2013年还只是恒瑞的四分之一左右，2017年甚至比恒瑞要多出一个亿。

但是再看营业收入，这四年尔康制药的营收规模分别为 10.11 亿元、13.7 亿元、17.38 亿元、27.06 亿元，恒瑞则为 62.03 亿元、74.52 亿元、93.16 亿元、110.94 亿元，两家公司的营收规模根本不在一个量级上，却有着规模类似的固定资产，这是很不正常的现象。直到 2017 年 5 月，尔康制药被曝出财务造假，通过虚构固定资产来转移虚增的营收利润。这也提醒我们，资产负债表和利润表是高度相关的，如果想虚增利润，必须也虚增资产来消化掉虚增的利润，而价格难以界定的在建工程、固定资产就是最好的温床之一。

> 通过区分固定资产占总资产的比例，我们把不同的行业、企业划分成轻重资产，很多投资大师都更倾向于轻资产模式，但重资产行业也并非一无是处，关键在于挑选竞争壁垒已经足够稳固的公司。而从财务造假、排雷的角度，我们主要是通过固定资产规模的变化、与同行的对比、折旧年限计提比例等方面来判断公司有无虚增利润。

(十二) 无形资产

无形资产是指企业拥有或者控制的没有实物形态的可辨认非货币性资产。通常包括专利权、非专利技术、商标权、著作权、特许权、土地使用权等。

在其他国家的股市里，是没有土地使用权这个说法的，因为大多数国家的企业和个人都拥有对土地的所有权，而我国规定企业和个人不能拥有土地，只有对其的使用权，因此诞生了土地使用权这一说法，因此 A 股市场上很多上市公司账面上大部分无形资产都是土地使用权，但也并非完全如此，对于科技股创新药企业来说，无形资产可能是专利权；对于影视公司来说，可能是作品的版权；对于垄断型企业来说，可能是特许经营权等。所以，对于不同类型企业的无形资产，要具体情况具体分析。

2022 年贵州茅台的无形资产规模达到 70.83 亿元，从年报来看，主要是由土地使用权构成 (表 2-53)。

表2-53　贵州茅台2022年无形资产明细

单位：元 币种：人民币

项目	土地使用权	软件开发	合计
一、账面原值			
1.期初余额	6,977,935,254.19	49,671,897.42	7,027,607,151.61

再来看山西路桥（000755），2022年公司的总资产规模为127.26亿元，其中无形资产规模达到119.17亿元，占比达到93.6%，从年报中可以看到，公司的无形资产全部来自高速公路的特许经营权，而公司的主要业务就是高速公路管理与运营，以收取高速管理费为主要收入来源（表2-54）。

表2-54　山西路桥2021年无形资产明细

单位：元

项目	土地使用权	软件	特许权	合计
一、账面原值				
1.期初余额	17,225,950.00	761,500.00	15,344,883,571.42	15,362,871,021.42

既然无形资产被划归到资产这一科目，就要按一定年限计提减值，而只要涉及计提减值，那么就和利润产生了直接联系。因此，分析无形资产，很重要的一点就是避免计提大额减值，防止其直接影响当年度的利润水平。

东凌国际（000893，现亚钾国际）就是因为无形资产计提大额减值导致净利润亏损的典型例子。2015年公司增发股份收购中农国际，导致当年度无形资产大幅增加，无形资产主要来自中农国际拥有的采矿权。但2017年，公司对采矿权进行无形资产计提减值，不但导致2017年净利润出现大幅亏损，年报也被审计机构出具了无法表示意见的审计报告（图2-10）。

公司于2018年4月19日召开第六届董事会第四十八次会议和第六届监事会第三十四次会议，审议通过了《关于2017年度计提资产减值准备的议案》，公司依据评估机构的咨询估值报告判断2017年计提无形资产（采矿权）减值准备人民币259,262.52万元，并根据2017年资产减值计提准备编制公司2017年年度财务报告。公司于2018年4月28日在中国证监会指定主板信息披露网站上披露了《2017年年度报告》、《2017年年度报告摘要》。由于会计师无法确定无形资产（采矿权）减值准备计提金额的合理性，且该事项对财务报表的影响重大且广泛，因此公司2017年度财务会计报告被中勤万信会计师事务所（特殊普通合伙）（以下简称"中勤万信"）出具无法表示意见的审计报告。

图2-10　东陵国际2017年计提大额无形资产减值

如果说东陵国际计提无形资产减值是被动的，那么乐视网（300104）则是将其当作了修饰利润的手段。2017年公司净利润亏损138.78亿元，其中公司的无形资产（主要是影视版权产品）计提减值32.8亿元，是造成亏损的重要原因

之一。而且既然是影视版权，生命周期较短，应该采取的是加速摊销处理办法，比如首年摊销50%，第二年摊销30%，剩余的20%分年度平均摊销，但乐视采用的却是直线平均摊销，这样也在无形之中减少了当年度的减值规模，增厚了利润（表2-55）。

表2-55　乐视网2017年无形资产减值损失情况

单位：元

项目	本期发生额	上期发生额
一、坏账损失	6,093,782,472.83	316,411,264.64
二、存货跌价损失	194,696,473.24	26,543,413.77
三、长期股权投资减值损失	—	
四、无形资产减值损失	3,279,940,099.37	
五、贷款损失准备	317,695,794.39	7,513,553.74
六、可供出售金融资产减值准备	850,893,511.63	1,500,000.00
七、固定资产减值准备	144,526,740.08	
合计	10,881,535,091.54	351,968,232.15

> 对于无形资产这一科目，我们首先要搞清楚一家公司的无形资产究竟是什么，土地使用权？专利权？还是影视版权？搞清楚来源之后，基本原则是要尽量避免无形资产规模过大的公司，因为背后隐藏着计提大额减值影响利润的风险。另外，除了土地使用权是非常明确使用寿命（即剩余使用权期限），其余无形资产的使用寿命就比较有弹性，因此即使没有计提大额减值，企业也可以通过调整摊销年限来达到修饰利润的目的，因此对于无形资产规模过大的企业要加一分小心。

（十三）长期股权投资

长期股权投资是指企业通过投资取得被投资单位的股份，通常视为长期持有，以及通过股权投资实现对被投资单位的控制，或对被投资单位施加重大影响，或为了与被投资单位建立密切关系，以分散经营风险。

简单来说，长期股权投资就是公司对其他子公司、联营企业、合营企业的控制权，可以是100%出资并持有被投资单位100%的所有权，也可以是和其他企业或个人共同出资，按照各自出资金额持有相应的股份。

为什么要对外投资？目的可能是实现对新业务的布局、对上游原材料的布局等。比如天味食品对于原材料供应商四川航佳的投资、汤臣倍健对LSG的收购等。

自2014年起直到2022年，贵州茅台账面上的长期股权投资都是0，即使是自上市以来，茅台最高的对外长期股权投资规模也仅仅只是2006年达到的1148.65万元，可见茅台并不是一个热衷于对外投资的公司。但是对于那些账面上存在长期股权投资的公司，我们需要关注的就是公司对外投资或控制的子公司、合资企业究竟是做什么的，经营情况如何，能不能拉动公司业务发展或带来新的增长动力。

对于长期股权投资的计量方法，在会计上分为成本法和权益法。

以成本法核算的长期股权投资，是投资方对被投资企业实现了实际控制，投资双方合并报表，长期股权投资规模按照初始的投资成本计价，只有在被投资企业分红时，才会确认收益并体现在资产负债表的投资收益中。

以权益法核算的长期股权投资，适用于投资方对被投资企业构成重大影响时，但不一定要取得完全控制，因此权益法核算下双方是不需要合并财务报表的。投资方需按照在被投企业的净损益和其他综合收益持有的份额，分别确认投资收益和其他综合收益，同时调整长期股权投资的账面价值。权益法下，每年根据被投企业的净利润确认投资收益。

可见二者最主要的区别在于，成本法核算下，被投资企业无论净利润是好是坏都不会对投资企业的利润表产生影响（除非是在被投资企业分红时）；而权益法核算下，被投资企业的盈亏直接反映到投资企业的投资收益科目中，进而直接影响投资方的净利润（表2-56）。

表2-56　以成本法和权益法核算的长期股权投资

核算方法	所持股权对自身利润表的影响
成本法	宣布分红后算作投资收益，计入利润表
权益法	按照持股比例确认持股对象的经营盈亏，计入利润表

那么如何知道公司的长期股权投资是采用哪种方法核算？一般来说年报中都会明确写出，我们只要采用关键词搜索就可以看到了。

以赤天化（600227.SH，现圣济堂）为例，2003年赤天化与另外四家公司共同设立了贵州赤天化纸业股份有限公司（以下简称"赤天纸业"）。直到2007年，赤天纸业都被赤天化看作是联营公司，这笔长期股权投资按照权益法核算，也就是赤天纸业每一年的经营盈亏情况都会直接影响到赤天化的利润水平。但2008年受到金融危机的影响，赤天纸业面临严重亏损的可能，于是赤天化将这笔长期股权投资由权益法核算改为成本法核算，由此避免利润受到严重影响（表2-57）。

表2-57　2008年报中赤天化的长期股权投资明细

单位：元　币种：人民币

被投资单位	初始投资成本	期初余额	增减变动	期末余额	其中：本期减值准备	减值准备	在被投资单位持股比例（%）	在被投资单位表决权比例（%）
贵州赤天化纸业股份有限公司	180,000,000.00	180,000,000.00	24,000,000.00	204,000,000.00			27.02	27.02

可见，对于长期股权投资，除了要关注具体构成以外，采用何种核算方法也同样重要。

（十四）商誉

根据会计准则的定义，商誉是一种只在公司并购过程中产生的资产，是被收购企业相对于其净资产溢价的部分。

A公司收购B公司，B公司的资产价值只有10万元，但却报价50万元，那这多出来的40万元体现在A公司的资产负债表里，就是商誉。

之所以要溢价收购，因为这家公司未来还会带来潜在的经营利润，所以折算到现在，它的价值肯定不止账面上10万元的资产，但究竟能带来多少利润，本质上都是基于现有经营情况对未来的主观推测，无法准确计算，所以溢价部分的多少就有极大的操纵空间。收购完成后，商誉是不需要计提折旧的，而为了确保其价值还在，则需要每年至少进行一次商誉减值测试，如果因被收购企业经营情况不达预期进而确认发生了减值，则需要计提减值准备，从而影响到利润；如果没有减值，那这部分商誉就要一直在账面上放着，无法消除。

所以，商誉这个东西，好的时候不会带来利润，一旦出现问题却会影响利润，所以说它是一项劣质资产一点也不为过，尤其是在A股市场上，商誉暴雷的例子数不胜数，而且从上市公司的习惯来看，普遍都会在年末四季度或者年报季时才会集中披露商誉减值，一到三季度计提减值的很少，因此每次年报发布时期都是商誉暴雷的高峰期。

贵州茅台自上市以来从未产生过商誉，说明茅台是一家对收购并购没有太多兴趣的公司。但天神娱乐（002354，现天娱数科）的情况就没那么乐观了，截至2017年底公司账面上一共有65.41亿元商誉，占比净资产达到68.54%，比例极高，随后2018年公司计提了40亿元的大额商誉减值，净利润也从2017年盈利12.37亿元直接变成净亏损69.78亿元，成为2018年A股市场上亏损最多的公司（表2-58）。

表2-58 天神娱乐2018年计提大额商誉减值详情

单位：元

被投资单位名称或形成商誉的事项	期初余额	本期增加	本期减少	期末余额
深圳市一花科技有限公司		900,130,496.36		900,130,496.36
雷尚（北京）科技有限公司		782,623,227.69		782,623,227.69
北京妙趣横生网络科技有限公司	30,378,907.77	426,654,722.02		457,033,629.79
北京幻想悦游网络科技有限公司		1,702,053,400.31		1,702,053,400.31
北京合润德堂文化传媒有限责任公司		195,334,093.24		195,334,093.24
上海凯裔投资中心（有限合伙）		52,827,486.58		52,827,486.58
合计	30,378,907.77	4,059,623,426.20		4,090,002,333.97

除了被动等待计提减值准备，商誉也是上市公司常用的操纵股价的工具之一，基本思路如下：

（1）在某一个时间点一次性计提大额的商誉减值，进而净利润大幅减少。

（2）投资者们看到公司业绩暴雷，纷纷卖出，盘子大的话还有可能出现恐慌性的踩踏，业绩受损＋恐慌情绪，极有可能出现业绩和估值的双杀，把公司的股价打到一个非常低的底部。

（3）机构开始低吸这些筹码，而公司随后只要保持稳定经营，即使没有变得更好，也会在低基数效应下实现极高增速的利润反弹，这时如果有的投资者不明所以，看到公司业绩大增便跑步进场，机构和公司高管就会趁机把之前在底部获得的筹码顺势抛出，借此获得巨大的收益。

> 一般来说企业想要业绩增长，分为两种途径：内生增长和外延并购。前者指的就是深耕主业，不搞对外投资扩张，扎扎实实做好产品、渠道、品牌的建设；后者则是通过投资并购一些其他企业，来实现对新业务或者原材料的布局，这样做的好处是效率更快，可以直接拥有被收购企业现成的产品、渠道、客户、产能，但坏处就是一般都需要溢价收购，溢价的部分就会形成商誉。
>
> 而被收购企业一旦经营情况不及预期，没有达到收购时承诺的业绩，就会计提大额商誉减值，对收购企业的利润造成巨大影响。此外，还存在上市公司利用商誉进行业绩洗澡的情况等。对于大多数仅仅掌握初级财务知识的投资者来说，这样的手法很难辨别。最好的方法就是尽可能规避商誉较多的公司，一般来说商誉占比净资产的比例不要超过50%。

表2-59统计了截至2022年底，A股市场上商誉规模占比净资产高的前10家公司，他们的商誉规模都已超过了净资产，随时都有暴雷的可能，对于这样风险较高的公司要尽量规避。

表2-59 A股上市公司2022年商誉占比净资产前十名

单位：亿元

股票代码	股票简称	2022年商誉	2022年净资产
002647.SZ	仁东控股	8.94	2.40
300338.SZ	ST开元	2.79	0.82
000615.SZ	*ST美谷	6.15	2.30
000526.SZ	学大教育	11.22	4.23
300464.SZ	星徽股份	3.35	1.71

续表

股票代码	股票简称	2022年商誉	2022年净资产
600715.SH	文投控股	14.73	7.90
600221.SH	海航控股	8.44	4.59
600506.SH	统一股份	7.23	4.51
002210.SZ	飞马国际	4.03	2.66
600610.SH	中毅达	2.10	1.43

(十五) 长期待摊费用

长期待摊费用是指企业已经确定发生但应由本期和以后各期负担、摊销期在一年以上（不含一年）的各项费用。通过上面多个章节的讲解，各位读者应该能敏锐地感觉到，长期待摊费用规模应该是越小越好。

因为从定义上来看，这笔费用是已经确定发生的，如果将其列为长期待摊费用的话，那它的性质就变成资产而不再是费用了，既然是资产而非一次性的费用，那就要分几年平均摊销，这和研发费用资本化有一些类似之处，本来一个亿的费用，如果全部算到同一年，就会一次性减少一个亿的利润，但如果分五年摊销，那每年就只需要减少两千万了，所以上市公司自然更喜欢这种处理方式。

具体按多久摊销呢？这个没有明确的规定，因为这笔费用带来的受益期限越长，公司便越可以拉长摊销的年份，就看上市公司如何定义这笔费用的受益期限，以此来确定摊销年限。但有的公司，为了尽可能增厚每年的利润，可谓是费尽心思把各种费用都按照资产统计，然后尽可能地拉长摊销年限。

以保千里（600074）为例，这是一家曾经被爆出财务造假的公司，现已经退市。2016年报中显示，公司账面上共有1565.02万元长期待摊费用，并将这些不能确定收益期限的费用按不超过10年的期限摊销。看来，保千里是不惜一切手段都要给当期的报表多弄点利润出来。

再用云南白药（000538）来做对比，2016年报中显示，云南白药对于那些没有明确受益期或可使用期限的长期待摊费用，按照3年平均摊销，和前者一对比，高下立判。

> 对于长期待摊费用，我们希望其越少越好。如何查看长期待摊费用的明细、摊销方法、摊销年限等信息？在年报中，找到"重要会计政策及会计估计"栏目，然后仔细阅读"长期待摊费用"的具体执行会计政策就可以获取了。

（十六）短期借款、长期借款

按照还款期限的不同，企业的借款可以分为短期借款、长期借款，一般来说1年或以内属于短期借款，2～5年属于中长期借款，5年以上属于长期借款。除了还款期限的不同，长短期借款的区别还在于利率的不同，短期借款的利率要更低一些，长期借款的利率则更高。

二者的概念和区别理解起来还是很简单的，那么在筛选企业的时候，应该如何从长短期借款的背后分析出企业的经营状况？

1. 长短期借款规模不能太大

一家优秀企业的主要资金来源应该是从经营活动中所获的利润和现金，而不是来自银行或其他渠道的借款。一方面借款需要偿付利息，企业的经营情况瞬息万变，一旦行业景气度下降或产品销售不畅，很容易就会落到无法偿债的地步，接下来就有可能面临被迫冻结资产、强制变卖等情况；另一方面，如果一直依靠借款来生产经营，也从侧面说明企业的主营业务根本不赚钱，或者赚到了钱但是留不住，全部都用于投入再生产了，这样费力不讨好的生意模式也很难跑出大牛股，所以首先要规避账面上有太多长短期借款的公司。

但也不是只要存在借款，就要直接将其排除在外。从经营的角度，适当地加一些杠杆，从外部融资或借款来扩大生产规模，是有助于企业加快发展速度的，尤其是在行业低迷期，如果具备优质的借款渠道和资金来源，并以此扩建产能、加快生产、抢占更多市场份额，就能进一步发挥规模效应、降低成本，从而在行业景气度回升时拥有更大的利润弹性，这也是优质企业的特性之一。

如果确实存在一定或者大量的有息负债，我们也更希望以长期借款为主而非短期借款。虽然长期借款的利率更高，但还款年限更长，即使企业短期内经营情况不佳，也可以通过借新还旧的方式来及时偿还，短期借款则不然，虽然

利率低，但也同样要求企业必须在较短时间内偿付本息，一旦无法偿还，银行就会马上提起上诉，以公司资产做抵押甚至直接拍卖，留给企业周转的余地非常小，从历史来看，众多企业的破产表面上都是由于经营不佳、长期亏损，但真正的导火索大部分都是企业无法偿还借款，因此如果公司的短期借款很多，规模大于长期借款，或者是短期借款的增速很快，我们一定要小心。

可见长短期借款同样作为金融类有息负债，首要原则是规模不要太大。当然，在合理范围内使用一定程度的杠杆也是加快发展的方式之一。

2. 看结构

无论是长期还是短期借款，都分为四种类型：抵押借款、质押借款、保证借款、信用借款。

前两者性质类似，都是使用抵押物来换取借款，根据质押物的变现能力不同，质押率可分为 50%～90% 不等。

后两者性质接近，主要区别在于保证借款有第三方保证人或担保物来作为担保，信用借款则无需担保物，可借款额度取决于银行对公司的信用进行评估后给出的授信额度。

可见，取得信用借款的难度是最大的，因为其无需任何抵押，完全凭借公司在银行的信用好坏，所以一般来说优秀企业的借款构成都是信用借款，而且规模不会太大，因为银行的风控体系非常严格。如果借款中抵押、质押、保证借款占比较高，就要思考一下企业的偿债能力和信用情况是否良好。

近些年来贵州茅台的账面上没有任何的长短期借款，而且手中还握着几百亿规模的现金，公司的现金储备非常充足，抵御风险的能力极强。但是再来看乐视网（300104），2016 年乐视账面上有 36.69 亿元的货币资金，但有息负债规模达到了 87.88 亿元，其中包含 26 亿元短期借款、30 亿元长期借款，首先货币资金规模无法覆盖有息负债，公司存在一定的债务风险。

首先分析货币资金的结构，36.69 个亿中有 22.08 个亿都是冻结或使用受限的，也就是能动用的资金也就 14.61 亿元左右，由此得出当时的乐视已经不是存在一定债务风险，而是偿债能力严重不足、债务风险极大，只能依靠借款来维持生产销售。

其次再分析借款的结构，26 亿元短期借款中，有 25.08 亿元都是保证借款，

9200万元的质押借款；30亿元长期借款则全部都是质押借款，2017年，乐视股票质押量占比总股本达到31.06%，可见公司通过抵押、质押的方式获取了大量借款并投入生产经营，但同时也埋下了质押过高、无法偿债的风险。随着借款的逐步到期，以招商银行、平安银行、建设银行为代表的众多银行机构纷纷向法院申请冻结乐视的现金、股权以及其他资产，公司最终也走向了退市的结果。

表2-60统计了2022年A股市场上有息负债占比总资产从高到低的前10家公司，可见这前10位都无一例外地戴上了ST的帽子，前四位的有息负债规模甚至都超过了总资产，债务压力极大，对于这些公司一定要敬而远之。

表2-60 A股上市公司2022年有息负债/总资产前十位

单位：亿元

股票代码	股票简称	2022年带息债务	2022年资产总计
002776.SZ	*ST柏龙	8.19	5.31
002721.SZ	*ST金一	66.75	47.79
600589.SH	*ST榕泰	14.04	11.10
002503.SZ	*ST搜特	44.60	40.01
600242.SH	*ST中昌	2.06	2.07
600396.SH	*ST金山	183.04	188.71
600122.SH	*ST宏图	45.42	46.96
002157.SZ	*ST正邦	221.27	234.59
600816.SH	ST安信	151.86	164.47
300392.SZ	*ST腾信	6.15	7.08

讲到这里，对于货币资金、长短期借款的解读就都已经结束了，可以介绍一个重要的财务暴雷前兆：存贷双高。

顾名思义，存贷双高的意思就是企业一方面账面上存款不少，但同时也有大量的对外借款。即使对于没有任何财务基础的外行人应该也能看出这背后的不正常，借款没有白借的，或多或少都要偿还利息，而企业为什么在不缺钱的情况下还要做大量的借款呢？难道是钱太多了没地方花，肯定不是的，事出反常必有妖，要么货币资金中使用受限制的比例高、被冻结的比例高、被大股东

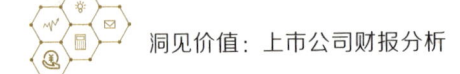

占用的比例高，要么货币资金是虚增来的，所以对于存在存贷双高迹象的公司一定要格外警惕。

下面具体分析会出现存贷双高的情况。

1. 货币资金中使用受限制的比例高、被冻结的比例高、被大股东占用的比例高

这里重点解释一下被大股东占用比例的问题，因为前两点在讲解货币资金的时候都已经覆盖到了。

具体操作方法是：上市公司把资金以大额存单的形式存入银行，然后把这些大额存单质押给金融机构，来为大股东个人的借款做担保。所以如果大股东的质押比例很高，说明大股东手里的资金流比较紧张，那么就有可能以这种方式来占用上市公司资金，来获取借款。

表现特征为：货币资金较高，但货币资金收益率（利息收入/货币资金）极低，远低于当年度的银行存款收益率；或者其他应收款规模异常增加，然后计提减值损失，从而达到转移上市公司资金的目的。

2. 货币资金完全就是虚增的

这就涉及财务造假了，典型如康美药业（600518）。公司于1997年成立，2001年登陆资本市场，以中草药、药片的种植生产销售为主营业务，公司也曾风光无限，在全国的子公司数量达到140多家，占据了中药市场超过70%的市场份额。

2012—2016年，公司的货币资金规模分别为：61.06亿元、84.97亿元、99.85亿元、158.18亿元、273.25亿元。到2016年时，总资产中的一半都是货币资金了，初步印象公司并不缺钱，而且令人惊讶的是没有购买任何理财产品。

同时期，公司的有息负债规模分别为：56.99亿元、59.81亿元、62.2亿元、97.92亿元、134.17亿元、226.8亿元。2016年的有息负债率达到了34.74%，光财务费用就超过7个亿，而全年净利润也才33.37亿元。明明不缺钱，也不买理财，为什么还要借这么多有息负债而迟迟不偿还，任由利息支出蚕食本就不多的净利润？

公司的其他应收款给出了答案。2016年及之前，康美的其他应收款都是几千万元的水平，2016年也只有1.4亿元，但2017、2018、2019年暴增至58.94

亿元、104.82 亿元、100.51 亿元。2018 年报中显示，这些其他应收款均是对两大关联方普宁康都有限公司和普宁康淳有限公司产生的，大额异常关联方交易迹象明显。审计机构也在 2018 年报中表示，无法确定其他应收款的准确性，因此出具了带有保留意见的年度报告。自从 2018 年有人开始质疑康美的存贷双高开始，公司的股价便开始一路跳水，两个月之内从最高的 21.88 元跌到 9 元，腰斩有余（图 2-11）。

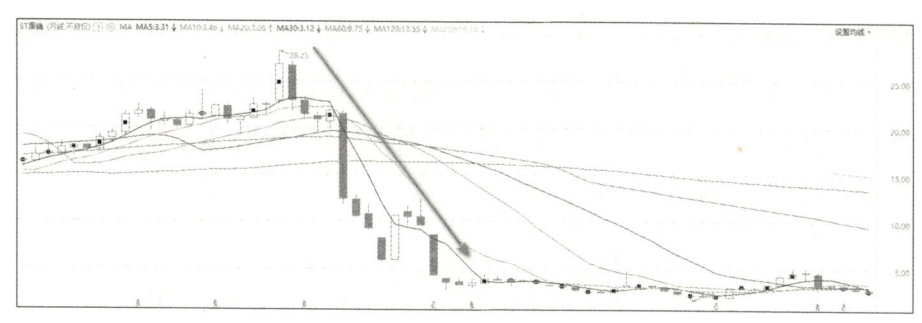

图 2-11　康美药业股价走势

2018 年底，证监会开始对康美立案调查。

2019 年，证监会对负责康美药业审计业务的正中珠江会计事务所下发调查通知书，原因是在对康美药业的审计过程中涉嫌违反证券相关法律法规，对其正式立案调查。

随后的 4 月底，中国证券监督管理委员正式指出康美药业存在通过财务不记账、虚假记账、伪造、变造大额定期存单等方式虚增营收，财务造假，调减了近 300 亿元的货币资金、调增了近 200 亿元的存货。至此，公司财务造假的行为被彻底揭露，而最初正是从存贷双高一步步分析出来的。从 2018 年开始，公司每年的年报都变成了带有保留意见，净利润 2019 年、2020 年大幅亏损，并且带上了 ST 的帽子。

但是不是所有具存贷双高特点的公司都有较大的财务风险？也不见得，有些生意模式本身就带有存贷双高的属性，主要包括以下几种情况：

（1）高杠杆行业，以地产公司最为典型，宁愿以贷款的形式买地，也不愿意一次性全款付清，典型如万科 A、保利发展、招商蛇口这些公司均有此特点，其他还包括供应链生意、水泥等重资产生意等。所以高杠杆生意的存贷双高并

不一定是暴雷或造假前兆。

（2）如果公司旗下有众多子公司，有的子公司存款多，有的子公司借款多，但合并到报表里就会体现为存贷双高，比如中石化、中石油就是典型代表。这种情况下，我们主要观察公司的货币资金中使用受限制的比例，只要比例不高，而且货币资金规模可以覆盖有息负债，那么风险也基本是可控的。

以中国宝安（000009）为例，2019年末公司账面上共有54.93亿元货币资金，同时还有116.68亿元有息负债。再从公司的参股控股情况来看，2019年中国宝安控参股子公司共计192家，既有净利润超过3亿元的子公司的马应龙，也有年亏损过8000万元的宝安控股等公司，最后体现在中国宝安的合并资产负债表，就呈现出了存贷双高的现象。

> 对于长短期借款，是分析资产负债表时必看的财务科目，而且一般的金融软件只会给出公司的负债规模，而不会给出有息负债规模，无法体现公司真实的债务压力和偿债能力，所以一定要去年报中统计。在统计和分析过程中，一要看规模，二要看构成，对于偿债能力不足、信用额度较低的公司要及时规避。而存贷双高是一种非常典型且易于发现的财务造假特征，对于具备此特点的公司一定要小心谨慎，只要不是特定生意模式或子公司造成的，都要尽量敬而远之。

（十七）应付票据、应付账款

前面已经讲过应收票据、应收账款，这一节介绍和其相对应的财务科目：应付票据、应付账款。

通俗来说，应付款就是企业对外欠的钱，所谓对外，指的主要就是上游供货商，企业在进货、购买原材料时，没有当即以现金的形式向供货商结算货款，这样就形成了应付账款或票据。

以一条产业链（上中下游：A–B–C）为例，B企业生产一种产品，需要向A企业采购原材料，生产好之后再销售给C客户。那么B面向A的采购过程中，对于B来说产生的就是应付账款，对于A则是应收账款。B面向C的销售过程中，对于B来说产生的就是应收账款，对于C则就是应付账款了。应付款的形成，本质上来说可能是上游供货商为了快速扩大市场不得不同意赊账，也可能是企业本身的话语权较强，可以主动把握应付账款的支付时间。

应付账款和应付票据有何区别？

从本质上来说，它们都属于应付款的一种，只不过是结算方式不同。应付票据有明确的支付时间，到了期限，企业必须无条件支付；而应付账款的支付期限则要模糊得多，可以什么时候有钱什么时候给，具体还款日期弹性较大。所以，对于企业来说，应付账款的质量要比应付票据更好。

这里还要说一下，因为应付款是企业面向上游供货商的欠款，本质上属于负债，因此会被计入资产负债表里的负债中。所以当我们看到一家企业的负债规模较大时，一定不要直接下结论说是企业的债务压力较大，而是看负债中究竟是以有息负债为主，还是以应付账款为主，前者代表风险，后者反而代表了企业的竞争力，这样可以避免我们错过大牛股。

以海尔智家（600690）为例，2018—2022年，公司的总负债规模分别为1115.69亿元、1224.64亿元、1353.48亿元、1363.77亿元、1411.29亿元，上千亿的负债规模看起来不少，但事实上这五年期间公司的应付款项（应付票据+应付账款）分别为473.85亿元、530.59亿元、575.39亿元、673.68亿元、669.75亿元，总负债中接近一半都是拖欠上游原材料供货商的货款，都是"幸福的负债"。事实上这五年期间海尔的货币资金规模一直都足以覆盖有息负债，公司在债务方面上风险并不大，而且应付款项持续增长，说明对于上游供货商的议价权也在不断提高。

分析应付款时应注意：

1. 看规模、趋势

既然应付款的直接意义在于向上游供货商拿货但延迟付款，那么我们希望企业的应付账款尽可能多一些，毕竟谁不想先拿货、后交钱、在产业链中尽可能地占据主动位置呢？所以如果企业的应付账款规模较大或者增速较快，就可以初步判定公司面对上游供货商的话语权是增强的。拿A股市场来说，各个行业内的龙头白马股，比如贵州茅台、美的集团、海天味业等账面上都躺着大量的应付账款，这就是龙头竞争力的一种体现。

2. 看周转率

应付账款平均余额 =（期初应付账款余额 + 期末应付账款余额）/2

应付账款周转率 = 营业成本 / 应收账款平均余额

可以看出，应付账款周转率代表了企业应付款的周转速度，进而反映出企业占用上游供应商资金的情况。

和应收账款刚好相反，对于应付账款周转率，我们希望是越慢越好，这样公司相当于占用了供货商的资金，而且还不用支付利息，简直就是一笔无息贷款，这样无形之中减小了企业在资金、原材料等方面的压力。而通过对比企业和同行其他公司之间应付账款的规模、周转率的快慢，能够直观地看出谁占用供应商资金的能力更强。

3. 不是规模越大越好、周转速度越慢越好

在我国的传统观念里，万事万物都有一个限度，超过了这个限度，再好的东西也会变得不好，这种哲学思想体现在工作、生活中的方方面面，包括应付账款这一财务科目也并不例外。

因为应付账款的本质仍然属于一种欠款，虽然我们希望企业在产业链中的地位更高，但也不能长期存在大量的应付账款，因为这有可能暗示着企业并不是占用资金，而是无力偿还。一旦是这种情况，那么企业的经营状况就非常危险了。所以我们在分析的时候，要注意一个度，结合货币资金、有息负债、现金及现金等价物等其他财务科目，综合分析企业的应付款规模大、周转率低究竟是主动为之、情况可控，还是因为自身流动性较差、储备较少无力支付。

> 应收款更多反映了经营层面上的风险，也就是来自下游的赊销比例，理想情况是应收款越少越好、周转率越快越好，这样能够提高企业的利润质量和经营效率，而对于那些应收款规模大、周转慢的公司，不只要怀疑其产品销售不畅、经营不佳，还要分析其有无财务造假的情况。
>
> 但对于应付款来说，规模大、周转速度慢，说明企业对上游原材料厂商的话语权较强，不需要付款即可拿到原材料；规模小的话，只能说明企

业的话语权较弱，但基本不涉及财务造假和暴雷的问题。但如果应付账款规模过大且迟迟不支付的话，就要怀疑企业的流动性是否出了问题，而且长期过度占用供应商企业的资金也并不是维持永续经营的好做法，毕竟有钱大家一起赚才是更好。

（十八）预收账款、合同负债

预收账款，从会计学的定义上来看，是指企业按照合同规定预收的款项，简单来说就是企业在手的订单。虽然企业已经收到这些款项，但因为还没有用合同里约定的产品或者劳务偿付，所以不能确认收入，只能作为一项负债，列入资产负债表中的负债类别下。所以，继上一篇应付账款、应付票据之后，我们又接触到了一种"幸福的负债"，就是预收账款。

这些拖欠上游原材料供应商的货款、提前收到下游客户的订单都会和长期借款、短期借款一样计入企业的总负债中，因此万万不能单凭总负债的规模来判断公司的债务风险，一定要去年报中查看负债的具体结构。

如果长短期借款多，那说明公司资金链比较紧张，偿债压力较大，可能是真的缺钱。

如果是应付款、预收款多，那负债规模的增加，反倒恰恰能说明企业的经营情况有所改善，产品力提高，更受到下游市场和客户的欢迎。

一般来说，预收账款可分为以下几种：预收货款（绝大多数制造业企业都以预收货款为主）、预收房款（主要是对于房地产企业而言）、预收租赁费（主要是对于那些以土地房屋租赁为主业的）、预收工程项目费、其他预收费用……

可见预收账款的具体来源，根据公司的业务不同也有所区别。在上市公司的年报中，使用关键词搜索功能，搜索"预收账款"，可以很清晰地看到预收账款详细的各项内容、以及按账龄来分类的明细等。有了这些内容，我们能更清晰地看到企业的订单来自哪里、多大规模。

这里还有一点需要说明，自从新收入准则执行之后，大部分原来的预收账款都转入合同负债科目下，以至于很多投资者都以为预收账款这一科目被取消了，其实并没有。

那么预收账款和合同负债有何区别?

和预收账款相比,合同负债并不需要企业真的已经提前收到客户的货款,而只是基于合同约定,客户需要支付这笔预付款,那么企业就可以根据这个约定来确认合同负债的发生,而预收账款则是需要企业确实收到真金白银的预付货款。一句话,合同负债只是有约定,不一定收到钱,预收账款则是一定已经收到钱了。

实际上对于财务分析来说,二者的区别其实并不大,投资者并不需要太过深究,更重要的是要知道分析预收账款(合同负债)时候的要点,以及通过这一财务科目能够看出来企业经营层面的哪些信息。

总体来说,预收款是越多越好,这说明企业的产品在下游市场中销售情况良好,处于供不应求的状态,这可要比年报多少吹嘘自己产品的华丽辞藻都要有说服力,毕竟消费者行为是最有说服力的,如果产品不好卖,那谁还会给企业提前打款来预定产品呢?

这里以贵州茅台(600519)为例,预收账款在茅台的财报里完美扮演了业绩蓄水池和风向标的角色。作为A股股王,无论是否接触过股市,每个人都知道茅台酒的昂贵与稀少,但公司是不是自上市以来每一年都能保持高速且稳定的增长? 其实并不是。

2014—2016年,受整个白酒行业景气度较低的影响,茅台的利润增速只有0.45%、0.62%、8.57%,营收增速只有3.69%、3.82%、20.06%。虽然从营收利润的增速变化趋势能够看出2016年公司的经营情况有所好转,还不足以构成业绩反转的依据,这个时间段内茅台的股价表现也平平无奇(图2-12)。

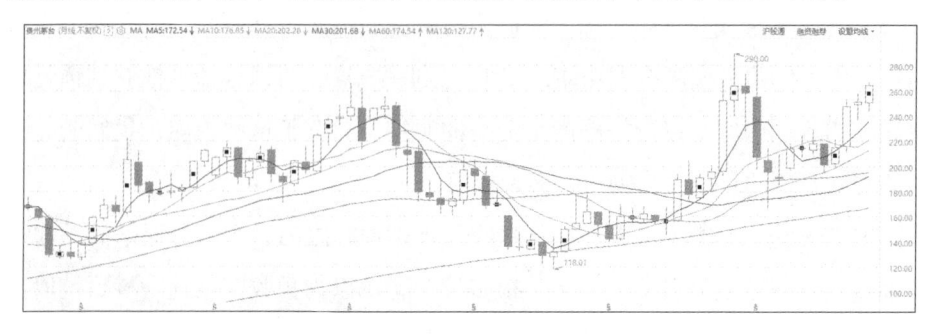

图2-12 贵州茅台2014—2016年股价走势

但是再来观察公司这三年期间的预收款规模，2014—2016 年分别为 14.76 亿元、82.62 亿元、175.41 亿元，已经创出了历史新高，说明那时的茅台已经预先收到了大量的货款，转化成真金白银的业绩只是时间问题，而这些隐藏的利润就藏在预收账款里。随后的 2017 年，公司的营收增速达到 52.07%，扣非净利润增速达到 60.57%，在手订单的业绩开始真正体现在营收和利润上。受业绩增长驱动，这个阶段茅台的股价也水涨船高，迅速拉升（图 2-13）。

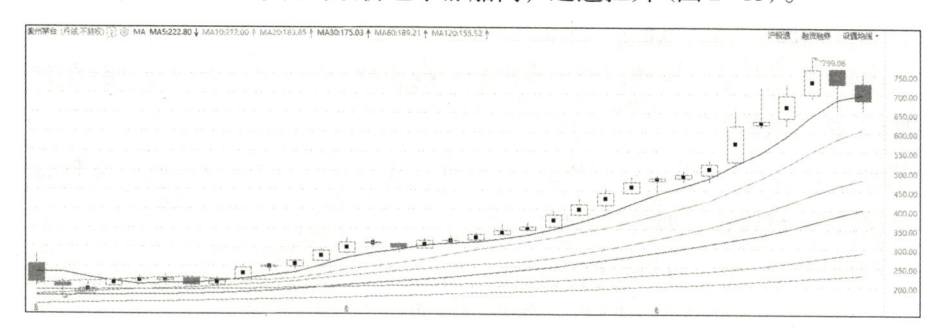

图 2-13　2016—2018 年贵州茅台股价走势

可见，茅台的利润其实已经提前体现在财报的预收账款中，当公司账面上出现大量预收款时，业绩和股价的增长就只是时间问题了。但这超额的收益，只留给了那些能读懂财报的投资者，所以如果能够读懂茅台预收款背后的含义，就有很大可能抓住公司这一波涨幅。

> 通过对预收账款/合同负债概念的分析，以及贵州茅台的例子，可见预收账款/合同负债的本质就是来自下游的订单，代表下游客户和消费者对于公司产品的看好和肯定，通常扮演着业绩蓄水池的角色。如果企业的订单大幅增加，势必在短期内转化成营业收入和利润，从而推动公司的股价上涨。但是要注意，利好出尽是利空，如果企业的预收款规模增速放缓，说明来自下游的订单减少，可能很难在此前高基数的基础上继续保持增速。
> 所以，对于那些预收款规模较大、增长较快的公司，我们要重点关注；反之，对于订单增长放缓甚至减少的，我们就要保持警惕，不要停留在公司过去曾经高速增长的美好回忆之中。

（十九）其他应付款

和其他应收款相对应的，资产负债中有一项叫作其他应付款的科目，是指企业除了购买商品、材料物资和接受劳务供应以外，应付、暂收其他单位或个人的款项。

其他应付款一般包括以下内容：

（1）保证金，包括商品质量保证金、工程建设保证金、经销商保证金、招标保证金、股权转让保证金、押金等。

（2）预提费用，如预提租金、水电费、运输费、广告费、管理费、销售折让（销售返点）等开支。

（3）往来款项，包括股东借款、应付暂收款、应付广告费、应付设备款等。

（4）职工风险金，如离职补偿金。

（5）备用金（个人暂垫款）。

（6）股权投资款及少数股东持有的认沽期权。

（7）代收代付款项。

（8）其他，包括加盟费、员工持股计划等。

从年报中可以直接查阅到企业其他应付款的具体来源以及账龄超过一年的重要其他应付款。一般来说优秀企业的账面上一定是没有那么多冗杂科目的，所以其他应付款的规模普遍较小。

可是一旦规模较大，就要仔细分析其构成，比如企业是否有将本来在本报告期内支付的广告款、销售返点等计入其他应付款内，拖延到下次支付，以此达到减少本报告期内费用支出、修饰本期利润的目的等。

以上海家化（600315）为例，2018—2022年，公司的其他应付款分别为14.21亿元、15.42亿元、16.07亿元、17.9亿元、16.86亿元，从2022年报中来看，将近17个亿的其他应付款中有11个亿都是应付营销类费用（表2-61），公司为什么不把它们直接计入销售费用呢？

表2-61 上海家化2022年其他应付款明细

单位：元 币种：人民币

项目	期末余额	期初余额
应付营销类费用	1,129,618,056.08	1,176,314,601.91
工程款	34,353,027.13	44,157,297.67
应付运费及其他营运费用	161,655,917.90	156,606,950.36

续表

项目	期末余额	期初余额
保证金及暂收款	17,862,748.70	23,971,466.63
限制性股票回购义务	118,254,324.57	177,076,279.10
应付租赁费	6,077,272.56	7,218,725.94
应付股权款	4,000,000.00	0.00
其他	214,017,827.20	204,978,465.12
合计	1,685,839,174.14	1,790,323,786.73

答案藏在上海家化的盈利能力中，表2-62展示了2018—2022年上海家化的毛利率、销售费用率、净利率水平，可见公司的毛利率在60%左右，产品盈利能力不可谓不强，但销售费用就占去了接近40%，导致最后的净利率仅有个位数水平，如果公司把这些应付营销费用再加到当年度的销售费用中，那么净利率就要更低了，所以公司也是通过这种方式在一定程度上修饰了利润水平。

表2-62 上海家化2018—2022年毛利率、销售费用率、净利率水平

	2018	2019	2020	2021	2022
毛利率	62.79%	61.88%	59.95%	58.73%	57.12%
销售费用率	40.65%	42.18%	41.58%	38.54%	37.32%
净利率	7.57%	7.33%	6.12%	8.49%	6.64%

原则上来说，一家企业的其他应付款规模不应该太大，如果有的话，就需要具体情况具体分析。

各位读者朋友们，关于资产负债表的解读到这里就告一段落了，现在你学会看资产负债表了吗？

第三节 现金流量表

看完了利润表、资产负债表，本节进入现金流量表的讨论。

现金流量表主要体现了一段时期内企业的现金流入、流出、余额情况。对

于一家上市企业来说，自我造血能力及其重要，这在根本上决定了企业抵御风险能力的强弱，而现金流正是企业造血能力最直观的体现。

一家上市公司可以长时期处于微微盈利或者盈亏平衡的状态，但只要它拥有非常健康的现金流，就能持续造血，仍然有成为大牛股的可能。反之如果没有持续的现金流入，那么企业面临的就不只是亏损的风险，还有破产退市的可能。

以亚马逊为例，作为美国零售行业的老牌龙头公司，亚马逊多年来的账面利润都没有特别亮眼的增长，但是却保持了极其健康的现金流。在1997年亚马逊历史上第一封致股东信里，创始人杰夫·贝佐斯就曾说："如果非要让我们在公司财务报表的美观和自由现金流之间选择的话，我们认为公司最核心的关注点应该是自由现金流。"可见对于一家企业来说，健康的现金流情况至关重要。

再从财务造假的角度考虑，利润表和资产负债表实行的都是权责发生制，而现金流量表则实行收付实现制，正是由于这个本质上的区别，前二者都很容易被美化，而现金流量表却不能，因为企业的每一笔现金流都需要和银行的流水相匹配，而想让银行来配合企业进行财务造假的可能性基本为零，所以现金流量表是三张报表中最接近真实的一张报表。

当我们在利润表、资产负债表中发现可疑的财务科目时，可以结合现金流分析，交叉验证后，利润、资产的质量真假便可分辨出来，从而筛选出那些经营情况更优秀的企业。

本节结合贵州茅台2022年的合并现金流量表（表2-63）情况，将内容主要分为四部分，依次讲解经营活动现金流、投资活动现金流、筹资活动现金流各自应该如何分析，并在最后一部分以不同的现金流量表结构为例，讨论如何从现金流推导出企业在经营层面上的信息。

表 2-63 贵州茅台 2022 年合并现金流量表

单位：元　币种：人民币

项目	附注	2022 年度	2021 年度
一、经营活动产生的现金流量：			
销售商品、提供劳务收到的现金		140,691,678,592.00	119,320,536,796.65

续表

项目	附注	2022 年度	2021 年度
客户存款和同业存放款项净增加额		-8,916,033,228.67	7,511,166,145.93
向中央银行借款净增加额			
向其他金融机构拆入资金净增加额			
收到原保险合同保费取得的现金			
收到再保业务现金净额			
保户储金及投资款净增加额			
收取利息、手续费及佣金的现金		3,247,615,476.04	3,145,747,032.91
拆入资金净增加额			
回购业务资金净增加额			
代理买卖证券收到的现金净额			
收到的税费返还		33,191,912.56	
收到其他与经营活动有关的现金	52(1)	2,759,422,171.88	1,643,536,862.48
经营活动现金流入小计		137,815,874,923.81	131,620,986,837.97
购买商品、接受劳务支付的现金		8,357,859,151.03	7,745,959,630.90
客户贷款及垫款净增加额		723,778,672.00	484,244,272.00
存放中央银行和同业款项净增加额		13,037,761,321.90	559,089,326.28
支付原保险合同赔付款项的现金			
拆出资金净增加额			-400,000,000.00
支付利息、手续费及佣金的现金		79,226,410.98	163,462,728.48
支付保单红利的现金			
支付给职工及为职工支付的现金		11,752,241,598.62	10,061,366,201.66
支付的各项税费		62,043,324,506.36	44,609,684,025.28
支付其他与经营活动有关的现金	52(2)	5,123,087,432.89	4,368,504,506.00
经营活动现金流出小计		101,117,279,093.78	67,592,310,690.60
经营活动产生的现金流量净额		36,698,595,830.03	64,028,676,147.37

续表

项目	附注	2022 年度	2021 年度
二、投资活动产生的现金流量：			
收回投资收到的现金			6,079,930.68
取得投资收益收到的现金		5,880,000.00	860,000.00
处置固定资产、无形资产和其他长期资产收回的现金净额		355,149.00	2,463,474.29
处置子公司及其他营业单位收到的现金净额			
收到其他与投资活动有关的现金	52(3)	4,971,762.18	9,983,452.63
投资活动现金流入小计		11,206,911.18	19,386,857.60
购建固定资产、无形资产和其他长期资产支付的现金		5,306,546,416.54	3,408,784,532.01
投资支付的现金		210,000,000.00	2,150,000,000.00
质押贷款净增加额			
取得子公司及其他营业单位支付的现金净额			
支付其他与投资活动有关的现金	52(4)	31,486,829.54	23,048,029.93
投资活动现金流出小计		5,548,033,246.08	5,581,832,561.94
投资活动产生的现金流量净额		-5,536,826,334.90	-5,562,445,704.34
三、筹资活动产生的现金流量：			
吸收投资收到的现金			
其中：子公司吸收少数股东投资收到的现金			
取得借款收到的现金			
收到其他与筹资活动有关的现金			
筹资活动现金流入小计			
偿还债务支付的现金			

续表

项目	附注	2022年度	2021年度
分配股利、利润或偿付利息支付的现金		57,370,196,191.46	26,476,019,839.37
其中：子公司支付给少数股东的股利、利润		2,618,815,078.45	2,240,195,683.97
支付其他与筹资活动有关的现金	52(5)	54,332,788.37	88,121,549.59
筹资活动现金流出小计		57,424,528,979.83	26,564,141,388.96
筹资活动产生的现金流量净额		-57,424,528,979.83	-26,564,141,388.96
四、汇率变动对现金及现金等价物的影响		911,088.01	-2,026,542.60
五、现金及现金等价物净增加额		-26,261,848,396.69	31,900,062,511.47
加：期初现金及现金等价物余额		178,640,587,379.52	146,740,524,868.05
六、期末现金及现金等价物余额		152,378,738,982.83	178,640,587,379.52

一、经营活动产生的现金流量

1. 经营活动流入的现金

（1）销售商品、提供劳务收到的现金：就是企业卖产品或者提供劳务收到的现金，或者是收回之前的应收款、加上本期的预收款、再减去退货的现金，和营业收入基本对应，也是绝大部分企业的主要现金来源。

（2）收到的税费返还：包括所得税、增值税、消费税等各种税款的返还。

（3）收到的其他与经营活动有关的现金：与主业关联不大的现金，比如对外出租收到的利息等。

从表2-63中能够看出，2022年贵州茅台一共实现1378.16亿元经营活动现金流入，其中销售商品、提供劳务收到的现金为1406.92亿元，客户存款和同业存放款项净增加额为-89.16亿元，收取利息、手续费及佣金的现金为32.48亿元，收到的税费返还为3319万元，收到其他与经营活动有关的现金27.59亿元，以上这些科目便是贵州茅台2022年经营活动的全部现金来源。

2. 经营活动流出的现金

（1）购买商品、接收劳务支付的现金：主要是指采购原材料支付的现金，和利润表中的营业成本相对应。如果购买商品支出的现金增速较快，说明企业可能正在面临来自上游的成本压力。

（2）支付的各种税费、职工薪酬、其他与经营活动有关的现金：支付给职工的各种现金，包括工资薪酬、福利等，以及各种所得税、罚款、保险、差旅费等。

2022年，贵州茅台经营活动流出的现金一共为1011.17亿元，其中购买商品、接受劳务支付的现金83.58亿元，客户贷款及垫款净增加额7.24亿元，存放中央银行和同业款项净增加额130.38亿元，支付利息、手续费及佣金的现金7922.64万元，支付给职工及为职工支付的现金117.52亿元，支付的各项税费620.43亿元，支付其他与经营活动有关的现金51.23亿元，这便是贵州茅台2022年经营活动支出的全部现金以及具体构成。

3. 经营活动产生的现金流净额

经营活动产生的现金流净额 = 经营活动流入的现金 - 经营活动流出的现金

因为经营活动是上市公司经济活动的主体，也是大多数公司持续获得资金的基本途径，因此经营活动现金流净额至关重要，我们希望企业的经营现金流净额为正，且保持足够稳定的增长，而且经营活动现金流入部分，我们希望是以销售商品、提供劳务收到的现金为主，这证明公司的主营业务经营情况良好，如果是常年依靠受到政府补助等来自其他渠道的现金，则说明公司的资金链并不稳定、主营业务经营情况一般。

知道了经营活动全部的现金流入以及流出，我们便能计算出贵州茅台2022年经营活动产生的现金流净额为366.99亿元。

刚才提到，现金流量表除了能反映出企业的造血能力如何，另一大重要用途就是和利润表、资产负债表中的科目来结合分析，由此得到关于企业经营层面的结论，常用的结合分析科目及指标主要有两个：一是销售商品、提供劳务收到的现金和营业收入的比值，简称收现比；二是经营活动现金流净额和净利润的比值，简称净现比。

这两个财务指标所代表的意义其实差不多，前者反映企业的营业收入中有多少是以现金形式结算的，后者则代表了企业的净利润中究竟有多少是真金白银。二者都是以1为分界值，越接近1，说明企业的营收、利润中现金含量越高，客户赊欠的应收款越少，经营状况越优秀。

以贵州茅台（600519）为例，2018—2022年，公司的收现比分别为1.14、1.11、1.12、1.12、1.13，营收中现金含量非常高，净现比分别为1.09、1.03、1.04、1.15、0.56，利润中现金含量也很高，2022年净现比之所以下降到0.56，是因为账面上出现了2093.71万元的应收账款，由此拉低了茅台的净现比水平，而此前四年公司账面上的应收款全部为零，充分说明了茅台酒的供不应求，毕竟用现金都买不到的东西，怎么可能赊销呢？那这两千多万的应收款是从何而来？年报中给出了答案，是来自茅台的控股子公司赖茅酒业的应收款，已经于2023年1月全部收回（表2-64），所以目前公司账面上的应收账款依然是0，继续保持了经营层面的优秀。

表2-64 贵州茅台2022年应收账款变动及原因

单位：元

项目名称	本期期末数	本期期末数占总资产的比例（%）	上期期末数	上期期末数占总资产的比例（%）	本期期末金额较上期期末变动比例（%）	情况说明
货币资金	58,274,318,733.23	22.91	51,810,243,607.11	20.30	12.48	
应收票据	105,453,212.00	0.04			不适用	主要是公司全资子公司贵州茅台酱香酒营销有限公司银行承兑汇票办理销售业务增加
应收账款	20,937,144.00	0.008			不适用	主要是公司控股子公司贵州赖茅酒业有限公司应收酒款，已于2023年1月收回
预付账款	897,377,162.27	0.35	389,109,841.28	0.15	130.62	主要是预付土地挂牌保证金增加
存货	38,824,374,236.24	15.26	33,394,365,084.83	13.09	16.26	

再来看看太阳鸟（300123，现已改名为亚光科技），这家公司主要从事游艇、商务艇和特种艇的设计、研发、生产和销售及服务，2016年，太阳鸟营业收入规模达到5.87亿元，同比增长32.96%，营收增速看起来还不错，但再看现金流量表，销售商品、提供劳务收到的现金却是0，这是怎么回事？

原来是公司当年度销售的产品主要以商务游艇和特种作业游艇为主，下游

客户是政府，政府并没有以现金形式及时结算货款，而是改用赊账的方式，而根据会计准则来说，这笔交易其实已经发生了，所以要计入营业收入和利润，但并没有收到现金，而是以应收款的形式体现在公司的资产负债表中，因此才出现了上述有营业收入、但收到现金却为零的情况，同时公司2016年的应收账款规模同比增长44.96%达到1.76亿元。

很显然，这种情况对于上市公司的伤害是巨大的，明明卖出了产品却无法第一时间收回货款，这就导致公司没有足够的资金投入下一轮的生产中，进而影响到下一阶段的销售，自身流动性变差，逐步进入恶性循环。所以对于那些优秀的上市企业来说，销售商品、提供劳务收到的现金应该和营业收入规模相差不大，也就是收现比的值要越接近1越好，有些公司的收现比超过了1，说明公司除了收到本报告期内销售产品的现金货款外，还收回了一部分往年的应收款，因此整体收到的现金要比营业收入更多。

通过太阳鸟和贵州茅台的对比，我们能够清晰地看出，越是优秀的企业，产品越是畅销，面向下游客户的话语权越强，应收款就越少，所以即使在不了解一家公司的主营业务、市场份额、商业模式的前提下，仅凭收现比、净现比这一指标，也能很大程度上观察出来这家公司的竞争力究竟如何。

之所以会有收现比、净现比这种指标的产生，背后的核心原因其实刚才已经提到过了，就在于现金流量表实行的是收付实现制，而利润表（包括资产负债表），实行的都是权责发生制。

权责发生制最关心的是这项业务有没有发生，只要合同关系确立，那么就可以确认为利润，而不在乎企业是否真的收到了现金。所以，每一家企业的利润中，实际上包括了两部分：以现金形式结算的货款、以应收款（欠条）结算的货款。

收付实现制则不同，不管企业和客户约定好了要交易多少产品，我们只关心企业真正收到了多少现金，即使是100元的合同，客户只支付了1元，其余99元以应收款结算，那反映在现金流量表上也是只有1元的现金流。

有些读者朋友看到这里可能会想，既然利润表、资产负债表都有虚增和造假的可能，那么直接分析真实的现金流好了。

其实这种观点也是片面的，并不是所有存在应收款的公司就一定是不好的，只要账龄短、坏账计提比例低、下游客户经营情况良好、信誉良好，那应收款

转化为现金也只是时间问题，如果只看已到手现金的话，可能会低估一些企业的利润空间，做过实业的朋友更能体会这一点。万事万物皆周期，在下游行情不好的时候，适当放宽货款限制也是一种经营策略。

> 通过经营活动现金流相关科目的介绍，以及和利润表中的营业收入、净利润进行综合分析，我们能够分析出一家企业的利润质量如何，究竟赚到了多少真金白银，这是我们分析经营活动现金流所应该得出的最重要的结论。

二、投资活动产生的现金流量

经营活动好理解，那么何为投资活动？从会计准则的角度，投资活动的定义为购建或处置固定资产、无形资产和其他长期资产等经济活动，由此产生的现金流入流出就称为投资活动产生的现金流量。

从用途来看，投资可以分为对内投资和对外投资，对内投资就是用在主营业务上的投资，比如新建厂房、购入设备等，主要以产品销量的增长或成本的降低作为最主要的投资回报；对外投资就是用于新业务上的扩展，或者是对于其他企业的投资，投资回报表现为参股或控股带来的股权价值增长、分红等。

1. 投资活动现金流入

（1）收回投资收到的现金：出售、转让或是收回投资而收回的现金，比如之前的长期股权投资等。

（2）取得投资收益所收到的现金：对外投资带来的收益，比如利息、股息、租金等。

（3）处置固定资产、无形资产及其他长期资产收到的现金：处置变卖资产收回的钱，比如出售不用的设备、机器等。

（4）处置子公司、合营联营企业及其他营业单位收到的现金净额：剥离子公司收回的现金。

（5）收到的其他与投资活动相关的现金：比如工程前期款、往来款等，一般来说这一项科目的规模都比较小，如果异常增长的话则一定要搞清楚原因。

2022年贵州茅台的投资活动现金流入仅有1120.69万元，主要是取得投资收益所收到的现金588万元，收到的其他与投资活动相关的现金497.18万元，还有处置固定资产、无形资产及其他长期资产收到的现金35.51万元，便再没有来自其他投资活动所流入的现金了。

2. 投资活动现金流出

（1）购建固定资产、无形资产及其他长期资产所支付的现金：也叫作资本开支，是用来购买设备、机器、新增产能所花费的现金，反映了企业扩产力度的大小。

（2）投资所支付的现金：对外投资支出的现金，比如投资其他公司或者业务部门等。

（3）取得子公司、合营联营企业及其他营业单位支付的现金净额：对外收购公司花费的现金。

（4）质押贷款净增加额：企业在一定时期内通过质押企业资产获得的贷款总额减去还款总额，得到的净增加额。

（5）支付的其他与投资活动有关的现金：一些无法归类到以上科目的投资现金流出，都会统一放到其他与投资活动相关的现金支出中，一般来说规模较小，如果规模较大或增速较快就要查阅财务报表附注。

相比于投资活动现金的收入，贵州茅台在投资活动方面的支出可就要多得多了。2022年公司投资活动现金共流出了55.48亿元，其中购建固定资产、无形资产及其他长期资产支付的现金便达到53.07亿元，还包括投资所支付的现金2.1亿元，支付的其他与投资活动有关的现金3148.68万元，可见茅台的投资活动现金支出主要集中在购建固定资产、无形资产上面了。

3. 投资活动产生的现金流量净额

投资活动产生的现金流量净额 = 投资活动现金流入 − 投资活动现金流出

2022年，茅台的投资活动现金一共净流出了55.37亿元。

一般来说，主营业务不同的公司，投资现金流结构也不同。大多数制造业企业的投资现金流出都是以购建固定资产、无形资产及其他长期资产所支付的现金（简称"资本开支"）为主，这样可以帮助企业扩大产能、发挥规模效应、降低成本、提高利润；而那些以投资为主业的公司，现金流出则主要以投资支付的现金为主，收益则主要体现为对外投资带来的分红或股权交易。

投资现金流入中还有一项重要来源，就是处置固定资产、子公司等带来的现金流入，我们希望这一项的规模不要太大，因为这是不可持续的，企业不可能指望着变卖资产获得稳定的现金来源，如果真是这样的话，那么说明企业经营情况较差，亏损甚至退市的日子也就不远了。

我统计了一下2022年A股市场上投资现金流量净额从小到大的前十家企业，可见前六名全部都是各大银行，其他还包括了以中字头为主的大型央企国企，这些企业可谓是A股的投资之王（表2-65）。

表2-65 A股市场2022年投资活动现金流净额前十家公司

股票代码	股票简称	2022年投资现金流量净额（亿元）
601288.SH	农业银行	-10519.90
601398.SH	工商银行	-9106.21
601939.SH	建设银行	-6516.68
600036.SH	招商银行	-5139.26
601658.SH	邮储银行	-5115.07
601328.SH	交通银行	-2848.97
600941.SH	中国移动	-2380.53
601857.SH	中国石油	-2329.71
601318.SH	中国平安	-2240.49
600000.SH	浦发银行	-1703.24

三、筹资活动产生的现金流量

如果单靠经营活动无法获得足量的现金以支撑生产经营的话，上市企业自然就会想到融资，相比于非上市公司来说，上市公司的融资渠道要多得多，比如借款、发行可转债、增发股票等，体现在现金流量表中就是筹资活动现金流入；而筹资活动现金流出主要则是指支付股利、偿付债务等所涉及的现金支出。

1. 筹资活动产生的现金流入

（1）吸收投资收到的现金。

（2）取得借款收到的现金：包括长期借款、短期借款等。

（3）收到的其他与筹资活动有关的现金：比如捐款等，更多的是非经常性的筹资现金所得。

2022年贵州茅台筹资活动产生的现金流入为0，说明公司没有依靠任何来自外部的投资、借款、可转换债券等方式来获取现金，也从侧面体现出茅台的家底非常殷实。

2. 筹资活动产生的现金流出

（1）偿付债务支付的现金。

（2）分配股利、利润或偿付利息所支付的现金：分红以及用现金支付借款利息等。

（3）支付的其他与筹资活动有关的现金：对外捐款等。

2022年贵州茅台筹资活动所产生的现金流出为574.25亿元，其中主要是分配股利、利润或偿付利息所支付的现金达到573.7亿元，此外还包括子公司支付少数股东股利及利润的现金26.19亿元、支付的其他与筹资活动有关的现金5433.28万元，可见茅台筹资活动现金净流出中的绝大部分都是用于分发股利了，全年分红率达到95.78%，股息率2.52%，意味着投资茅台就能够获取2.52%的无风险收益。一方面没有任何筹资现金流入，另一方面分红现金规模达到接近600亿元，充分体现出贵州茅台所具备的"现金奶牛股"这一属性。

3. 筹资活动产生的现金流量净额

筹资活动产生的现金流净额 = 筹资活动现金流入 − 筹资活动现金流出

筹资的方式大体可以分为两种：借款和募资。前者面向银行，难度较大且审核程序严格；后者面向股东或者说是资本市场，可操作的空间更大，难度相对较低；一般来说，我们希望企业筹资现金流出的主要用途是分红，肯拿出现金分红这个行为本身就能说明很多情况，比如公司经营情况良好、赚到的是真金白银等等。而如果企业的筹资现金流净额是长期大幅净流入，那我们就要质疑公司的主营业务经营情况如何？是否赚钱？为什么需要长期依靠筹资现金流入来补充资金？

茅台在筹资活动（分红力度）上的慷慨已经无须赘述，来看看乐视网（300104，已退市）。2016年，乐视全部的经营活动现金流净额为 –10.68亿元，意味着公司不但无法从日常的经营活动中获得现金，反而还在一直消耗自身的货币资金存款。但即使是这种情况下，公司的投资现金还是净流出了96.75亿元，那么钱从哪里来？答案就是从筹资活动中来。2016年，乐视通过各种筹资活动实现现金流入超过177亿元，同比增长55.45%，其中111.44亿元募资、62.9亿元借款；筹资现金流净额达到94.77亿元，同比增长117.11%，只能依靠筹资来获取资金以填补经营和投资活动造成的现金缺口，公司的经营恶化已初见端倪。

四、关于现金流量表结构的讨论

关于现金流量表中的科目，理解难度比利润表、资产负债表中要小得多，字面意思都比较直接，而且因为实行收付实现制的原因，真实性也更好。

相比于分析现金流量表中某一项财务科目的造假可能，更常见的用法是将现金流量表和其他两张报表放到一起来做对比、验证分析，通过现金流的情况来判断企业的利润质量高低、是否有虚增利润、是否有财务造假等情况。除了这个作用以外，通过现金流量表中三大现金流净额的结构，我们还能判断出一家企业目前处于何种经营状态，为企业画出一张肖像图。

接下来按照经营活动现金流净额、投资活动现金流净额、筹资活动现金流净额的顺序，来讨论一下不同结构背后代表的意义。

1. "+++" 企业

这种企业，经营活动、投资活动、筹资活动产生的现金都是净流入的，没有负数。这种情况第一印象可能觉得还不错，但仔细想想，经营活动现金是净流入状态，说明公司的主营业务是赚钱的，投资活动也能净流入，说明公司没有太多新增产能或者对外投资的项目，或者即使有，也能保证各项投资最后算下来同样是赚钱的。

主业经营赚钱、投资也赚钱，为什么还要依靠借款或募资来实现筹资现金的净流入？这种现象就很奇怪了。这说明企业的现金利用效率很差，既没有加

大对投资者的分红力度，也没有增加对业务的投入以扩大规模。如果连续多年都保持这样的现金结构，那么我们就要小心了，看看公司会不会有为了减少现金而被动投资一些质量较差的项目等。

2. "++−"企业

这种公司，经营活动和投资活动产生的现金都是净流入的，而筹资活动现金则是净流出的，首先说明公司业务经营情况良好，同时投资也能取得一部分收益，然后把赚来的钱用来偿还债款或者给股东分红。这样的公司整体来说还是不错的，能够有钱偿债或分红，也说明公司确实赚到了真金白银。

但也有一些不足，就是公司的发展性没有那么好，很多现金流量表多年呈现这种结构的公司，已经是处于业务稳定期、收缩期或者行业整体增速放缓了。投资者投资这种股票，很大一部分就是因为其稳健的分红，只要经营情况足够稳定，并且能够保持连续多年不错的股息率，那么对于那些追求稳健的投资者来说，这就是他们所追求的理想型标的。

3. "+−+"企业

这种公司，只有投资活动现金是净流出的，经营活动和筹资活动均为净流入。投资净流出说明公司处于扩张期，要么是扩张产能发展主业，要么是对外投资进行多元化扩张。经营现金净流入说明公司的主营业务赚钱，但赚得还不够，所以需要筹资现金流入来补充投资扩张所需要的资金，这个筹资流入可以来自借款，也可以来自增发配股、发行可转债等募资行为。总之，这类企业将自己赚到的钱和筹资而得的现金都用来投资扩张，说明正处于高速发展期。

面对这种情况，我们要分析公司的投资项目、经营战略、发展前景，如果投资成功，那么公司的业绩会更上一层楼；反之，如果投资失败，那么公司的现金流就会很紧张，轻则失去市场对于公司管理层的信心，重则有可能资金链紧张，出现流动性危机和偿债风险。

成长股、科技股的现金流有很多都是这种结构，所以对于公司的前景一定要着重分析。无数事实证明，很多企业的失败并不发生在缺钱的时候，而是发生在手里有钱后进行快速扩张的时期。

4. "+−−"企业

这种公司只有经营活动现金是净流入的，投资活动、筹资活动均为净流出。

这说明，企业单靠主营业务所获得的经营现金流足够充沛，足可以覆盖新增产能、扩张业务所需要的投资流出、给股东分红、偿还借款的筹资流出，基本不需要依靠来自外部的借款或募资来缓解自身的资金链压力，是一种现金奶牛类型的企业。

历史证明，像贵州茅台、美的集团这样的优质大白马股，他们的现金流量表常年都呈现+−−的结构，因为主营业务非常优秀，所以能一边保持扩张，一边低负债运行并且还能维持分红。我们在选股的时候，最希望选择这种类型的企业。

5."−++"企业

这种类型的公司，经营现金流净额为负，投资活动、筹资活动现金均为净流入，说明公司的主营业务并不赚钱，但还是能依靠投资活动来获取现金，说明公司并没有太大力度的扩产或者发展其他业务，同时还从资本市场上筹得一些现金来维持经营。

这种公司我们需要注意它是如何实现投资现金净流入的，是来自变卖资产，还是对外投资了一些项目带来的收益？这二者本质上都是不可持续的，一家上市公司不可能凭借非经常性的投资收益来获得股民和市场的信心，因此对于这种现金流结构的公司，我们要第一时间回避。

6."−+−"企业

如果说上一类型的公司还能凭借美好的想象从市场上拿到钱，那么这类公司则完全就是混吃等死类型的了。主业不赚钱，也没有银行或机构愿意为公司的发展前景注资，只能依靠投资活动现金流入来维持经营。

这种公司基本没有什么投资价值，而且还要和第五种结构有相同的分析重点，投资所获得的现金是不是来自变卖资产所得，如果是的话，那么就进一步说明公司的经营情况非常不乐观，随时都有资金链断裂的可能。对于这类公司我们投资者要尽量回避。

7."−−+"企业

这种公司，经营活动和投资活动现金都是净流出，唯有筹资活动现金是净流入的，说明公司的主营业务虽然不赚钱，但起码并没有完全躺平，依然在发展业务，所以投资现金是净流出的，那么投资所需的现金从哪来？筹资所得。

这种结构有可能出现在一些高新技术企业、互联网企业、创新药企业的报表上，在研发初期项目无法变现的时候，只能依靠补贴和借款度日，但是项目一旦突破或者落地，就有可能为公司带来质的飞跃，这种可能性也解释了为什么公司在经营现金流净额为负的时候，依然能从银行借到钱、从资本市场上融到资金，就是源自对公司未来发展前景的看好。

投资这种"孤注一掷"的高成长型公司，要求投资者对公司的业务、行业的发展前景有足够的了解，整体来说投资难度较大，一旦项目落空，公司面临的压力也将会翻倍增大。

8. "---"企业

出现这种结构的公司数量不多，可分析价值也不大。首先业务是不赚钱的，投资现金却依然保持流出，但是筹资现金也是净流出的，说明公司基本没有任何渠道从外部获取到现金，流动性枯竭，银行和市场对公司未来的发展前景也并不看好，所以不愿意借钱给公司。

这种情况下公司账面上的货币资金、库存资金、现金及现金等价物一定是大量减少的，如果不能在投资的项目上有起色，那么有可能公司很快就要带上ST的帽子，甚至进入破产清算程序。这种公司基本没有任何投资价值，为了保险起见我们需要尽量远离。

好了，关于现金流量表的每一项构成以及不同结构背后蕴含的意义我们就分析完了。说了这么多理论性的知识，接下来举几个例子，感受一下不同行业、不同发展时期的公司，各自的现金流都有哪些特点。

贵州茅台（600519），2019—2021年，茅台的经营活动现金流净额分别为452.11亿元、516.69亿元、640.29亿元，增速逐年加快；投资活动现金流净额分别为-31.66亿元、-18.05亿元、-55.62亿元，对于一家每年有几百亿现金流入的企业，几十亿规模的投资现金流出规模并不算大；筹资活动现金流净额分别为-192.84亿元、-241.28亿元、-265.64亿元。可见，茅台每年只靠经营活动所获取的净现金，足以覆盖投资和筹资活动的净流出，并且绰绰有余，呈"+--"结构，而且筹资现金的绝大部分都是分配

股利、利润或偿付利息支付的现金，分别达到了 201.17 亿元、240.91 亿元、264.76 亿元，是一家典型的现金奶牛型企业。

对于这种已经在业内形成绝对领先优势的上市公司来说，并不需要大量的新增投资支出，只需要每年从现金中拿出一部分分红，然后把剩余的资金存起来，投入新一轮的经营活动中即可，无须过多担心由于销售费用投放不到位、产能扩张速度慢于同行等原因导致的市场份额下降、核心竞争力削弱。贵州茅台可谓给我们展示了一张教科书级别的现金流量表。

案例 2

牧原股份（002714），公司以生猪的养殖销售为主业，是我国生猪行业内的龙头公司。2019—2021 年，公司的经营活动现金流净额分别为 99.89 亿元、231.86 亿元、162.95 亿元，但是投资活动现金流净额分别达到了 -127.99 亿元、-453.53 亿元、-359.68 亿元，可见单靠每年的经营所得现金是无法覆盖投资流出的，所以这三年公司的筹资活动现金流净额分别为 103.66 亿元、261.24 亿元、141.71 亿元，整体呈现"+-+"的结构。和茅台不同，牧原需要用经营和筹资共同所得的现金来支撑投资现金的流出。

那么公司的投资都用在哪里了？答案是产能的大幅扩张。从投资活动现金的具体情况来看，绝大部分都用在了购建固定资产、无形资产及其他长期资产所支付的现金，这三年分别为 131.21 亿元、460.71 亿元、358.52 亿元，对应公司资产负债表中的在建工程大幅增长至 85.99 亿元、148.35 亿元、111.03 亿元。

至于公司为什么要如此激进地扩张产能，这就要从年报中公司对于业务、行业的分析中来寻找答案了。养猪这门生意，最关键的就在于成本，因为和其他商品不同，想把猪肉价格卖出比同行更高的水平并不可能，因为猪肉是受到宏观调控的，价格都有着明确的规定，企业无法在售价上做文章，只能尽可能地降低成本，谁的成本低，谁的利润空间就更大，最后留存的利润就越多。

那么成本如何降低？最关键的就在于产能规模的大小，产能越大，越

能发挥规模优势，降低单位成本。牧原股份在经历了连续激进的产能扩张后，已经成为国内生猪养殖行业内成本最低的公司，能够在同行受到猪周期底部阶段影响，处于亏损状态时，仍然保持微微盈利或者亏损小于同行，这就是牧原的核心竞争力所在。所以公司仍然要保持扩产的步伐，继续拉大和同行之间的差距，因此就出现了上述这种现金流结构。

可见，通过从现金流量表入手，我们逐步分析看到了企业在经营层面上的信息，对公司的理解又更深了一层。

案例 3

乐视网（300104，已退市），作为曾经风光无限的互联网企业之一，乐视网在本书中出现的频率非常高，只因为公司的案例实在太过经典。2016—2018年，乐视的经营活动现金流净额分别为 -10.68 亿元、-26.41 亿元、-10.75 亿元，连续三年净流出，可见公司已经多年无法从主营业务中获取现金流入，反而还在一直倒搭。

再看投资活动现金流净额，分别为 -96.75 亿元、-19.5 亿元、-5465 万元，可见公司仍然在持续对外投资。钱从何来？只能筹资获得。这三年期间，乐视的筹资活动现金流净额分别为 94.77 亿元、38.54 亿元、8.64 亿元，属于典型的"--+"结构。

前文分析不同现金流量表结构的时候我们就已经说到了，对于这种"--+"的公司我们要格外小心，一旦投资项目落空，公司面临的困难将会进一步加大，所以面对2016年的乐视，如果懂得一些现金流量表的知识，是完全可以避开这个雷的。

现金流量表作为三大报表中可信度最高的一张，通常被用于验证另外两张报表中财务科目的真假。而从经营层面来说，是否拥有稳定的现金流，也是一家企业能否永续经营的关键。因此各位读者朋友在做基本面分析的时候，一定要格外注意公司的现金流情况。

第四节　财务报表附注

很多投资者往往只关注三大报表，但却忽略了财务报表附注的重要性。相比于三大报表，财务报表附注不会提供新的财务科目信息，但是会对三大报表中每一项财务科目给出更具体的数据和解释，这里还是以贵州茅台 2022 年报中的财务报表附注为例。

表 2-66 展示了 2022 年贵州茅台的销售费用具体构成，可见茅台全年的销售费用共支出了 32.98 亿元，其中以广告宣传及市场拓展费用占比最高，为 28.88 亿元，其次是其他费用 3.25 亿元、营销差旅费、办公费 6982.88 万元、运输费用及运输保险费用 1465.87 万元。如果对比历年以来茅台的广告宣传以及市场拓展费用，我们就能知道这些年茅台在营销上的投入力度，再通过和营业收入增速的对比，便能由此得出茅台的品牌力究竟是在增强还是在减弱，而这也是我们在财务报表附注中查阅销售费用具体结构的意义所在。

表 2-66　贵州茅台 2022 年销售费用明细

单位：元　币种：人民币

项目	本期发生额	上期发生额
广告宣传及市场拓展费用	2,887,804,740.39	2,362,973,054.42
运输费用及运输保险费用	14,658,723.67	15,581,555.64
营销差旅费、办公费	69,828,805.38	65,584,708.40
其他	325,431,921.50	293,230,116.32
合计	3,297,724,190.94	2,737,369,434.78

表 2-67 则展示了 2022 年贵州茅台的货币资金具体构成，可见公司的货币资金规模合计达到了 582.74 亿元，其中包括银行存款 582.74 亿元，还有 12740 元的库存现金。此外，在这些货币资金中，有一部分是使用受到限制的、不能随时提取使用的资金，规模为 64.19 亿元，虽然 60 多亿的规模不算少，但相比于茅台手中接近 600 亿元的货币资金相比，这个使用受限的比例就很低了，而且茅台的账面上没有任何长短期借款，因此没有任何偿债方面的压力和风险。所以通过查看财务报表附注中的货币资金构成，我们可以看出公司究竟有多少能随时取用的资金，再和有息负债规模相比，就能分析出公司是否存在债务压

力甚至风险。

表 2-67 贵州茅台 2022 年货币资金明细

单位：元　币种：人民币

项目	期末余额	期初余额
库存现金	12,740.70	9,500.00
银行存款	58,274,305,992.53	51,810,234,107.11
其他货币资金		
合计	58,274,318,733.23	51,810,243,607.11
其中：存放在境外的款项总额	29,007,671.59	20,665,732.96

使用受到限制的货币资金		
项目	期末数 人民币金额	期初数 人民币金额
存放中央银行法定存款准备金	6,418,765,887.71	6,381,004,565.81

表 2-68 则展示了 2022 年贵州茅台的应收账款构成，可见按照账龄披露，茅台 2022 年新增的 2000 多万应收款全部都是 1 年以内的应收款，并且已于 2023 年 1 月份全部收回，所以这些新增的应收款并不能被看作是茅台酒的受欢迎程度在减弱、或是茅台的品牌力出现了下滑的证明。相反，如果一家公司的应收款规模持续增长、长账龄应收款的占比越来越高，那我们就要对公司的经营情况打上一个问号了。

表 2-68 贵州茅台 2022 年按账龄披露的应收账款明细

单位：元　币种：人民币

账龄	期末账面余额
1 年以内	20,670,923,010.62
1 年以内小计	20,670,923,010.62
1 至 2 年	
2 至 3 年	
3 年以上	
3 至 4 年	
4 至 5 年	
5 年以上	
合计	20,670,923,010.62

三大报表只会给我们某项财务科目的最终数字，财务报表附注则会给出这些财务科目的具体构成，来帮助我们进行更全面准确的分析，所以财务报表附注的重要性丝毫不亚于三大财务报表。

第三章　一个常用的财务指标
——净资产收益率

第一节　净资产收益率

在上一章我们对上市企业的三表一注做了全面介绍，并结合具体案例详细说明，现在相信各位读者朋友都比较清楚那些经营不善甚至存在财务造假可能的企业一般都具备哪些共同特点，比如：

货币资金规模紧张、连续多年小于有息负债。

毛利率、净利率水平连续下降。

各项费用率占比极高且没有放缓的趋势。

产品周转速度持续降低。

账面上存在大量应收账款，并且还在持续增长。

……

那么接下来的问题便是：排除掉劣质企业之后，在剩下的选择范围中又应该如何识别出其中哪一家的经营情况最好，投资价值最高？这也许才是更值得思考的问题，毕竟财务分析最主要的目标是筛选出最值得投资的伟大企业，而不仅仅只是用来排雷、筛选掉那些资质平庸的企业。本章节的内容就是来回答这个问题。

伟大企业的标准应该如何定义？

净利率高、盈利能力强的企业就一定好吗？如果按照这个标准的话，2022年A股市场上盈利能力最强的企业是中油资本（000617），公司的净利率达到

了惊人的 1454.37%，但自公司 1996 年上市以来到 2023 年 6 月，平均年化投资收益率仅为 4.8%，再结合股价走势来看，这显然不是一个理想的投资标的（图 3-1）。

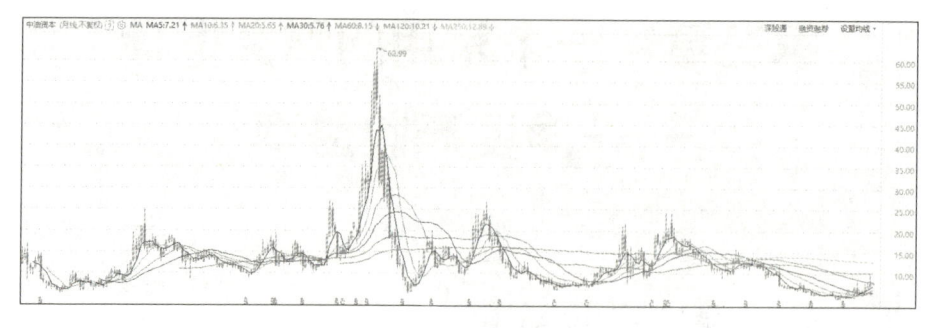

图 3-1　中油资本股价走势

总资产周转率、存货周转率快的企业就一定好吗？ 2022 年 A 股市场上经营效率最高的企业为远大控股（000626），总资产周转率达到了惊人的 10.63 次，和中油资本一样，远大控股也是于 1996 年上市，但年化投资收益率同样仅仅只有 5.28%，也很难让更多投资者感到满意（图 3-2）。

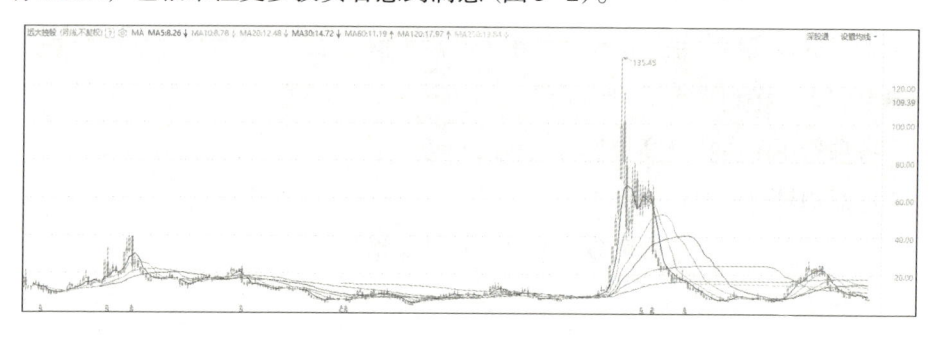

图 3-2　远大控股股价走势

账面上货币资金充足、负债水平低的企业就一定好吗？这个标准涵盖的范围就更大了，毕竟有不少上市公司账面上都是不存在任何长短期借款的，而货币资金的规模自然也不能成为筛选企业最关键的标准。

所以各位读者朋友能够发现，单凭某项财务科目或某个单一的筛选标准，并不能从整体上来评价一家上市公司的经营情况、质地好坏以及能带给我们的潜在投资收益率。那么有没有一个公认有效的财务指标，无论这家公司属于什么行业、处在哪个发展阶段，我们都能够直接通过分析这一指标来对公司的整

体情况做出一个综合评价？

还真的有，这个指标就是净资产收益率（Rate of Return on Common Stockholders' Equity，简称 ROE）

什么是净资产收益率？

净资产收益率，是企业净利润与平均净资产的比例，能够最真实地体现出一家公司使用资产创造利润的能力，计算公式如下：

净资产 = 总资产 − 总负债

平均净资产 =（年初净资产 + 年末净资产）/ 2

净资产收益率 =（净利润 / 平均净资产）×100%

A、B 两家公司，A 的净资产为 5 亿元，净利润 1 亿元，B 公司净资产 30 亿元，净利润 3 亿元，那么 A 公司的 ROE 就是 20%，B 公司则是 10%。虽然 B 公司的净利润规模更大，但其实是用 30 亿元的净资产创造出了 3 亿元的净利润，而 A 公司虽然净利润体量小，但仅用 5 亿元净资产就创造出了 1 亿元的净利润。因此可以初步得出结论：A 公司可以用更少的净资产创造出更多的净利润，因此整体经营质量更加优秀。

再来换个角度理解，ROE 反映了公司带给投资者的整体回报水平。

如果一家公司多年来的平均 ROE 是 40%，就表示拉长时间线来看，股东每投入 1 元钱，公司能为其带来 0.4 元的投资收益，回报率比较可观。所以当我们开始对一家公司感兴趣的时候，可以首先把公司的 ROE 水平和银行存款的利率高低做一下比较，一般来说把钱存在银行，可以拿到 3%～5% 的无风险利息收入，如果这家公司多年来的平均 ROE 水平连银行理财产品收益率都跑不过的话，就可以认为这家公司为股东创造回报的能力较弱，长期投资价值一般。

那么 ROE 这个指标是不是真的那么具备参考性？

1. 从硬性规定来看，我国证监会特别关注上市公司的净资产收益率

证监会明确规定，上市公司在公开增发时，最近三年的加权平均净资产收益率平均不得低于 6%。之所以会有这样的硬性规定，其背后的意义在于只有经营情况良好、退市风险较小的公司，才有资格向市场公开增发，拿到更多的资金，借此创造更多的利润。而那些营业收入看似不少，最后却创造不了多少

净利润的公司，经营效率和质量其实非常一般，增发的目的很大一部分就是来向市场圈钱。所以证监会如此规定，其实是保护投资者的一种方式。

但这个衡量标准并没有选择营收增速、利润规模、利润增速、净利润率等，而恰恰选择了净资产收益率，从这个角度来看，ROE在评价一家公司的时候很重要。

2. 众多投资前辈对于净资产收益率这一指标非常重视

巴菲特说，如果只能选择一个指标来衡量公司经营业绩的话，那就选净资产收益率吧，净资产收益率越高的企业，意味着股东的投资回报率越高，就会引导市场更多的人买入股票，从而推动股价持续上涨。判断一家公司经营的好坏取决于其净资产收益率能否排除不当的财务杠杆或会计做账，而非每股收益的成长与否，因为即使把钱固定存在银行不动，也能达到像后者一样的目的，所以巴菲特曾多次在股东大会上明确表示，选股时他只会选择净资产收益率20%以上的公司。

查理·芒格说，从长期来看，一只股票回报率与企业发展息息相关。如果一家企业40年来盈利一直保持在净资产的6%（即ROE等于6%），那么40年后你的年化收益率不会和6%有什么区别，即使你当初买的是便宜货。如果企业在20到30年盈利是资产的18%，即使当时出价高，其回报依然会让你满意。

既然如此，那我们就看看A股市场上近十年以来ROE在20%以上的公司股价表现如何。满足这个标准的企业并不多，这里以贵州茅台和美的集团为例。

贵州茅台（600519），2013—2022年公司的ROE水平分别为39.43%、31.96%、26.23%、24.44%、32.95%、34.46%、33.09%、31.41%、29.9%、30.26%，从未低于24%，平均值为31.43%。

2013—2023年，茅台的股价从2013年的200元左右上涨至最高2627元，近十年年化投资收益率28.27%，可见茅台多年来为投资者带来了极为丰厚的投资回报，而且预期收益率水平跟ROE相差不大（图3-3）。

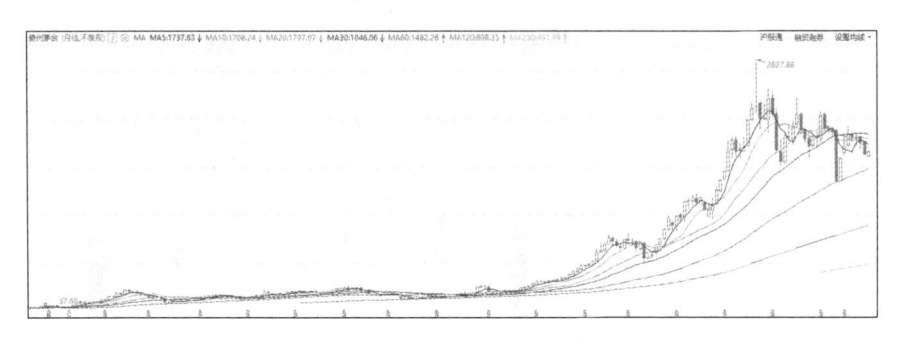

图 3-3　贵州茅台股价走势

美的集团（000333），近十年公司的 ROE 水平分别为 24.87%、29.49%、29.06%、26.88%、25.88%、25.66%、26.43%、24.95%、24.09%、22.21%，平均值为 25.95%，如果是从 2013 年美的上市就开始持有的话，至今为止年化投资收益率在 21.45% 左右，和 ROE 水平也所差无几（图3-4）。

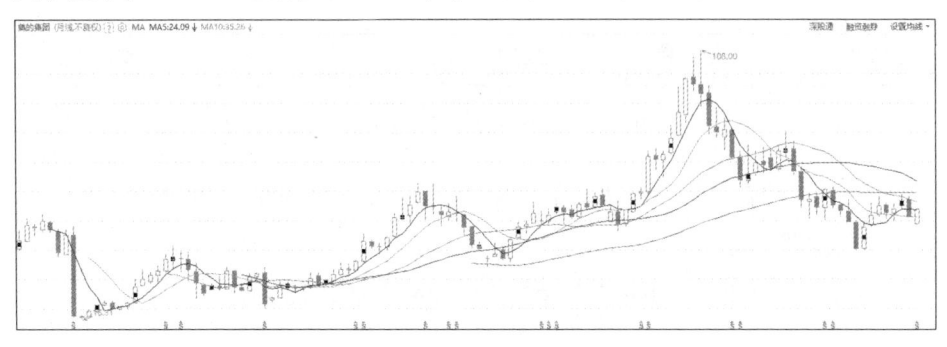

图 3-4　美的集团股价走势

这两家公司相信对于绝大多数投资者来说都不陌生，他们虽然身处不同的赛道，但却都是各自行业内的龙头，而且共同点之一便是都拥有着优秀且极其稳定的 ROE 水平，可见这一指标确实能够证明上市企业的经营质量，并且能体现出长期持有该企业所能带来的平均投资收益率水平。

既然 ROE 如此具有代表性，那我们应该如何获取一家上市企业的 ROE 数据？各大金融网站都可以很方便地查看一家公司的 ROE 水平，这里主要介绍两种最常用的：东方财富、理杏仁。

（1）以贵州茅台（600519）为例，进入东方财富官方网站，在搜索框内输入"贵州茅台"或其股票代码。

进入贵州茅台详情页面后点击"财务分析"。

选择净资产收益率，即可查看历年来贵州茅台的净资产收益率水平（图3-5）。

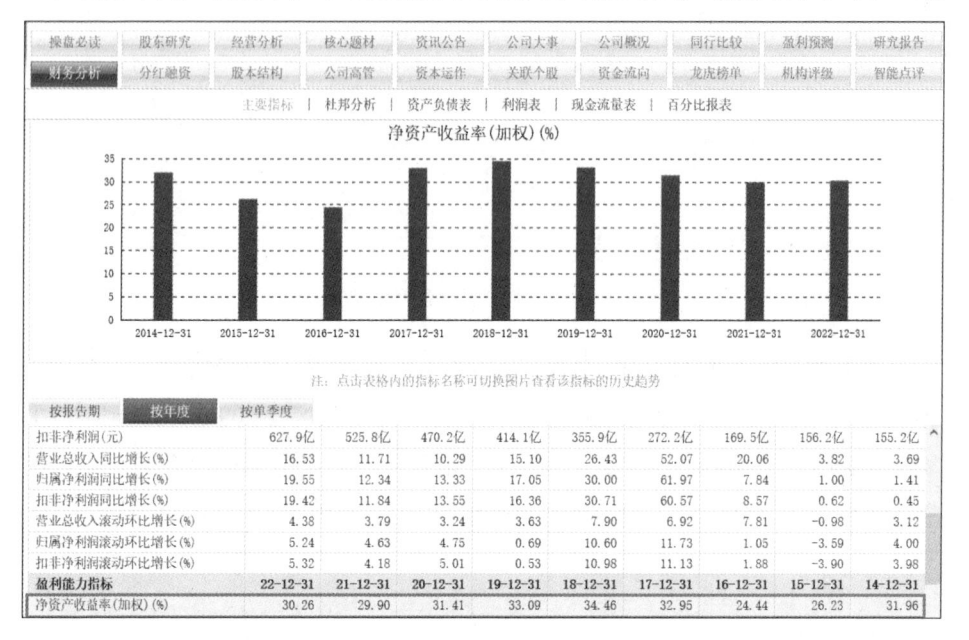

图3-5　贵州茅台历年来ROE水平

（2）进入理杏仁官方网站，在首页的右上角搜索框内输入"贵州茅台"。

选择"财务指标"一栏。

即可查看贵州茅台历年来的净资产收益率水平（图3-6）：

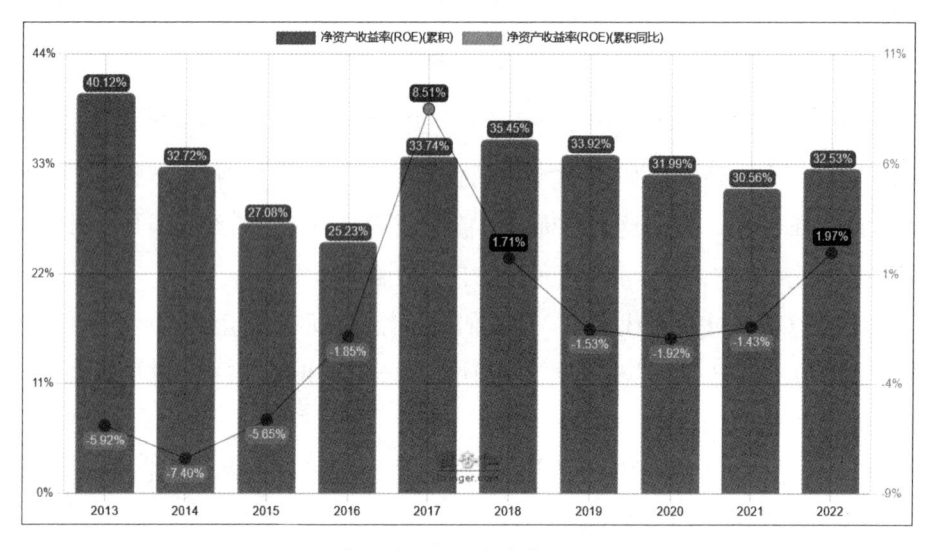

图3-6　贵州茅台历年来净资产收益率水平

第三章 一个常用的财务指标——净资产收益率

现在，我们已经获得了一家上市企业的 ROE 数据，接下来应该如何分析？最常用的分析方法便是杜邦分析法，计算公式为：

净资产收益率 = 净利率 × 总资产周转率 × 权益乘数

可见这种方法认为企业的 ROE 水平主要由三方面共同决定：净利率、总资产周转率、权益乘数，刚好对应了上市公司最重要的三项能力：盈利能力、营运能力、偿债能力。

第二节　盈利能力

从刚刚提到的杜邦分析法计算公式来看，上市公司想要提高自身的 ROE，可以通过提高盈利能力（净利率）来实现，净利率的计算公式：

净利润 = 营业收入 − 营业成本 − 总费用 − 支付的各项税费

净利率 = 净利润 / 营业收入

可见提高净利率的主要途径包括增加营业收入、降低营业成本、降低营业费用等，泸州老窖（000568）便是一个典型的净利率增长拉动整体 ROE 水平提

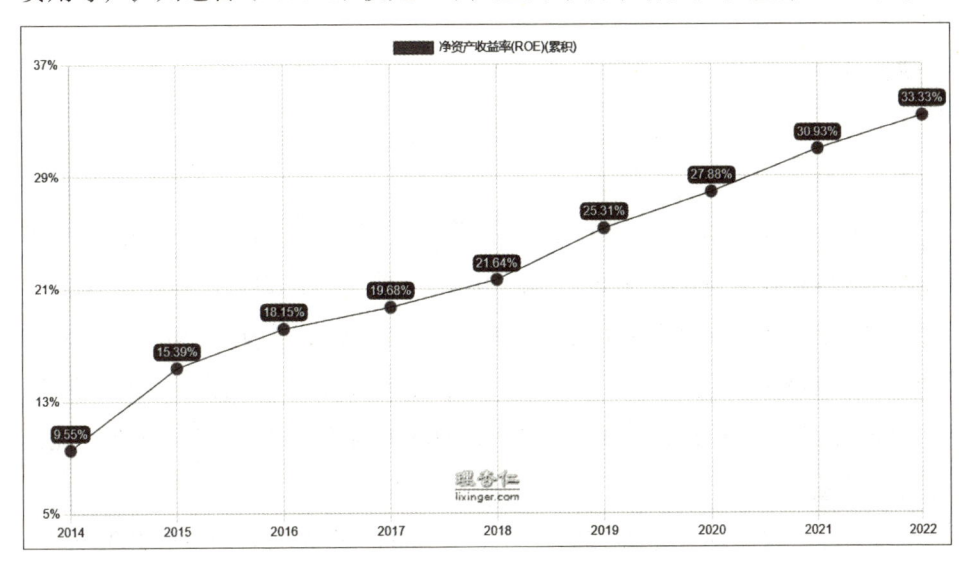

图 3-7　泸州老窖 2014—2022 年 ROE 变化趋势

高的例子。作为浓香型白酒的代表企业之一，2014—2022年，泸州老窖的净资产收益率水平从9.55%一路提高到33.33%（图3-7）。

公司的股价也是从2014年的二十几元上涨至最高的327.66元，近十年年化投资收益率达到26.72%。

再来观察公司的净利率走势，从2014年的18.23%一路提升到2022年的41.44%（图3-8），可见泸州老窖整体的盈利能力在过去的十年间有着跨越式的提升。再深挖其背后的原因，则是产品本身竞争力的提高带来的毛利率提升，2014年毛利率仅有47.61%，2022年毛利率就已经上升到86.59%，成为白酒行业内仅次于贵州茅台的存在，足以被称为中国高端白酒的代表之一。

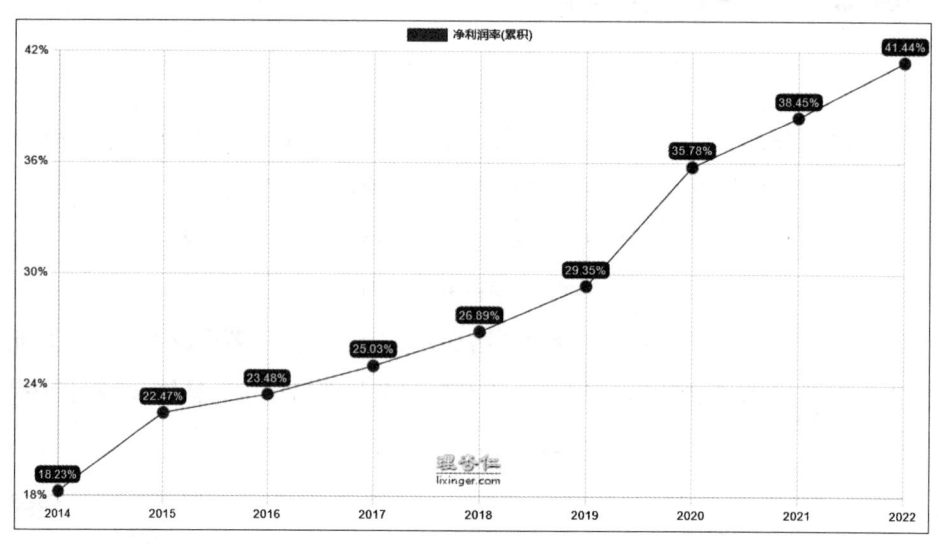

图3-8 泸州老窖2014—2022年净利率变化趋势

此外公司在成本和费用方面控制得非常不错。从2014—2022年泸州老窖的营业成本和各项费用率情况来看，2022年的营业成本总额甚至还没有2015年的营业成本高，四项费用率则是经历了一段时间的高投放后逐步回落，目前已经低至18.04%，和2014年基本持平，可见目前公司的产品力已经足够强大，不再需要高额的费用投放力度来保证营业收入的增长，由此又带来了盈利能力的进一步提升。

可见，上市企业可以通过提高盈利能力（净利率）来提升自身的ROE水平，泸州老窖便是一个典型的例子。

第三节　营运能力

上市公司想要提高自身的 ROE，可以通过提高营运能力（总资产周转率）来实现。总资产周转率的计算公式：

平均资产 =（年初总资产 + 年末总资产）/2

总资产周转率 = 营业总收入 / 平均资产

这里以恒瑞医药（600276）为例，作为国内创新药赛道的龙头企业之一，恒瑞凭借此前连续多年优秀的 ROE 水平赢得了众多投资者的青睐，虽然目前公司的研发、经营进入短暂的困境，但不可否认公司依然是国内最优秀的那批创新药企之一，2014—2020 年，公司的 ROE 稳定在 20% 以上，2021、2022 年下降至 13.51%、10.31%（图 3-9）。

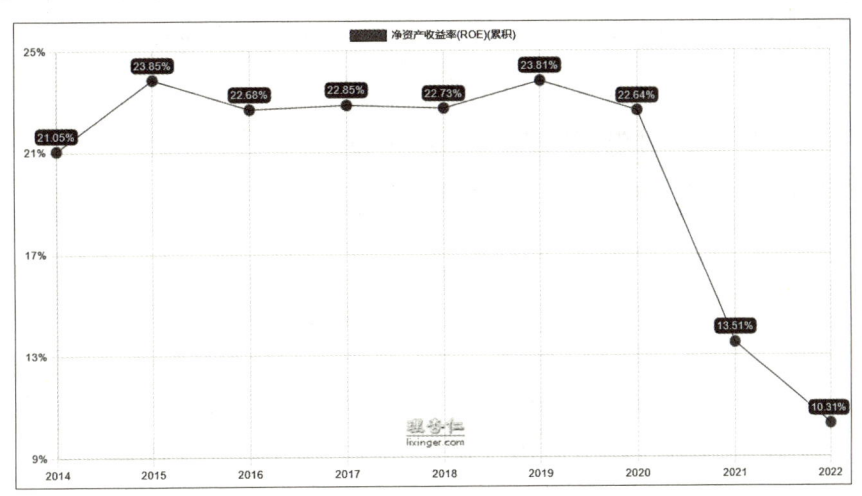

图 3-9　恒瑞医药 2014—2022 年 ROE 变化趋势

再观察公司的总资产周转率水平，和 ROE 基本保持了相同的变化趋势，所以我们说驱动恒瑞 ROE 维持在高位的重要动力之一在于总资产周转率。2021、2022 年公司营运能力下降的最主要原因在于收入增长的放缓，这两年恒瑞的营收增速分别为 -6.59%、-17.87%（图 3-10），与之对应的，总资产规模

分别增长了13.06%、7.87%，因此公司整体的营运能力有所下降。

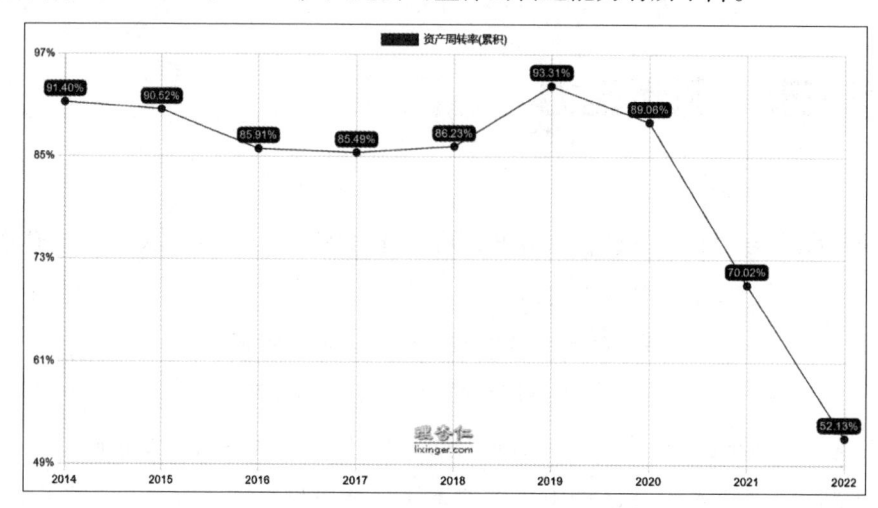

图3-10　恒瑞医药2014—2022年总资产周转率变化趋势

再来看苏泊尔（002032）。2016—2018年公司的ROE分别为23.7%、26.81%、30.05%，增速非常快，而公司整体的盈利能力却没有太大变化，三年间净利率水平分别为9.49%、9.22%、9.35%。那么驱动ROE快速提高的动力来自哪里？就来自营运能力的提升。2016—2018年，公司的总资产周转率分别为156.68%、166.66%、180.27%（图3-11），苏泊尔在这三年期间也迎来了一段黄金发展期，营收增速最高达到2018年的25.83%。

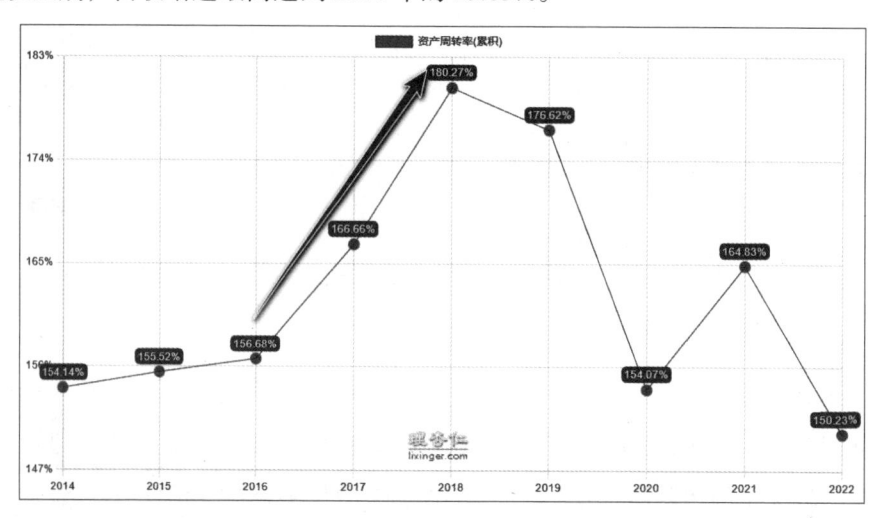

图3-11　苏泊尔2016—2018年总资产周转效率快速提升

可见营收增速的放缓、营运能力的下降，是恒瑞医药近几年来 ROE 下降的主要原因，而苏泊尔 2016—2018 年的高速发展，也离不开周转效率的提升，所以代表了营运能力的总资产周转率也是决定 ROE 水平的重要影响因素。

第四节　偿债能力

上市公司想要提高自身的 ROE，还可以通过调节使用杠杆的程度（权益乘数）来实现。权益乘数的计算公式：

权益乘数 = 总资产 / 股东权益

权益乘数 =1 / (1− 资产负债率)

这里我们以重庆啤酒（600132）为例。作为川渝地区的啤酒龙头企业，重啤的 ROE 在 2015 年之前的表现只能说是中规中矩，但是从 2016 年开始，公司的 ROE 水平快速提升，2016—2019 年分别达到 11.37%、27.09%、36.2%、54.51%。然而这还没有结束，进入 2020 年，重啤的 ROE 竟然进一步提升到 113.78%。同时期内青岛啤酒、燕京啤酒的 ROE 可就没有这么亮眼了（表 3-1）。那么重啤是怎么做到把 ROE 提升这么多的？

表 3-1　重啤、青啤、燕京 2016—2020 年 ROE 对比

	2016	2017	2018	2019	2020
重庆啤酒	11.37%	27.09%	36.20%	54.51%	113.78%
青岛啤酒	6.69%	7.98%	8.56%	9.99%	11.27%
燕京啤酒	2.33%	1.26%	1.63%	1.91%	2.06%

我们来看这五年期间三家啤酒企业的权益乘数，2020 年，重啤的权益乘数大幅增加，由原来的不到 3 倍暴涨至 6.12 倍，所以权益乘数的提高是重啤 ROE 大幅提升最主要的驱动力（表 3-2）。

表 3-2　重啤、青啤、燕京 2016—2020 年权益乘数对比

	2016	2017	2018	2019	2020
重庆啤酒	2.71	3.01	2.84	2.33	6.12
青岛啤酒	1.78	1.74	1.82	1.87	1.94
燕京啤酒	1.33	1.32	1.29	1.31	1.33

根据计算公式来看，权益乘数如果想提高，背后的驱动因素可能是资产负债率提高、总资产规模扩张、股东权益占比下降。

第一种情况投资者需要警惕，因为资产负债率提高意味着企业负债压力的增加、债务风险和偿债压力更大、使用杠杆的程度更高，通过提高资产负债率来增加权益乘数从而使得 ROE 提升，这并不是投资者希望看到的。2020 年，重啤的长期借款规模增加了 3.65 亿元，增幅不小，但账面上仍然有 19.56 亿货币资金，占比总资产达到 35.67%，说明公司的债务总额虽然相比于之前有所增加，但整体依然处于可控范围内，债务压力并不大。

那么剩下的原因就是总资产规模扩张了。2020 年重啤的总资产规模为 95.95 亿，2019 年同期则是 35.14 亿，增幅达到 1.73 倍，因此总资产规模的扩张是重庆啤酒权益乘数提高的核心原因。至于其背后的原因，我们可以在年报中找到答案。重啤是全球领先的啤酒公司丹麦嘉士伯集团成员，2020 年，大股东嘉士伯通过近 9 个月的持续推进，切实履行解决潜在同业竞争问题的承诺，于 12 月中旬完成了重庆啤酒重大资产重组项目，把嘉士伯在中国控制的优质啤酒资产注入重庆啤酒，重组完成后，公司成为嘉士伯在中国运营啤酒资产的唯一平台，销量、营业收入都实现了近 3 倍的增长，2020 年资产和营收均达人民币 100 亿级别。

于是 2020 年重庆啤酒开启了一轮上涨走势，从年初的 50 元左右水平涨至 160 元以上，可见市场对于重啤此次的资产重组非常认可。

可见，上市公司可以通过总资产规模的扩张来提高权益乘数，进而达到 ROE 提升的效果。但总资产规模的扩张有可能来自优质股权的并购，也有可能来自负债规模的增长，如果是后者，ROE 的提升便不再是一件好事，投资者应该认真分析企业的债务压力是否过大，是否出现了偿债危机。

第四章　估值的艺术

第一节　几种估值方法

对于股票市场来说，价值和价格的关系是必须要重点关注的问题之一。每一位投资者都希望以尽可能低的价格买到内在价值尽可能高的股票，以此来获得可观的投资收益。

但是在绝大多数时间内，股票的实时价格和其所真正包含的内在价值并不对应，甚至有的时候二者还相去甚远，就像价值投资之父格本杰明·雷厄姆曾经说过的那样："股票市场短期来看是投票器，长期来看则是称重机。"经营情况一般的企业有可能短期之内被连续爆炒拉升，持续创造利润的优质股权也有可能被错杀打入谷底。

评估企业自身所包含的真正内在价值，合理的估值方法至关重要。无论一家上市企业多么优秀，如果在其已经明显高估时买入，也需要漫长的时间和空间来持续消化溢价的部分，为此所付出的时间成本和机会成本对于绝大多数投资者来说都是不可接受的。况且一旦公司不能连续拿出能够匹配高估值的业绩，或者说只要稍有一点不及预期，股价就会像泡沫一般迅速破裂，遭到估值和业绩的戴维斯双杀。因此估值是股票投资过程中一项必备的本领。

常用的估值方法包括：

（1）相对估值法：市盈率估值、市净率估值、市销率估值。

（2）绝对估值法：现金股利贴现模型、自由现金流贴现模型。

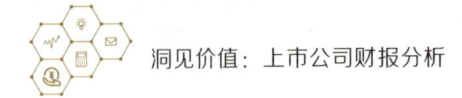

第二节　相对估值法

相对估值法主要包括三种：市盈率估值、市净率估值、市销率估值。

一、市盈率估值法（PE 估值法）

什么是市盈率？市盈率就是一家上市企业目前股价与每股收益（EPS）的比值。计算公式如下：

$$市盈率 = 股价 / 每股收益$$

如果等式右边的上下同时乘以公司总股本，那么以上这个公式就演变成：

$$市盈率 = 总市值 / 净利润$$

市盈率这一指标的本质其实就是代表了投资者为获取目标收益而投入的本金水平，比如一只股票的市盈率为 20 倍，则意味着每取得 1 元的投资收益要付出 20 元的本金投入。

极端情况下 A 股市场可能出现被炒作至百倍市盈率以上的股票，而想让企业拿出与该估值水平相匹配的利润增长表现却极为不易，因此可以说过高的市盈率意味着股票的价格相比于其真实价值是高估的，市盈率越高，取得单位投资回报所需要的投入越高，潜在的风险也就越大。

根据净利润的选取时间段不同，市盈率可以分为三种：静态市盈率、滚动市盈率、预期市盈率。

静态市盈率使用最近一期年报的净利润来计算。

滚动市盈率使用最近四个季度的净利润来计算，简称 PE-TTM（Trailing Twelve Months，TTM）。

预期市盈率使用预期的最近一个年度的盈利来计算。

过去一年的净利润数据往往过于滞后，如果是在 2023 下半年计算一家上市企业的估值，再去使用 2022 年的净利润，这样就不那么准确了，而不同机构、投资者对于企业净利润的增速预期往往也不尽相同，因此使用频率最高的是滚动市盈率，也就是 PE-TTM。

以贵州茅台为例。2023 年 6 月 8 日，公司的收盘价格为 1668 元，总股本为 12.56 亿股，公司的总市值为 1668×12.56=21000（亿元），2022 全年贵州茅台共实现净利润 653.75 亿元，那么它的静态 PE 就是 21000 亿 /653.75 亿 =32.12。

如果计算滚动市盈率，2022 年二到四季度、2023 年一季度，茅台分别实现净利润 131.53 亿元、152.09 亿元、190.61 亿元、215.25 亿元，加起来一共是 689.48 亿元，这样算出来贵州茅台的 PE-TTM 为 21000 亿 /689.48 亿 =30.46。

市盈率直接反映了市场对于上市企业的预期，市盈率越高，说明市场和投资者越看好公司未来的发展，股价也会随之水涨船高；与之相反，市盈率水平较低，说明市场对于公司的未来并不那么乐观，股价也会和市盈率一起下跌。而对于投资者来说，最重要的就是识别出哪些公司是被错杀造成的高业绩增速低估值，哪些公司是被过度乐观估计导致的低业绩增速高估值，在优质股权被低估时买入，等待市场对其重新进行正确定价后，市盈率与股价共同回升，再将其卖出，就可以获取可观的投资收益。低估值买入、合理估值或高估值卖出，也是股票投资核心的利润来源。

市盈率估值法的优点：明确了以创造净利润的能力来衡量企业自身的内在价值，能创造的净利润越多，说明企业的内在价值越大，计算也比较简单。

市盈率估值法的缺点：需要注意非经常性损益对于净利润的影响，在计算过程中，应该将不可持续性的收益从净利润总额中去除，以主营业务所能带来的稳定利润为主。

二、市净率估值（PB 估值法）

有些上市公司可能由于所处经营周期、发展阶段的不同，净利润并不能保证每年都稳定增长，景气度高的年份净利润会很高，但有些年份里净利润甚至有可能为负值，典型如一些周期股，如果净利润为负的话计算出的市盈率同样为负，可参考价值不大。所以除了用净利润来衡量企业价值，净资产也是可以参考的科目之一，这就是市净率估值法的核心基础。其计算公式如下：

$$市净率 = 股价 / 每股净资产$$

和市盈率一样，如果等式右边上下同时乘以总股本，那么就变成：

$$市净率 = 总市值 / 净资产$$

在对钢铁、煤炭、建筑、银行业、房地产业、保险业、投资公司、周期股等企业进行估值时，市净率是更加具有参考意义的指标，因为这些行业都有一个共同特点：账面上资产规模极大，但净利润规模却较低，或者比较不稳定。

以招商银行（600036）为例，2022年公司的总资产规模为10.14万亿元，总负债规模为9.18万亿元，这样计算下来，公司的净资产规模为10.14万亿元－9.18万亿元=9600亿元。截至2023年6月8日收盘，招商银行的股价为34.08元，总股本252.2亿元，计算出总市值为34.08元×252.2亿元=8594.98亿元，于是公司的市盈率便为8594.98亿/9600亿=0.89。

市净率估值法的优点：以净资产规模为标准衡量企业自身的内在价值，避免了利润波动带来的影响。

市净率估值法的缺点：无法判断引起企业资产规模变化的原因究竟是好是坏，虽然有些公司的净资产规模正在减小，但也许是管理层正在逐步推进剥离不良资产，未来完成并购重组之后经营情况也许还会更上一层楼。有些公司虽然净资产规模扩张速度较快，但也许是在盲目并购扩张，新发展了许多自己能力圈以外的业务，这种情况下企业资产规模的增长便不再是一件好事。

三、市销率估值（PS估值法）

对于那些净利润不稳定、净资产规模同样也不稳定的上市企业来说，日常的经营活动中至少还会产生销售额，所以销售收入也可以作为评估企业价值的标准之一，由此得到的比率称为市销率。其计算公式如下：

$$市销率 = 股价 / 每股销售收入 = 总市值 / 销售收入总额$$

市销率估值法的优点：解决了那些净利润、净资产都不稳定的公司估值问题。

市销率估值法的缺点：相比于净利润、净资产来说，企业在销售额上做手脚的空间就要大得多了，如果有较多关联方销售的话，用最终销售额算出的市销率水平就有一定水分，而且销售额也无法衡量成本上涨对于企业的影响，有可能卖出了不少产品，但是成本极高，到最后没有剩下什么利润，这种情况下计算出来的市销率同样不能反映企业的真实经营质量。

因此，市销率估值最适用于那些处于快速发展时期、跑马圈地型的企业，对于他们来说，发展初期销售规模的扩张情况最为重要，因此使用销售额来衡量这些成长型企业的内在价值比较合理。

第三节 绝对估值法

一家上市企业可以通过各种经营活动来获取源源不断的现金流入，那么投资者在投资目标企业时，又是如何赚取现金收益的呢？核心来源其实就是两种：一种是来自股票的分红，投资者的投资收益以现金股利的方式结算；另一种就是将股票卖出后带来的价差收益，对应了两种绝对估值方法：现金股利贴现模型、自由现金流贴现模型。

一、现金股利贴现模型（Dividend Discount Model，简称DDM）

上市企业的分红力度有所不同，有的公司资金缺口大，生产经营所需要的资金多，那么现金分红率自然不会太高；有的公司已经进入发展成熟期，在行业内市场份额已经非常稳定，就会把利润更多的以现金分红的形式直接回馈给投资者，对于企业来说降低了投资或扩张失败的风险，对于投资者来说真金白银的分红也直接提高了投资收益的稳定性。

如果一家上市公司把净利润的绝大部分都以现金股利分红的形式回馈给投资者，而且长年如此，那么长期持有这家资产的收益率水平就接近于投资者所能获得的所有股利回报，这就是现金股利贴现模型的核心基础，认为投资者的投资回报将全部以企业分红的形式结算，而营业收入、净利润等其他因素对于

股票价值的影响,则都是通过股利分红来间接地反映出来,经营情况良好,公司就会保持或加大分红力度,经营情况恶化,自然也拿不出那么多真金白银来发放股利,因此企业的价值可以直接通过分红水平来衡量。

那么既然上市公司每一年都会分红,那么如何衡量未来分红的现金在当前的价值?这就要引入"贴现因子"的概念。未来的现金在今天的价值叫作现值,在未来的价值叫作终值,终值和现值之间存在一个贴现因子,也就是现值=终值×贴现因子。

如果贴现因子大于1,那么未来的钱反而不如现在的钱值钱;反之如果贴现因子小于1,那么未来的钱就要比现在值钱。由于未来的货币政策、宏观风险不可预知,因此贴现因子具体设定成多少并没有标准答案,这也是为什么常说估值本身是一门艺术,贴现因子的选择准确与否,直接影响当前对于企业内在价值的判断和测算,进而影响到我们的投资决策。

现金股利贴现模型可使用以下计算公式表示:

$$V = \sum D_t / (1+k)^t (t \in (1, \infty))$$

其中:V 表示股票的内在价值,D_t 是第 t 年每股股利的期望值,k 是贴现率。该公式的核心意义为股票的内在价值是其逐年期望股利的现值之和。

现金股利贴现模型的优点:这种估值方法往往适用于分红力度较大且稳定的公司,一般为非周期性行业,而且在行业内市场份额非常稳定,通常只有龙头才能常年保持高额的现金分红,投资这种企业一般来说不会以太高的收益率为目标,更多的是作为防御性仓位配置,因此对估值结果的容错率比较高。

现金股利贴现模型的缺点:第一,对于分红很少、不稳定,或者周期性行业均不适用,加上A股市场能连续多年保持较大分红力度的企业并不多,因此现金股利贴现模型的可应用范围其实并没有那么广泛。第二,上市公司存在多余现金时,究竟是应该将其应用于投资中,以扩大生产经营规模,还是应该将其直接以现金股利的形式分红给投资者?对于投资者来说后者确实更加稳妥,但同样让上市公司缺失了业绩加速增长的可能,意味着适用于现金股利贴现模型的公司往往成长性都一般。

二、自由现金流贴现模型（Discounted Cash Flow，简称DCF）

即使上市企业所创造的利润不以现金股利的形式分红给投资者，但这些真金白银的现金流是真实存在的，而且很重要的一点，现金流能够避免关联方销售、赊账销售、应收账款等影响，因此可以认为企业的真实内在价值体现在其所创造的自由现金流中。

自由现金流贴现模型的计算公式如下：

$$V = \sum D_t / (1+r)^t \ (t \in (1, \infty))$$

其中：V 表示股票未来 t 年内自由现金流折现值之和，D_t 为当期的自由现金流，r 为贴现率。自由现金流的计算方式如下：

自由现金流（FCF）＝税后净利润＋折旧及摊销－营运资本变动－资本开支

简单来说，自由现金流就是指企业产生的、在满足了再投资需要之后剩余的现金流量。这部分现金流量是在不影响公司持续发展的前提下可供分配给企业资本供应者的最大现金额，因此可直接将自由现金流量看作企业经营活动产生的现金流量净额与资本性支出的差额，于是计算公式就简化成了这样：

自由现金流＝经营活动现金流净额－资本开支

使用自由现金流贴现模型估算企业价值时，关键的几步在于：计算公司目前的自由现金流、设定增长率、设定折现率，将企业未来几年内所能创造的自由现金流折现后与企业永续经营价值相加，即为公司目前的内在价值。

企业的永续经营价值＝自由现金流／（折现率－永续增长率）

这里还以贵州茅台为例。表4-1是茅台近五年以来的经营现金流和资本开支情况，所以2022年茅台的自由现金流就是366.99亿－53.07亿＝313.92（亿元）。

表4-1 贵州茅台2018—2022年经营活动现金流、资本开支

单位：亿元

	2018	2019	2020	2021	2022
经营活动现金流入小计	893.46	994.44	1135.11	1316.21	1378.16
经营活动现金流出小计	479.60	542.34	618.42	675.92	1011.17

续表

	2018	2019	2020	2021	2022
经营活动产生的现金流量净额	413.85	452.11	516.69	640.29	366.99
购建固定资产、无形资产和其他长期资产支付的现金	16.07	31.49	20.90	34.09	53.07

假设时间是未来3年，自由现金流增速为15%，企业永续增长率4%，折现率6%，那么来计算一下未来3年内茅台的自由现金流折现值：

2023年自由现金流=313.92×（1+15%）=361.01（亿元），折算回2022年就是361.01/(1+6%)=340.57（亿元）。

2024年自由现金流=361.01×（1+15%）=415.16（亿元），折算回2022年就是$415.16/(1+6\%)^2$=369.49（亿元）。

2025年自由现金流=415.16×（1+15%）=477.43（亿元），折算回2022年就是$477.43/(1+6\%)^3$=400.86（亿元）。

2025年的永续经营价值=477.43/(6%−4%)=23871.5（亿元）。

永续经营价值折现=$23871.5/(1+6\%)^3$=20042.98（亿元）。

所以未来三年内茅台的内在价值=340.57+369.49+400.86+20042.98=21153.89（亿元）。

可见绝对估值法的关键在于对企业未来自由现金流的增长率、贴现因子、永续增长率等关键因素进行预测，而微小的预测差别有可能导致估值水平的极大差距，因此估值的本身就是一门艺术，并没有标准答案可言。但这几种分别以上市公司净利润、净资产、自由现金流作为基础的估值方法，也为我们分析公司提供了需要关注的重点。

下篇 上市公司案例分析

第五章　青岛啤酒

之所以会对青岛啤酒（600600）这家公司感兴趣，最重要的原因就是自2016年开始直至2022年，公司的净资产收益率（ROE）水平一直在提升（图5-1），这说明青岛啤酒近些年来的经营质量持续提高。

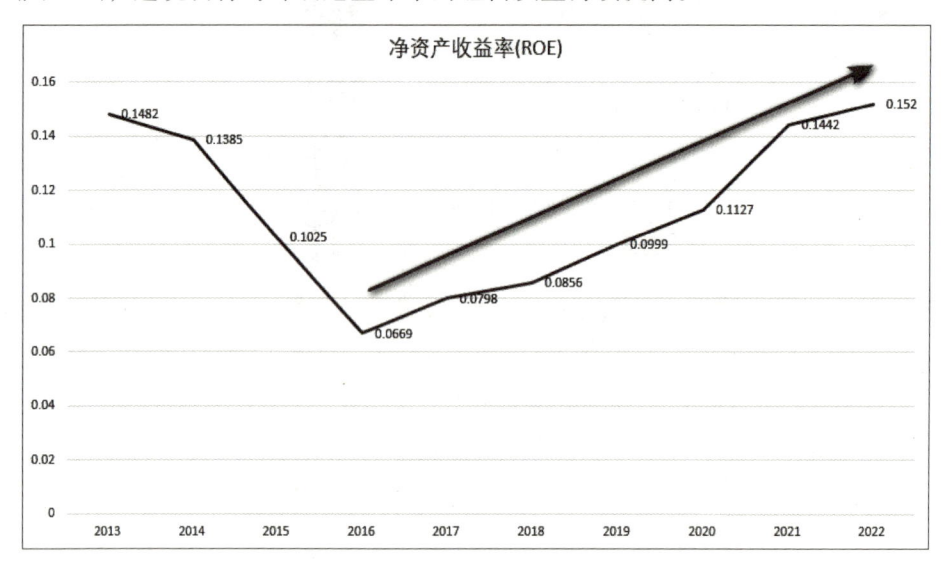

图5-1　青岛啤酒近10年ROE水平

公司的股价也是一路水涨船高，从2016年的20元水平上涨至最高的120元以上，带给投资者的年化收益率非常可观。那为什么此前青啤的表现一直比较平淡？近些年啤酒行业、公司本身出现了哪些调整或者变化，才使得业绩进入高速增长通道？未来这种发展趋势是否可以持续？这是我研究青岛啤酒的主要动力。

青岛啤酒的前身是英德商人于1903年合资创办的日耳曼啤酒公司青岛股份公司，1993年，青岛啤酒股份有限公司成立，并同时在港交所与上交所上市，共募集了 7.87 亿元人民币资金，是内地首家同时在两地上市的啤酒企业，可以说是上市之初就自带光环。

由于具备资金、品牌、政策方面的优势，青啤自上市之后就开始了大举并购扩张之路。1996 年，青岛啤酒在国内的市场份额仅有 3% 左右，在随后的五年之内公司进行了多次的并购扩张，以 1999—2001 三年期间为例，青岛啤酒对外投资支付的现金分别达到了 2857 万元、2.29 亿元、4.89 亿元（表 5-1），从 1999 年年报中的公司大事记来看，青啤短时间之内在多个地区设立了多家子公司（图 5-2），而在 2000 年报中，公司更是明确地把竞争优势不断扩大的原因归结于强有力的收购兼并的整合力（图 5-3），可见这个时期的青啤是以跑马圈地式的扩张作为主要经营发展战略。

表 5-1 青岛啤酒 1999—2001 年投资支付的现金

单位：亿元

	1999	2000	2001
投资所支付的现金	0.2857	2.29	4.89

```
三．一九九九年公司大事记
1999.01.09   国家副主席胡锦涛来青啤公司视察，听取公司领导工作汇报。
1999.02.12   本公司受让取得安徽马鞍山啤酒厂破产财产，设立"青岛啤酒（马鞍山）有限公司"。
1999.02.27   本公司以承债方式控股山东荣成东方啤酒厂，组建"青岛啤酒（荣成）有限公司"。
1999.03.19   本公司收购山东南极洲集团股份公司破产财产，设立"青岛啤酒（薛城）有限公司"。
1999.04.22   本公司公布一九九八年年度报告。
1999.05.01   在昆明举办的'99世界园艺博览会上本公司主办的《花好月圆》"青岛啤酒之夜"大型交响音乐会在昆明上演。
1999.06.15   本公司以承债方式兼并湖北黄石啤酒厂，设立"青岛啤酒（黄石）有限公司"。
1999.06.24   本公司九八年度股东大会召开，选举产生公司第三届董事会和监事会成员。
1999.06.29   本公司设立"青岛啤酒（安丘）有限公司"。
1999.07.22   本公司与日本朝日啤酒株式会社等三方合资建设的深圳青岛啤酒朝日有限公司正式建成投产。
1999.07.21—07.28   本公司举办的"辉煌未来—青岛啤酒之夜"大型交响音乐会在深圳、广州等地巡回上演。
1999.08.28—09.19   以本公司为主举办的第九届青岛国际啤酒节在青岛举行。
1999.09.09   本公司收购广东皇妹啤酒公司资产，合资设立"青岛啤酒（珠海）有限公司"。
1999.09.10   本公司收购湖北应城啤酒厂破产财产，设立"青岛啤酒（应城）有限公司"。
1999.09.26   本公司收购上海啤酒有限公司清算资产，设立"青岛啤酒上海有限公司"。
1999.10.27   本公司合资设立"青岛啤酒（蓬莱）有限公司"。
1999.11.04   本公司合资设立"青岛啤酒（三水）有限公司"。
1999.11.15   本公司设立"青岛啤酒（滕州）有限公司"。
1999.12.14   本公司九九年度临时股东大会召开，授权董事会增发不超过公司已发行H股20%的股份和回购不超过公司已发行H股10%的股份。
1999.12.18   本公司承债兼并安徽芜湖大江啤酒厂，设立"青岛啤酒（芜湖）有限公司"。
1999.12.27   青岛啤酒集团啤酒年产量首次突破100万吨。
```

图 5-2 青岛啤酒 1999 年年报中关于收购并购的统计

> 董事会认为中国啤酒行业仍然是一个蓬勃发展的朝阳产业，在这样一个行业中，青岛啤酒具有的品牌、技术、管理、人才及市场布局等优势，使其在激烈的市场竞争中成为最具发展潜力的啤酒企业。公司积极进取的发展战略和强有力的收购兼并的整合力，将使公司的竞争优势不断保持和扩大。二OO一年公司的啤酒产销量将达260万吨，至二OO三年将突破300万吨，力争进入世界啤酒行业十强并给投资者带来良好的投资回报。

图 5-3　青岛啤酒 2000 年年报中公司对于核心竞争力的描述

可能读者朋友们对青啤在投资方面所支出的金额没有太大的感觉，但是再看看这三年青啤的净利润水平，分别为 8947 万元、9520 万元、1.03 亿元（表 5-2），这也就意味着 2000、2001 这两年里青啤用于投资支出的现金要远远超过全年能实现的净利润规模，可见这个时期公司对外投资并购的力度之大。但全年净利润仅有 1 亿元左右，投资支出现金却能达到接近 5 亿元的水平，青啤的钱从哪里来？这就和公司的国企背景有较大关系了。从年报中对于收购细节的披露来看，青啤很多次都能以极少的现金将过亿资产的啤酒划归到自己旗下，甚至有一些地方的啤酒品牌直接被当地政府划拨过来，所以青啤用 10 多亿元的资金投入轻而易举地实现了总资产高达 50 多亿的并购规模。

表 5-2　青岛啤酒 1999—2001 年净利润水平

	1999	2000	2001
净利润（亿元）	0.8947	0.9520	1.03

而这些投资也取得了预期的效果，截至 2001 年，青啤共收购了 47 家啤酒企业，厂房遍布全国 17 个省市，产量从 1996 年的 35 万吨上升到 2001 年的 251 万吨，市场份额从 3% 快速提升至 11%。

这 11% 的市占率虽然听起来并不算高，但足以让青岛啤酒成为那个时代里啤酒行业的龙头公司，第二名是燕京啤酒，第三名是华润啤酒，后两者的份额加起来在 15% 左右，这也就意味着在二零零几年的时候国内啤酒行业的 CR3 市场份额加起来也就是不到 30% 的水平，可见当时的行业集中度是非常分散的。主要原因就是市场上存在很多地方性的小型啤酒厂，在各自的地区里保持着牢固的竞争优势，而且青啤、燕京、华润这些酒企虽然市占率排名靠前，但销售网络并不算完善，品牌知名度仍然较低。

从行业整体规模来看，当时我国的啤酒市场在经过产能扩张之后，在2000年成功突破2000万吨总产量的门槛，成为仅次于美国的第二大啤酒产销国。

虽然大规模的收购并购确实可以在短时间内快速提升公司自身的产能规模和营收水平，但是拉长时间线来看，收购之后的整合效果如何才是在更大程度上决定了公司的经营质量和业绩的可持续性。2001年，公司的营业收入规模达到52.77亿，在经历2000年54.5%的高基数增长之后又再次增加了39.81%，但是净利润仅有1.03亿，仅完成了预期的一半，两年的净利润增速分别只有6.4%、8.07%，相比于54.5%、39.81%的营收增速水平来说简直太低了，说明公司的大规模收购并购仅仅只是取得了表面营收的增长，但实际转化成的利润非常有限，经营质量并不高，从2001年报中来看，由于众多小厂使用青岛啤酒品牌以次充好，导致全年"青岛啤酒"这个品牌只完成销售计划的78%，销量仅70多万吨，不及预期，新收购的40多家啤酒厂中有一大半都处于亏损状态，说明公司在收购之后的整合工作上做得并不好（表5-3），而同期的燕京啤酒保持了主品牌将近百万吨的销量，这让消费者对于燕京品牌的认可度快速上升。

表5-3 公司2001年亏损最大的前三家子公司情况

公司名称	主营业务	注册资本（万元）	资产规模（万元）	主营业务收入（万元）	净利润（万元）
北京青岛啤酒三环有限公司	啤酒生产及销售	2980万美元	29163	12674	-3590
上海青岛啤酒华东销售有限公司	国内啤酒贸易	300	3631	6287	-3573
青岛啤酒（兴凯湖）有限公司	国内啤酒生产及销售	2 000	13955	4595	-1716

在2001年经营目标不及预期、子公司多数亏损的情况下，2002年青岛啤酒及时做出调整，由金志国担任总经理，将公司的战略方针从"做大做强"改成"做强做大"，由"外延式扩大再生产"向"内涵式扩大再生产"，提出"并购是手段、整合是本质"（图5-4），并推出了一系列具体举措，包括放慢并购速度，加强内部整合；强化品牌优势，重视资本运作；加强国际合作，实现共同发展等，公司开始走上了收购兼并和消化整合并重的良性循环之路。

> **4、新年度业务展望**
> 　　在公司管理层去年成功实现了平稳过渡后，公司董事会与管理层针对本公司的经营发展现状，提出了"充分肯定、适时调整、与时俱进"的工作方针，并提出了新的经营发展策略。即把青啤公司建成国际化大公司，<u>战略重点由做大作强向做强做大转变</u>。
> 　　今后公司扩张的步伐将放缓，重点在经济较发达地区及市场空白的大城市进行购并。扩张的主要方式将上升为探求以少量的资金和股本占有来运作更多的资产。公司将继续致力于加强市场、品牌、销售网络等方面的系统整合，优化资源配置，调整产品结构，以市场带动工厂，不断扩大市场销售份额，改善财务状况，提高公司盈利及可持续发展能力。

图 5-4　青岛啤酒决定改变经营策略

从年报上来看，公司在战略上的调整确实带来了积极的变化。2002年青岛啤酒实现营业收入69.37亿元，同比增长31%；净利润2.3亿元，同比增长124%；经营活动现金流净额11.06亿元，同比增长109%；净资产收益率从3.47%提升至7.75%；全年完成啤酒销量298.7万千升，同比增长21%；主品牌产销量同比增长42%，市场份额从11%提升至12.5%；对外投资支付的现金同比减少了64.8%到1.72亿元；仓库面积由7万多平方米下降到29260平方米，产成品库存量平均降到6000吨，仓储费用下降了187万元，市内周转运输费降低了189.6万元，各项财务指标均有较大程度的改善（表5-4）。

表5-4　青岛啤酒2002年主要财务指标

单位：人民币/元

项　　目	2002年	2001年	2000年调整前	2000年调整后
主营业务收入	6,936,734,126	5,276,724,546	3,766,259,130	3,766,259,130
净利润	230,657,385	102,887,744	95,201,759	91,697,252
总资产	8,938,615,600	8,243,838,412	6,995,231,025	6,978,958,118
股东权益(不含少数股东权益)	2,977,353,602	2,964,914,586	2,235,378,634	2,204,838,121
每股收益	0.2307	0.1029	0.1058	0.1019
每股净资产	2.98	2.96	2.48	2.45
调整后的每股净资产	2.89	2.87	2.4	2.43
每股经营活动产生的现金流量净额	1.11	0.53	0.37	0.37
净资产收益率	7.75%	3.47%	4.26%	4.16%
扣除非经常性损益后净资产收益率(加权)	6.72%	0.80%	1.83%	1.67%

第五章 青岛啤酒

2003年,国内啤酒市场仍然保持了稳定增长的态势。全年啤酒总产量达到了2540万千升,同比增长6.4%,位居世界第一,市场份额持续向头部企业集中,而且外资品牌不断加大在中国的投资力度,啤酒市场竞争日趋国际化。

青啤于2003年正式提出"1+3"的品牌发展战略,以青岛啤酒为第一品牌,崂山、汉斯、山水为第二品牌,前四大品牌销量占比总销量的53%。全年实现啤酒销售量326万千升,同比增长9.2%,增速快于啤酒行业平均增长水平,在国内的市场份额由12.5%提高至12.8%。营业收入75.08亿,同比增长8%,净利润2.54亿,同比增长10.6%,说明公司的经营质量还在继续改善。出口7.8万千升,同比增长15.7%,占全国啤酒出口总量的50%以上。

2003—2008年,青啤进入稳定发展时期,营业收入增速保持在16%~18%(图5-5),2007年净利润提升至37.4%,2008年虽有回落,但也保持了22.7%的利润增长(图5-6)。

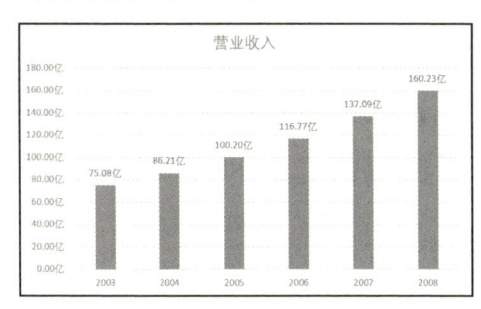

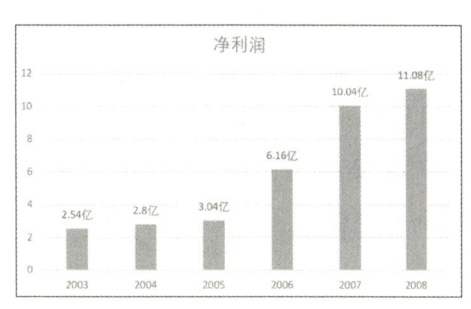

图5-5 青岛啤酒2003—2008年营业收入规模　图5-6 青岛啤酒2003—2008年净利润规模

2009年,公司的营业收入增速回落至12.5%,但是净利润增速却达到了79.16%,扣非净利润增速87.06%,经营活动产生的现金流净额更是同比增长了122.66%(表5-5)。这一年里公司发生了什么?

表5-5 2009年青岛啤酒主要财务指标

单位:元　币种:人民币

主要会计数据	2009年	2008年	本期比上年同期增减(%)	2007年
营业收入	18,026,107,888	16,023,441,980	12.50	13,709,219,729
利润总额	1,739,333,591	1,108,088,736	56.97	1,004,123,478
归属于上市公司股东的净利润	1,253,291,425	699,554,491	79.16	558,142,284
归属于上市公司股东的扣除非经常性损益的净利润	1,117,694,631	597,509,693	87.06	426,308,464

续表

主要会计数据	2009年	2008年	本期比上年同期增减(%)	2007年
经营活动产生的现金流量净额	3,361,001,315	1,509,485,946	122.66	1,094,093,892
	2009年末	2008年末	本期末比上年同期末增减(%)	2007年末
总资产	14,867,452,637	12,532,230,776	18.63	11,545,234,601
所有者权益（或股东权益）	8,220,579,997	6,082,237,757	35.16	5,509,184,632

2009年是国际金融危机刚刚结束的一年，但中国啤酒行业仍实现了持续增长，全年完成啤酒产量4294万千升（数据来源国家统计局），同比增长4.7%。在啤酒市场增长放缓、竞争异常激烈的情况下，排名居前的大型啤酒企业凭借品牌、渠道以及完善的市场布局等优势实现了较快的增长，增长速度高于行业的平均水平，使行业集中度进一步提高，2009年前三大啤酒企业产量已占全国啤酒产量的44.8%。

从年报来看，公司之所以能实现利润的快速增长，主要得益于成本的下降，2009年营业成本仅仅同比增长了8.16%。成本下降的原因主要有以下几方面：

（1）2009年进口大麦价格迅速回落及其他原材物料价格继续低位运行，啤酒行业整体盈利状况明显改善。如果从啤酒行业整体产业链来看，包材成本（占比从高到低分别为玻璃瓶、铝罐、箱板纸）占生产成本的比重为52.2%，原材料成本（大麦、大米、啤酒花等）占比为19.4%，因此包材成本和原材料成本是影响啤酒企业生产总成本的两大重要因素，其中构成大部分都是大宗商品，价格不是某一家或几家公司能够控制的，因此某一项包材或原材料成本的降低都会极大程度地增厚啤酒企业的利润水平。

（2）面对国际金融危机带来的不利影响和国内啤酒市场的激烈竞争，2009年公司提出了"全力以赴开拓市场、全力以赴降低成本、全力以赴防范金融风险"的工作方针，经营战略的调整（降成本、防风险）也是成本降低的重要原因之一。

（3）2009年公司继续实施"1+3"的品牌战略，产品结构进一步优化。主品牌青岛啤酒实现销量295万千升，同比增长22%;"1+3"品牌合计销量556万千升，同比增长9.6%。得益于产品结构优化和成本下降，2009年公司平均毛利率达到34.6%，同比提升2.8个百分点。

随后的2010—2011年，青啤的营收增速为10.38%、16.38%，净利润增速21.96%、13.46%，保持稳定增长。

但是自2013年开始，公司的营业收入、净利润增速一路下滑，到了2015年竟然出现了双双负增长，2016年跌幅还有所扩大，不禁让人思考究竟是啤酒行业出现了问题，还是公司自身发展战略出现了问题。

从行业角度来看，自2013年开始我国啤酒行业产量见顶回落，直至2016年开始才稍稍止住负增长的态势，不过增速水平也基本是在0%出头徘徊（图5-7）。

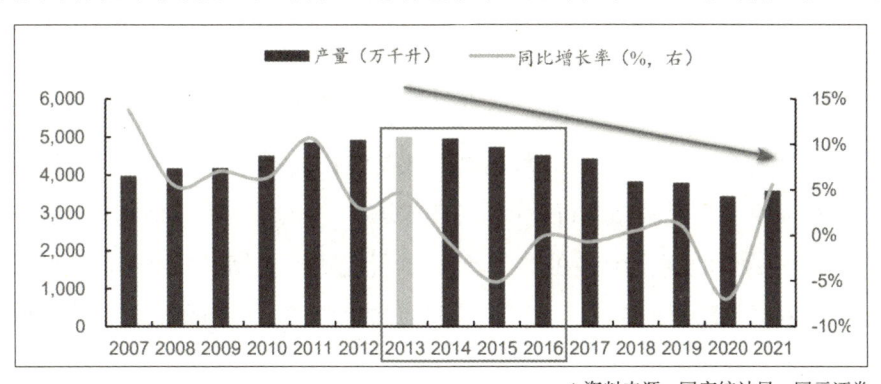

* 资料来源：国家统计局、国元证券

图5-7 我国啤酒行业总产量自2013年开始见顶回落

啤酒总产量出现下滑，主要原因有以下两点：

（1）啤酒消费的主力人群是中青年群体，年龄范围集中在20～45岁。随着我国人口老龄化趋势的加速，20～45岁人口数量和比重在2013年前后达到峰值，随后逐步下降。消费人群数量的减少是啤酒销售量减少的重要原因之一。

（2）人均消费量见顶。啤酒，包括所有酒类产品和其他消费品不同，它的人均消费量水平是有一个峰值在的，人们不会随着收入的增长、消费水平的提高就饮用更多的啤酒、白酒。从2011年的情况来看，我国人均啤酒消费量水平为35.61升/年，已经高于世界和亚太地区人均啤酒消费量，人均啤酒消费量趋于饱和。而且随着消费者健康理念的不断提升，对于酒类的需求其实是在逐步降低的，2021年我国人均啤酒消费量为31.41升/年，还不如2011年高（图5-8）。

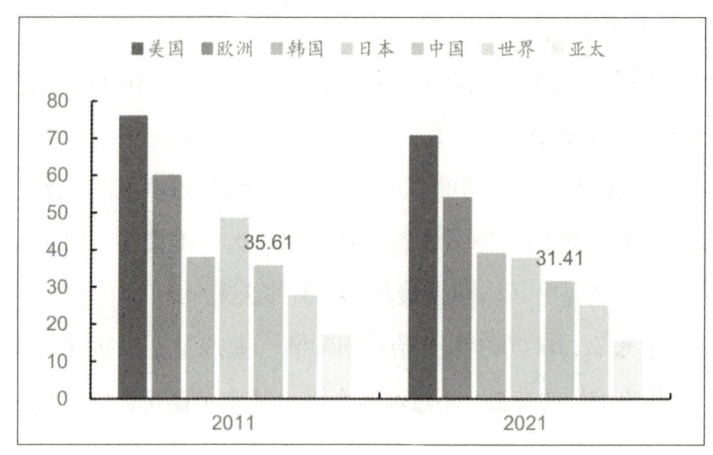

```
         ■美国  ■欧洲  ■韩国  ■日本  ■中国  ■世界  ■亚太
    80
    70
    60
    50         35.61
    40
    30                                        31.41
    20
    10
     0
              2011                        2021
```

*资料来源：Euromonitor、国元证券

图 5-8　我国人均啤酒消费量变化

所以青啤自 2013 年开始的营业收入规模增长放缓，直至 2015、2016 年出现负增长，主要是受到啤酒行业销量见顶影响。再来看业内其他同行，重庆啤酒在这期间的营收规模始终在 31 亿元～33 亿元规模徘徊，燕京啤酒营收规模则是从 130 亿元降至 115 亿元。可见不只是青岛啤酒，国内各大啤酒企业都受到了行业增长放缓的影响（表 5-6）。

表 5-6　国内主要啤酒企业 2013—2016 年营收规模

单位：亿元

	2013	2014	2015	2016
青岛啤酒	282.91	290.49	276.35	261.06
燕京啤酒	137.48	135.04	125.38	115.73
重庆啤酒	33.87	31.69	33.24	31.96

以上是从量的角度考虑的。再从价的角度来看，啤酒产品按照价格主要可分为高端（零售价 10 元 /500mL 及以上）、次高端（8～10 元 /500mL）、中端（4～8 元 /500mL）、低端（4 元 /500mL 及以下）产品。虽然人均消费量没有增长甚至是负增长，但是人们的消费水平是实打实提升了的，消费者手上有了钱，不会去喝更多的啤酒，但是会喝更好的啤酒，这个逻辑是成立的。因此 2013 年开始虽然啤酒行业的总产量一路向下，但是啤酒销售平均吨价是在快速提升趋势中，

增速甚至可以达到 10% 以上。截至 2021 年，啤酒销售平均吨价达到 15.49 元 / 升，2013—2021 年 CAGR 达到 7.22%，存量市场价增已经成为驱动啤酒行业总规模增长的主要动力 (图 5-9)。

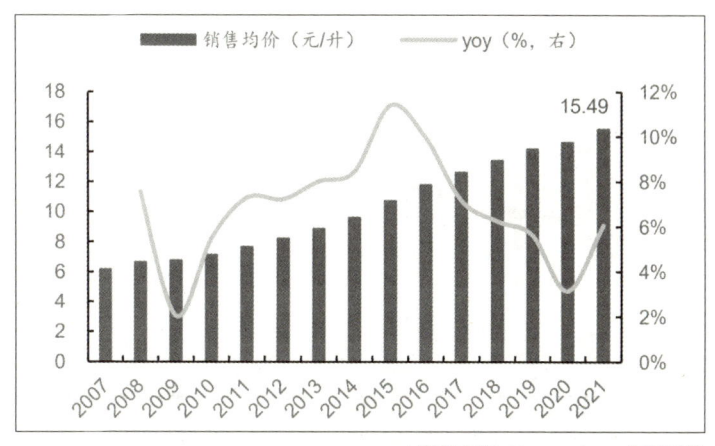

* 资料来源：Euromonitor、国元证券

图 5-9　我国啤酒销售平均吨价变化

为了顺应啤酒行业由量价共同驱动转变为价增驱动的发展态势，青岛啤酒开始提高自身的高端产品占比。

2009 年推出高端产品奥古特

2010 年推出高端啤酒逸品纯生

2013 年推出黑啤、1903、鸿运当头等高端新品

2014 年开启精酿时代

2015 年推出全麦白啤

2016 年推出原浆桶啤、皮尔森

2018 年推出 IPA 精酿

2020 年加速超高端产品的布局，推出百年之旅、琥珀拉格、一世传奇等超高端产品

得益于中高端产品的布局、产品结构改善，青岛啤酒的净利率水平自 2016 年开始持续回升，截至 2022 年净利率已经提升至 11.83% (图 5-10)。在这期间虽然营业收入保持个位数增长，但净利润增速平均水平接近 20%，经营质量持

续提高(图 5-11)。

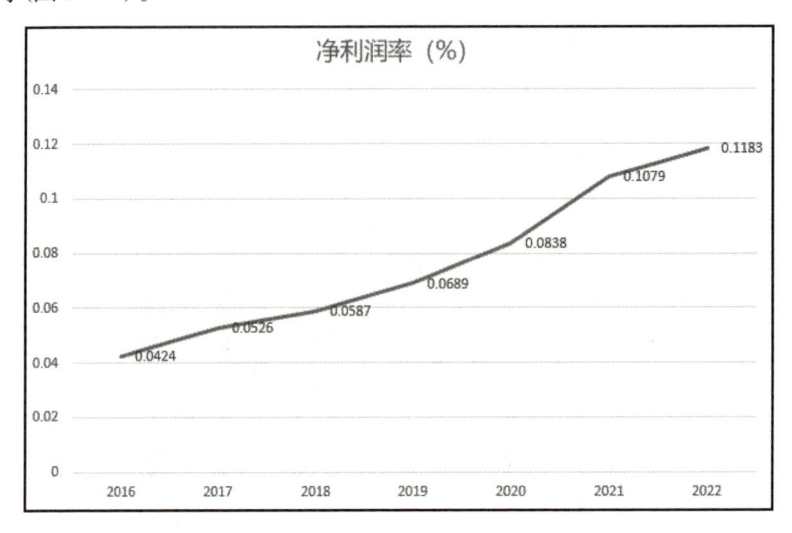

图 5-10　青岛啤酒 2016—2022 年净利率持续提升

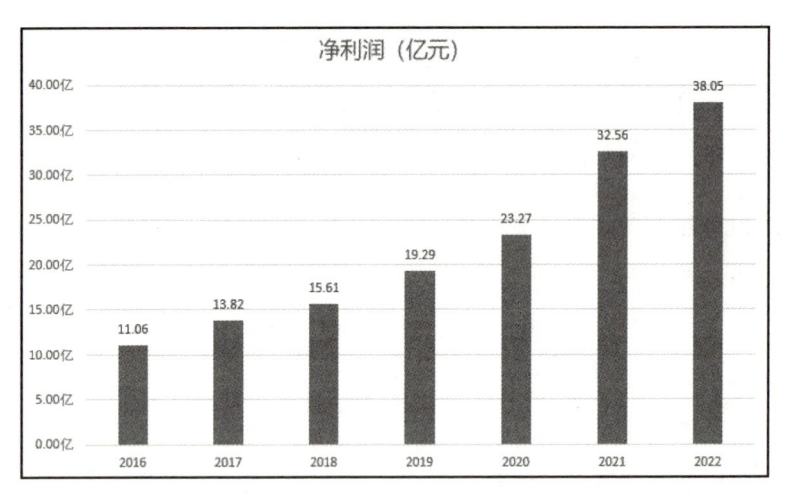

图 5-11　青岛啤酒 2016—2022 年净利润快速增长

除了高端产品占比提升，关闭落后产能、精简人员结构也是常用的控制成本的措施，自 2014 年以来青岛啤酒的员工数量持续减少，人均净利润水平持续提升(图 5-12)。

分析啤酒企业，还有不可忽视的一点，就是其典型的重资产属性，以青岛啤酒为例，公司的重资产占比始终保持在 30%~40% 的水平，虽然相比于玻纤、石膏板等深度重资产行业，这样的占比不算特别高，但产能规模、产能利

员工人数

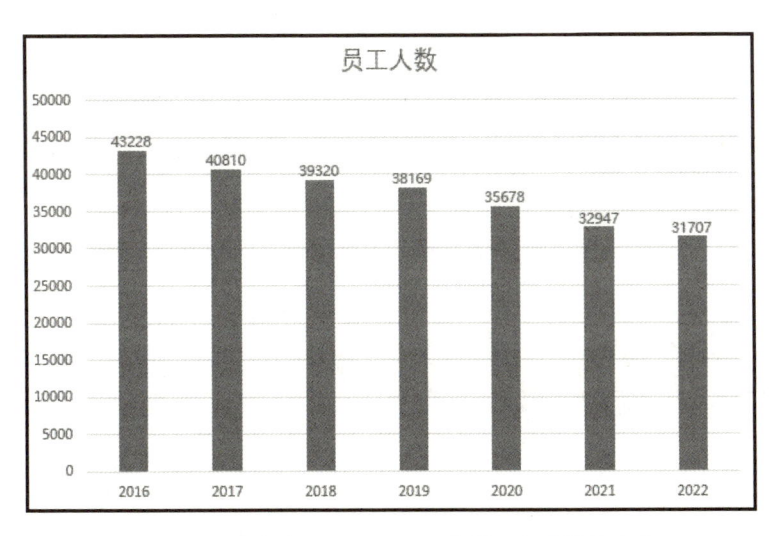

年份	人数
2016	43228
2017	40810
2018	39320
2019	38169
2020	35678
2021	32947
2022	31707

图 5-12　青岛啤酒 2016—2022 年员工数量持续减少

用率也是分析啤酒企业时的一个重要看点，尤其是对于正处在高端化进程中的各大啤酒企业来说，虽然尽快关闭落后产能会带来短期之内折旧费用的大幅增加，但经历阵痛之后也可以快速提高产能利用率以及高端产能占比，对增厚净利润产生正面影响，因此近些年来头部啤酒厂商都在快速推进厂房关闭、产能升级，从进度来看，青啤、重啤、百威领先，燕京啤酒比较落后。

通过对青岛啤酒的发展史复盘以及对啤酒行业的分析，能够看到啤酒行业经过多年的发展，已经从增量市场转变为存量市场竞争，未来在产量上基本不会再有增长，促使行业规模扩大的驱动力主要来自结构升级，也就是中高端产品占比的提升。各家啤酒企业在经历初期跑马圈地式的并购、扩张产能之后，在大部分省份已经分出胜负，各自有各自的优势区域市场，比如青啤的山东市场、华润的四川和华东市场、百威的福建和江西市场。未来的竞争主要发力点是产品结构升级，提高自身利润率，通过提高中高端产品占比、精简人员、关闭落后产能来发挥规模效应降低成本、开发新品类、新消费场景这几种方式，这是在分析具体啤酒企业时需要注意的几个重点。对于这样一个跑马圈地阶段已经过去、发展重点开始向利润倾斜、竞争格局已经基本稳定的行业，避免了价格战的再次发生，相关企业的利润率有保证，所以我认为还是一门不错的生意，青啤作为其中的老牌龙头企业，近年来的经营质量也是持续提高（表 5-7）。

表 5-7 各啤酒厂商部分关厂措施

公司	时间	部分关厂动作
重庆啤酒	2015	关闭了綦江、柳州、九华山、永川、黔江和六盘水等酒厂的生产性业务
	2016	已关停黔江分公司、重庆啤酒集团六盘水啤酒有限责任公司、重庆啤酒亳州有限公司等三家分子公司
	2017	关闭甘肃金山啤酒公司
	2018	已关闭湖南重庆啤酒国人有限责任公司常德分公司
华润啤酒	2018	关闭吉林、浙江、广东、内蒙古、安徽各1家,辽宁3家,湖北2家,四川2家
	2019	关闭内蒙古、四川、贵州、黑龙江、天津各1家,湖北2家
	2020	关闭吉林、山西、浙江、湖南各1家
	2021	关闭辽宁、江苏、安徽、四川1家
青岛啤酒	2017	取消收购河北嘉禾
	2018	关闭芜湖、杨浦分公司
	2019	关闭台州公司
	2021	关闭漳州公司

* 资料来源:各公司年报、消费界、德邦研究所

2022年,青啤实现营业收入321.72亿元,同比增长6.65%;净利润37.1亿,同比增长17.59%。利润增速大幅高于营收增速,这一点是很好的,说明公司目前仍然注重于提高自身的经营质量,而非营收规模的扩张。但是经营活动现金流净额为48.79亿,同比减少了19.27%(表5-8)。经营活动现金流净额减少的原因主要是由于购买商品、接受劳务支付的现金同比增长了13.51%。流出增加,自然净流入就减少,说明2022年青岛啤酒在原材料成本方面承受了一定的压力。

表 5-8 青岛啤酒 2022 年主要财务数据

单位:元 币种:人民币

主要会计数据	2022年	2021年	本期比上年同期增减(%)	2020年
营业收入	32,171,565,624	30,166,805,377	6.65	27,759,710,926
归属于上市公司股东的净利润	3,710,628,593	3,155,455,810	17.59	2,201,323,556
归属于上市公司股东的扣除非经常性损益的净利润	3,209,052,175	2,206,584,195	45.43	1,815,584,753
经营活动产生的现金流量净额	4,878,771,322	6,043,111,455	-19.27	4,953,422,362
	2022年末	2021年末	本期末比上年同期末增减(%)	2020年末
归属于上市公司股东的净资产	25,494,821,703	23,001,844,598	10.84	20,621,960,515
总资产	50,311,699,796	46,563,004,491	8.05	41,514,185,835

这一点从年报中的成本分析表(表5-9)也可以看得出来,直接材料占比总成本最高,达到64.15%,2022年直接材料的费用支出同比增长了10.63%,这

表 5-9 青岛啤酒 2022 年成本分析表

分产品情况							
分产品	成本构成项目	本期金额	本期占总成本比例(%)	上年同期金额	上年同期占总成本比例(%)	本期金额较上年同期变动比例(%)	情况说明
啤酒销售	直接材料	13,323,864	66.49	12,043,561	64.15	10.63	
啤酒销售	直接人工	919,323	4.59	930,071	4.95	-1.16	
啤酒销售	制造费用及其他	4,547,034	22.69	4,612,825	24.57	-1.43	
啤酒销售	外购产成品	1,248,300	6.23	1,188,323	6.33	5.05	
合计		20,038,521	100.00	18,774,780	100.00	6.73	

才让公司的现金流表现没有利润增速那么亮眼。但成本支出增加是否影响了青啤自身的造血能力？并没有。虽然经营活动现金流净额减少至 48.79 亿元，但还是可以覆盖投资活动净流出的 21.99 亿元和筹资活动净流出的 16.76 亿元现金，因此报告期末青啤账面上的现金及现金等价物余额还是净增加了 10 亿元，货币资金余额达到 178.55 亿元，同时还有 26.84 亿元的理财产品，而有息负债仅有 3.73 亿元。所以无论是从现金流角度考虑公司的造血能力，还是从货币资金能否覆盖负债的角度考虑公司的偿债能力，青啤都没有任何风险存在。

2022 年，国内啤酒市场发展受到市场消费需求波动的影响，全年实现规模以上企业啤酒产量 3568.7 万千升，同比增长 1.1%，可见国内啤酒行业的总产量依然是处于原地踏步的状态。而青岛啤酒全年累计实现产品销量 807.2 万千升，同比增长 1.8%（表 5-10），销量增速快于行业整体水平，充分体现了公司作为国内啤酒行业龙头之一的地位。2022 年，"青岛啤酒"以人民币 2182.25 亿元的品牌价值继续保持了中国啤酒行业品牌价值第一。

表 5-10 青岛啤酒 2022 年产销量情况分析表

主要产品	单位	生产量	销售量	库存量	生产量比上年增减(%)	销售量比上年增减(%)	库存量比上年增减(%)
啤酒	万千升	782	807	73	3.13	1.78	31.69

再从另外一个角度来看，青啤全年的销量增长了 1.8%，但总营收增长了 6.65%，按照量价理论，这说明公司的产品均价的增长更为迅猛，这也顺应了国内啤酒行业呈现消费结构和消费需求不断提质升级的趋势，市场竞争转向产品的差异化、高端化，以听装啤酒、精酿啤酒为代表的中高端产品占比不断提升，并保持良好的发展势头。

报告期内，青岛啤酒主品牌共实现产品销量 444 万千升，同比增长 2.6%，总销售收入同比增长 8.19%；中高端以上产品实现销量 293 万千升，同比增长 4.99%。主品牌以及中高端品牌的销量增长快于整体增长，说明目前的青岛啤酒仍处在产品结构升级的进程中，主打的原浆生啤、青岛白啤等新特产品及青岛经典等产品快速增长，巩固提升了公司在中高端市场的竞争优势。

2022 全年公司的总费用率为 16.52%，同比减少 1.97%，其中销售费用率 13.05%，减少 0.53%；管理费用率 4.58%；减少 1.03%；研发费用率 0.2%；财务费用率 -1.31%。整体来看，公司的各项费用支出保持平稳，而且还有所改善，因此最终的净利率水平达到 11.83%，提高了 1.03%，青啤的整体盈利能力有所增强。

全年应收账款仅有 1.2 亿元，同比减少 4.11%，相比于 321 亿元的营收规模来说可以忽略不计，因此公司的净现比能达到 1.28 倍，利润中现金含量完全不用担心。应付账款增长了 10.74%，而且还是在原材料成本承压的年份下实现的，说明公司对于上游原材料供应商的话语权、对下游经销商和客户的议价权还是比较强的。

存货 41.52 亿元，同比增长了 18.87%，存货周转率下降至 5.31，主要是产成品增加较多，这一点我认为是年报中的瑕疵之一（表 5-11）。

表 5-11 青岛啤酒 2022 年存货明细

	2022 年 12 月 31 日			2021 年 12 月 31 日		
	账面余额	存货跌价准备	账面价值	账面余额	存货跌价准备	账面价值
原材料	664,937,960	(899,894)	664,038,066	434,582,336	(929,918)	433,652,418
包装物	807,413,158	(2,517,462)	804,895,696	1,026,552,531	(2,517,462)	1,024,035,069
低值易耗品	80,394,118	-	80,394,118	95,562,443	-	95,562,443
委托加工物资	2,691,814		2,691,814			
在产品	467,738,178		467,738,178	402,783,085		402,783,085
产成品	2,132,429,260	-	2,132,429,260	1,536,964,842	-	1,536,964,842
	4,155,604,488	(3,417,356)	4,152,187,132	3,496,445,237	(3,447,380)	3,492,997,857

在建工程同比减少 40.11%，目前仅剩 4.57 亿，而且从其中各项目的进度来看也普遍处于即将完工的阶段，因此公司用于资本开支的现金预计会逐步减少，但是这些在建工程完工转为固定资产后就要开始计提折旧，因此需要关注公司后续固定资产折旧增加的程度，因为这是会直接影响到净利润水平的项目

（表 5-12）。而且从这些项目中也能看得出来，新增产能并不多，基本都是各个生产线改造项目，这也从侧面印证了公司正处于产品结构高端化升级的进程中，在国内啤酒行业中重啤的产能改造进度比较靠前，基本已经完成，青啤紧随其后，而燕京啤酒、珠江啤酒等企业就要更落后一些了。

表 5-12　青岛啤酒 2022 年在建工程明细

2022年 工程名称	预算数	2021年 12月31日	本年增加 - 购建	本年增加 - 固定资产转入	本年转入 固定资产	2022年 12月31日	工程投入占 预算的比例	工程 进度	资金来源
鲁东某研发基地	343,600,000	743,049	133,277,067	-	-	134,020,116	39%	39%	自有资金
鲁东某生产线改造	594,095,000	52,912,591	461,578,328	26,621,605	(439,838,989)	101,273,535	91%	91%	自有资金
鲁东某搬迁项目	322,300,000	-	49,985,995	-	-	49,985,995	21%	16%	自有资金
鲁东某生产线改造	265,987,823	32,951,800	41,436,253	8,896,094	(61,758,994)	21,525,153	34%	31%	自有资金
鲁东某产业园项目	271,850,000	115,968,101	134,389,331	-	(230,986,253)	19,371,179	92%	92%	自有资金
北京某生产线改造	67,210,711	123,989	45,451,718	3,988,231	(33,488,164)	16,075,774	74%	74%	自有资金
鲁东某生产线改造	28,377,130	1,636,357	17,916,120	671,086	(5,928,122)	14,295,441	73%	71%	自有资金
上海某生产线改造	25,838,150	5,710,084	12,564,531	-	(4,490,920)	13,783,695	91%	71%	自有资金
江苏某生产线改造	28,143,167	18,890,518	10,126,810	1,840,220	(17,273,555)	13,583,993	84%	83%	自有资金
鲁东某生产线改造	57,118,962	520,708	38,486,162	5,701,200	(32,258,561)	12,449,509	78%	78%	自有资金
河南某生产线改造	50,715,335	7,684,445	19,776,164	16,647,121	(35,175,059)	8,932,671	87%	87%	自有资金
鲁东某搬迁项目	445,100,000	777,189	9,528,668	-	(3,526,139)	6,779,718	2%	2%	自有资金
江苏某生产线改造	13,095,014	3,080,737	9,257,817	-	(5,530,412)	6,808,142	94%	94%	自有资金
陕西某搬迁项目	551,976,250	8,161,394	7,166,952	-	(9,759,546)	5,568,800	99%	99%	自有资金
鲁南某生产线改造	647,860,000	391,050,385	192,988,375	-	(578,376,638)	5,662,122	91%	90%	自有资金
福建某生产线改造	10,125,292	352,788	7,765,543	1,063,899	(5,460,037)	3,722,193	91%	91%	自有资金
鲁东某生产线改造	129,625,487	55,319,327	14,246,949	40,531,190	(107,795,408)	2,302,058	98%	96%	自有资金
其他		66,406,420	218,942,807	52,808,910	(317,769,180)	20,388,957			
		762,289,882	1,424,885,590	158,769,556	(1,889,415,977)	456,529,051			

对于青岛啤酒的发展史复盘以及 2022 年报解读到这里就告一段落了。从公司经营情况来看，产品结构升级和高端化演变趋势仍然是目前青啤乃至整个啤酒行业发展的主旋律，公司的利润率以及落后产能改造进度都处于业内领先地位，2022 年面临的一个比较大的问题来自成本的上涨，这也直接影响了青岛啤酒的现金流水平，不过并没有从根本上动摇公司的造血能力和偿债能力，这一点还是不错的，尤其是在当下这个时期，经营层面出现潜在的风险是大多数投资者所不能接受的。唯一的瑕疵来自存货中产成品的增加和存货周转率的下降，后续需要关注一下。此外，还有在建工程转固之后带来的潜在计提折旧增加。总体来说青啤的这一份成绩单还是非常不错的，但公司目前 34 倍的滚动市盈率我认为还是太高了，如果能回撤到 25～30 倍还是比较有吸引力的。

第六章　伊利股份

作为A股市场上典型的大白马股，伊利股份的前身是1956年成立的呼和浩特回民区养牛合作小组，拥有117名职工，1160头奶牛，日产鲜奶700公斤。

养牛合作小组于1970年改名为呼市国营红旗奶牛场，1983年一分为二，养牛部成立呼市回民奶牛场，而加工部成立呼市回民奶食品加工厂。

其后，公司领导人郑俊怀率先在企业内部实行经营承包责任制，并推进一系列改革措施，企业从一家濒临倒闭的食品厂扭亏为盈，规模不断壮大，并于1993年完成股份制改造，更名为内蒙古伊利实业股份有限公司，并成立冷饮事业部，开始了品牌化运营。

1996年，公司在上交所上市，成为国内第一家A股上市的乳制品企业。上市当年，伊利实现营收3.56亿元，净利润3400万元。

1997年，公司在上市后的第二年里引进瑞典利乐装生产线，成为第一家推出常温液态奶的企业，同时在乳饮料、奶粉、冷饮、酸奶等品类全面布局。伊利这次在技术上的引进，将牛奶保质期大幅延长，我国盒装常温牛奶由此诞生，这一举动对乳制品行业产生了深远的影响。

得益于新产线的引入，1997年公司营业收入8.54亿元，同比增长140%；净利润6572万元，同比增长97%，液体奶产销量进入高速增长期。

随后的1998—2001年，是伊利继续加速发展的一个时间段，营业收入同比增速从12%上升到30%，2001年达到80.12%。期间平均复合增速达到35.75%（表6-1）。

表 6-1　伊利股份 1998—2001 年营业收入规模及增速

	1998	1999	2000	2001
营业收入（亿元）	10.28	11.51	15.03	27.06
营收同比增速	20.47%	11.90%	30.60%	80.12%

但是净利润增速一直在 10%～15%，最快的 2001 年也仅仅只是同比增长了 21.53%。期间平均复合增速为 16.24%，远远落后于营业收入的增速水平（表 6-2）。

表 6-2　伊利股份 1998—2001 年净利润规模及增速

	1998	1999	2000	2001
净利润（亿元）	0.7718	0.8927	0.9847	1.2
净利润同比增速	17.45%	15.66%	10.31%	21.53%

可见当时伊利的营收规模虽然快速扩张，但是利润增速并没能匹配营收增速。从年报中的表述来看，公司主要是面临以下几个问题：

（1）乳制品行业竞争愈发激烈，各大乳企纷纷扩产。比如 1999 年蒙牛成立，在成立之初的几年里规模迅速增长，使得乳制品行业竞争加剧。因此伊利在 1998—2001 年的销售费用增速分别达到 138%、22.8%、31.3%、133%，到 2001 年销售费用率已经上升至 19.13%（表 6-3）。而在此期间公司的毛利率水平分别为 27.45%、28.48%、27.72%、29.16%，可见单单是销售费用就要消耗一半以上的毛利，乳制品本就属于快消品的一种，同质化属性高，赚钱能力并不强，再叠加费用的大量支出，使得伊利的盈利能力进一步下滑。

表 6-3　伊利股份 1998—2001 年销售费用率

	1998	1999	2000	2001
销售费用率	13.41%	14.71%	14.79%	19.13%

（2）由于整个行业生产规模的扩大，原奶供应日益紧缺，乳制品企业原材料成本不断增加（表 6-4），成本和费用同时增长，让伊利高速扩张的营业收入规模变成了纸面富贵。

表6-4 伊利股份1998—2001年营业成本规模及增速

	1998	1999	2000	2001
营业成本（亿元）	7.46	8.23	10.86	19.17
营业成本同比增速	9.90%	10.31%	31.98%	76.54%

但是利润端的承压并没有影响公司扩张产能的脚步，这四年期间，公司的固定资产规模从1.85亿元快速增长至7.05亿元，平均增速接近或超过50%（表6-5）。

表6-5 伊利股份1998—2001年固定资产规模及增速

	1998	1999	2000	2001
固定资产（亿元）	1.85	2.95	5.02	7.05
固定资产同比增速	35.84%	59.76%	70.09%	40.39%

在公司的2000年报里能看到伊利已完成了战略结构调整，由单一冰淇淋经营上升为乳产品经营，主营业务包括三大系列产品：雪糕冰淇淋、奶粉、液态奶。其中雪糕冰淇淋系列产品产销量连续6年在国内市场保持第一，奶粉系列产品产销量在国内市场名列前三名。

2001年报中，伊利的业务仍然分为三部分，不过有所不同的是液态奶业务被列在第一位，系列产品产销量突破25万吨，居全国首位；其次是冷饮业务，产销量连续7年保持国内第一名；最后是奶粉业务，产销量增长情况良好，进入全国前列。伊利品牌也被国家食品工业协会授予中国食品工业20大著名品牌。

从2002年开始，伊利会在年报里披露各项产品的营收情况，可见液态奶占比营收达到56.62%，比例提高接近10个百分点，是公司的支柱性业务，同时盈利能力也是最强；雪糕冰淇淋占比24.63%，比例基本没有变化，毛利率超过40%，是伊利盈利能力最强的业务板块。奶制品系列营收占比14.15%，是公司的第三大业务，毛利率20%左右。此外伊利还有一部分牛饲料、速冻面食产品等，不过占比较低，对整体收入的影响不大（表6-6）。

表6-6 伊利股份2002年主营业务板块盈利能力对比

单位：元

业务结构	主营业务收入				主营业务成本		毛利率(%)	
	2002年度	比例(%)	2001年度	比例(%)	2002年度	2001年度	2002年度	2001年度
液态奶系列	2,270,684,869.04	56.62	1,290,718,836.96	47.77	1,477,818,880.48	843,107,366.26	34.92	34.68
雪糕冰淇淋	987,670,174.89	24.63	625,929,750.89	23.17	592,070,572.26	422,385,398.48	40.05	32.52
奶制品系列	567,526,047.78	14.15	685,420,423.62	25.37	453,685,606.80	569,441,283.21	20.06	16.92
牛饲料	133,005,210.14	3.32	57,547,761.56	2.13	109,749,218.05	49,189,401.61	17.49	14.52
速冻、面食产品	51,206,084.93	1.28	42,366,258.87	1.57	42,059,734.68	33,160,326.73	17.86	21.73
其中：速冻	47,458,681.20	1.18	13,102,516.76	0.48	39,086,407.29	10,403,377.36	17.64	20.60
家园	3,747,403.73	0.09	29,263,742.11	1.08	2,973,327.39	22,756,949.37	20.66	22.23
合计	4,010,092,386.78	100.00	2,701,983,031.90	100.00	2,675,384,012.27	1,917,283,776.29		

2003年，伊利的营收大幅增长56.7%，达到63亿元；净利润增加75%，达到2.48亿元，可见2003年是公司经营质量非常不错的一年，利润增速更快。也正是在2003年，伊利股份的营收规模正式超过光明乳业，成为国内最大规模的乳制品企业（表6-7），其中液态奶产品市场占有率11%、冷饮产品市占率23%、奶粉产品市占率6%。

表6-7 伊利股份、光明乳业2000—2003年营收对比

单位：亿元

	2000	2001	2002	2003
伊利股份	15.90	27.02	40.1	62.99
光明乳业	22.80	35.20	50.21	59.81

2005年伊利的营收正式突破百亿元规模，达到121.75亿元，相比2004年增长39.38%。这一年公司被选为北京奥运会独家乳品赞助商，并与北京奥组委达成长期合作关系。

2006年，伊利正式启动"织网计划"，目标是实现生产、销售、市场一体化运作，对每个市场精耕细作，形成"纵贯南北、辐射东西"的全国化布局。织网计划的启动让伊利的销售人员大幅增加（图6-1），同时公司开始在全国各地投资建设液态奶、酸奶、奶粉以及冷饮生产基地项目，固定资产规模同比增长63.88%。

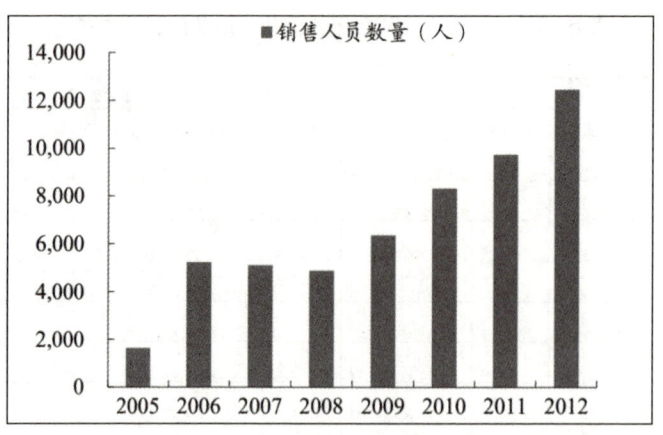

图 6-1 织网计划的启动使伊利销售人员数量激增

回顾2001—2006年，可以说这是伊利高速增长的一段时期。营业收入从27.06亿元增长至163.4亿元，年平均增速达到42.51%，连续七年保持40%以上的增速，成功坐上了国内第一乳制品企业的地位；利润增速虽然没有营收这么夸张，不过也比之前更快，从1.2亿元增长至3.93亿元，平均增速达到23.66%，这段时间的伊利可谓是接近理想型的价值投资标的。

更加难得的是，在取得如此高速增长的背后，伊利并没有采取非理性的扩张并购方式或者高杠杆手段，公司的销售费用率一直稳定在20%左右的水平，说明公司并不是依靠过度烧钱来换取业绩的增长（表6-8）。

表 6-8 伊利股份 2001—2006 年销售费用率

	2001	2002	2003	2004	2005	2006
销售费用率	19.13%	22.46%	22.08%	21.38%	21.33%	20.73%

公司营业收入一路从几十亿元上升至突破百亿元的规模，但应收账款始终保持在较低水平，而且增速还呈现逐年放缓的趋势，无论是规模还是增速都和爆发式增长的营业收入形成鲜明对比，说明这段时期伊利的经营质量极高，产品竞争力极强，在下游市场中非常受欢迎（表6-9）。

表 6-9 伊利股份 2001—2006 年营业收入、应收账款规模对比

	2001	2002	2003	2004	2005	2006
营业收入（亿元）	27.02	40.1	62.99	87.35	121.75	163.39
应收账款（亿元）	0.7893	0.9099	1.26	1.42	1.61	3.43

也正是因为如此，这期间伊利的净现比始终保持在超高水平，利润中现金含量极高，赚到的利润全部都转化成了在手的真金白银（表 6-10）。

表 6-10 伊利股份 2001—2006 年净现比

	2001	2002	2003	2004	2005	2006
净现比	2.56%	2.96%	2.05%	4.76%	1.98%	1.26%

2007 年，虽然伊利的营收端依然保持了同比 16.77% 的增速，但净利润却出现了上市以来的首次亏损，从净盈利 3.25 亿元大幅减少至亏损 2060 万元，扣非净利润亏损 5261.14 万元，公司减少了支付的与其他经营活动有关的现金，才使得经营活动现金流净额保持同比 57.08% 的增长（表 6-11）。

表 6-11 伊利股份 2007 年出现自上市以来的首次亏损

单位：元 币种：人民币

主要会计数据	2007 年	2006 年		本年比上年增减(%)	2005 年	
		调整后	调整前		调整后	调整前
营业收入	19,359,694,864.94	16,579,693,004.02	16,579,693,004.02	16.77	12,196,145,719.4	12,196,145,719.4
利润总额	106,392,183.55	552,485,317.02	561,778,884.30	-80.74	513,128,411.28	491,611,392.29
归属于上市公司股东的净利润	-20,599,107.13	325,149,056.95	334,174,358.67	-106.34	311,844,005.36	292,853,180.10
归属于上市公司股东的扣除非经常性损益的净利润	-52,614,164.71	327,130,978.54	336,156,280.26	-116.08	287,990,997.97	269,000,172.71
基本每股收益	-0.04	0.63	0.65	-106.35	0.80	0.75
稀释每股收益		0.61	0.62		0.80	0.75
扣除非经常性损益后的基本每股收益	-0.10	0.63	0.65	-115.87	0.74	0.69
全面摊薄净资产收益率（%）	-0.49	12.36	12.80	减少 12.85 个百分点	13.62	12.90
加权平均净资产收益率（%）	-0.77	13.38	11.74	减少 14.15 个百分点	13.62	12.90
扣除非经常性损益后全面摊薄净资产收益率（%）	-1.25	12.43	12.87	减少 13.68 个百分点	12.58	11.85
扣除非经常性损益后的加权平均净资产收益率（%）	-1.96	13.46	11.81	减少 15.42 个百分点	12.58	11.85
经营活动产生的现金流量净额	778,130,793.69	495,375,350.11	495,375,350.11	57.08	670,001,448.97	670,001,448.97
每股经营活动产生的现金流量净额	1.17	0.96	0.96	21.88	1.71	1.71

从公司年报来看，亏损的主要原因有以下几方面：

(1) 奶源供应紧张，叠加玉米等农作物产品的价格大幅上涨，导致原奶收购价格持续上涨，国内原奶的供需矛盾日趋突出。这说明对于国内的各大乳制品企业来说，对于上游原奶的布局以及采购价格的控制至关重要。

(2) 受澳洲连续干旱、欧盟和美国减少或取消乳制品出口补贴等因素影响，相关奶粉出口国奶粉出口数量锐减，进而推动国际奶粉价格大幅上扬，因此很多食品饮料企业都开始从依靠进口奶粉为原料转变为收购国内原奶或奶粉作为原材料，导致部分奶粉生产厂哄抬原奶收购价格，甚至降低收奶标准、突击抢夺奶源，从而造成了国内原奶和奶粉需求激增的局面，进一步加大了原奶资源供需的不平衡。

(3) 经过几年的快速发展，中国城镇居民乳制品消费量已经达到了一个较高的水平，因消费量基数逐年加大，以液态奶产品为主的乳品市场发展速度逐年放缓，逐渐进入稳定增长的平稳期，并且消费者的食品安全意识不断增长，开始更加关注乳制品的质量而非提高饮用量。

在2007年大宗商品价格上涨、原奶供需不平衡等问题尚未解决的背景下，2008年又爆发了三聚氰胺事件，直接导致国产奶粉龙头三鹿集团宣告破产。此外其他22家内资奶粉品牌69批次产品均检测出三聚氰胺，导致消费者对国产乳制品的信心急剧下降。

任何一家公司的发展都离不开行业总规模的增长，同样，如果行业受到严重冲击，那么无论规模大小，业内各家公司的日子都不会太好过。伊利的营收增速也放缓到11.87%，净利润从亏损456万元扩大到亏损17.37亿元，经营活动现金流净额减少76.54%仅剩1.83亿元（表6-12）。

表6-12 伊利股份2008年出现大额亏损

单位：元 币种：人民币

项目	金额
营业利润	-2,050,011,862.52
利润总额	-1,955,643,359.65
归属于上市公司股东的净利润	-1,687,447,567.13
归属于上市公司股东的扣除非经常性损益后的净利润	-1,796,975,945.09
经营活动产生的现金流量净额	182,575,139.71

存货报废8.85亿元,计提跌价2.38亿元,同时年末余额相比年初增加4.83亿元,增长比例为27.71%(表6-13),销售费用同比增长了41.45%,管理费用增长116.58%,四项费用率增加到34.45%,而毛利率只有26.82%。连续的净利润亏损也让公司戴上了ST的帽子,变成了ST伊利。

表6-13 伊利股份2008年存货出现大幅积压和报废

单位:元 币种:人民币

项目	期末数			期初数		
	账面余额	跌价准备	账面价值	账面余额	跌价准备	账面价值
原材料	722,101,101.57	65,426,829.36	656,674,272.21	857,350,412.52	1,042,653.55	856,307,758.97
在产品	1,659,228.61		1,659,228.61	813,838.38		813,838.38
库存商品	1,126,108,070.60	138,034,043.32	988,074,027.28	519,600,716.01		519,600,716.01
包装材料	150,820,653.31	3,747,409.72	147,073,243.59	145,876,540.96	7,042,287.49	138,834,253.47
自制半成品	106,969,069.23		106,969,069.23	89,239,311.14		89,239,311.14
开发成本			0.00	6,433,425.00		6,433,425.00
委托加工物资	3,696,133.61	1,394,325.28	2,301,808.33	28,122,819.11		28,122,819.11
低值易耗品	117,718,076.14	103,825.64	117,614,250.50	98,018,998.44		98,018,998.44
合计	2,229,072,333.07	208,706,433.32	2,020,365,899.75	1,745,456,061.56	8,084,941.04	1,737,371,120.52

受到业绩下降和乳制品行业悲观预期的影响,伊利的股价从30元左右跌倒最低的6.45元,PE跌到8倍左右,市值仅56亿元。这个位置的伊利,现在回头来看是"黄金坑"无疑,但当时又有几个人敢于出手呢?

2009年,公司的经营策略以恢复为主,主要预算指标为:实现主营业务收入216亿元,实现利润总额5亿元。

食品安全事件的发生沉重打击了乳制品需求,上游原奶价格随之暴跌。超低的奶价使得伊利在2009年的毛利率大幅提高到35%左右,同时伊利继续保持了较高的销售费用投入以尽快恢复业绩,2019年销售费用同比增长17.42%达到65亿元,销售费用率达到历史最高的26.71%,成功牵手上海世博会,大幅提高了品牌知名度。

原奶成本的降低加上大力的营销投放,2009全年公司实现营收243亿元,增速12.3%;净利润重新回到6.65亿元,增长138.3%;经营活动现金流净额同比增长1011%达到20.29亿元,超出年初预期的同时也成功地让公司摘掉了ST帽子(表6-14)。

表 6-14 伊利股份 2009 年净利润扭亏为盈

单位：元 币种：人民币

主要会计数据	2009 年	2008 年	本期比上年同期增减(%)	2007 年
营业收入	24,323,547,500.31	21,658,590,273.00	12.30	19,359,694,864.94
利润总额	811,876,849.96	-1,955,643,359.65	141.51	106,392,183.55
归属于上市公司股东的净利润	647,659,707.32	-1,687,447,567.13	138.38	-20,599,107.13
归属于上市公司股东的扣除非经常性损益的净利润	533,811,132.11	-1,796,975,945.09	129.71	-52,614,164.71
经营活动产生的现金流量净额	2,028,826,509.89	182,575,139.71	1,011.23	778,130,793.69
	2009 年末	2008 年末	本期末比上年同期末增减(%)	2007 年末
总资产	13,152,143,646.51	11,780,488,935.08	11.64	10,173,900,510.85
所有者权益（或股东权益）	3,442,961,222.45	2,789,262,810.00	23.44	4,212,888,272.52

2010 全年伊利实现营业收入 296.65 亿元，同比增长 22%；净利润 7.96 亿元，增速 19.62%。由于原奶价格逐渐回升上涨，导致公司毛利率从 35.13% 下降到 30.27%，于是公司便削减了销售费用投放，销售费用增速 4.8%，销售费用率下降到 22.95%。业绩上的持续回升让伊利开启了一波反弹主升浪（图 6-2）。也是在 2010 年，伊利正式进入世界乳业 20 强。

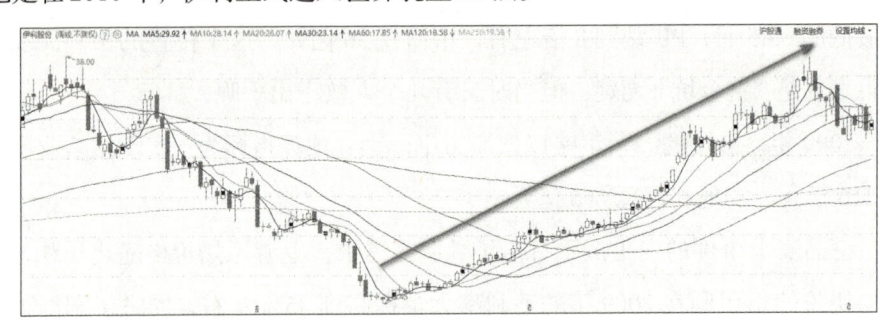

图 6-2 伊利股份 2010 年股价大幅反弹

2011 年，公司继续以"提高费用使用效率，提升公司盈利能力"作为全年的经营战略，营业收入增长 26.25%，净利润增长 130.27%，毛利率 29.28%，和前一年基本持平；销售费用仅增长了 7.11%，但营收增长了 26.25%，所以销售费用率减少了 3.48 个百分点，净利率接近翻倍增长到 4.89%。

从行业角度来看，自从"三聚氰胺"事件后，国家对食品安全问题高度重视，2011 年监管机构对乳制品行业进行了审查清理及生产许可证重新审核工作，企业数量明显下降：根据《中国奶业统计摘要》的数据，2011年全国液体乳及乳制品制造业国有企业、私营企业和外商（包括港、澳、台）投资企业共计382家企业。随后这个数字一路下滑，截至2015年已经下降为323家，行业整合趋势较为明显。

从公司自身的角度来看，自从2006年启动织网计划以来，经过5年的建设，伊利已经成为第一家销售网络覆盖全国的乳制品企业，其深度分销模式使伊利成为全国渗透率最高的乳制品企业，并且自2011年开始，伊利的营收规模正式超过蒙牛，成为国内乳制品行业龙头公司。

随后的2012—2016年，和之前大几十的增速水平相比，伊利的营收增长开始逐步放缓，进入稳定增长期，尤其是2016年，增速仅有0.75%。但是净利润增速开始超过营业收入增速，因此公司的净利率持续提升，盈利能力不断增强（表6-15）。

表6-15 伊利股份2012—2016年盈利能力不断增强

	2012	2013	2014	2015	2016
营收增速	12.12%	13.78%	12.94%	10.94%	0.75%
净利率	4.13%	6.70%	7.65%	7.71%	9.35%

从行业的角度来看，乳制品行业自2011年开始也步入稳定发展阶段，行业总零售额规模增长持续放缓，自2015年开始，增速一直保持在个位数水平

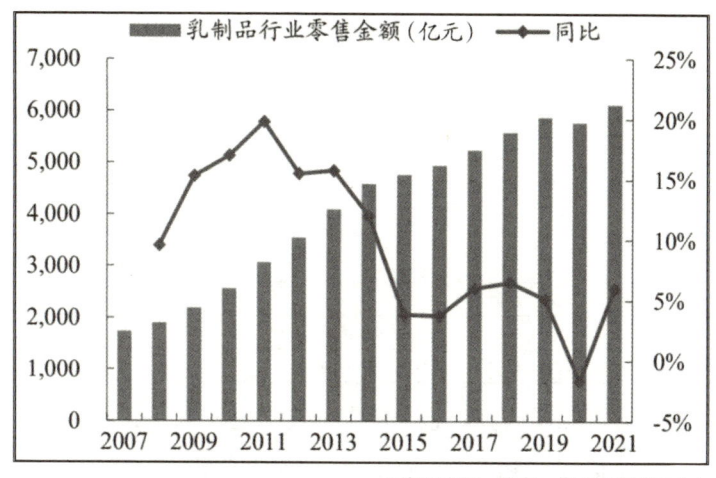

*资料来源：欧睿、信达证券研发中心

图6-3 2011年开始乳制品行业进入稳定增长阶段

(图 6-3)。同期乳制品销售均价由 1.22 万元/吨增加至 1.46 万元/吨，CAGR 为 3.66%，快于总零售额增速，说明相比于销量增长来说，乳制品行业规模的增长动力主要来自消费升级及品类变动带来的价格提升（图 6-4）。

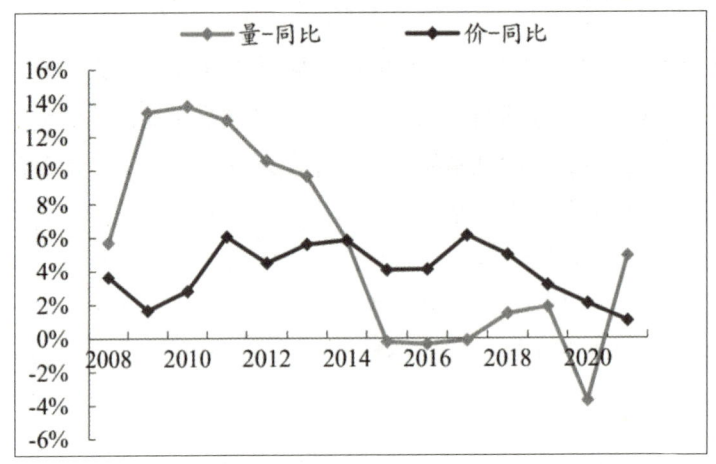

*资料来源：欧睿、信达证券研发中心

图 6-4 乳制品行业增长动力转变为均价提升

顺应行业发展趋势，伊利股份也瞄准产品结构升级开始了自我变革，积极布局高端白奶、巴氏奶、奶粉及奶酪等高增长领域。尤其是 2019 年，在建工程规模大幅增长至 61.65 亿元，从构成来看主要是高端白奶、奶粉、冷饮等相关项目（表 6-16）。

表 6-16 伊利股份 2019 年在建工程大幅增加

单位：元 币种：人民币

项目名称	预算数	期初余额	本期增加金额	本期转入固定资产金额	本期其他减少金额	期末余额	工程累计投入占预算比例(%)	工程进度	利息资本化累计金额	其中:本期利息资本化金额	本期利息资本化率(%)	资金来源
液态奶项目	10,383,449,014.05	782,242,008.26	3,935,287,112.47	2,440,739,455.11		2,276,789,665.62	46.50	46.50%				自有资金
奶粉项目	866,792,773.08	106,731,479.85	329,686,006.34	191,120,561.67		245,296,924.35	53.63	53.63%				自有资金
冷饮项目	1,403,263,651.86	162,209,221.30	268,733,259.80	204,621,121.54		226,321,359.56	31.30	31.30%				自有资金
酸奶项目	1,434,882,481.96	199,286,522.02	710,470,490.96	288,941,413.79		620,815,599.71	65.57	65.57%				自有资金
其他项目	4,937,489,264.79	1,425,770,209.01	2,171,296,215.50	250,548,500.84	540,788,022.62	2,805,279,901.05	72.87	72.87%				自有资金
合计	19,025,877,185.74	2,676,239,440.27	7,415,473,085.07	3,375,971,052.95	540,788,022.62	6,174,953,449.71	/	/				/

2021 年，伊利股份的营收规模成功突破千亿元大关，达到 1105.95 亿元，净利润达到 87.32 亿元，和蒙牛 881 亿元的营收差距在 20% 左右。但是蒙牛 2021 年的净利润仅有 49.64 亿元，也就是说在营收相差 20% 的情况下，伊利的

第六章　伊利股份

净利润接近蒙牛的2倍，说明伊利股份的经营质量要远远高于蒙牛乳业。乳制品行业也不再是大多数投资者心中的双寡头格局，而是正在呈现一超多强的发展趋势（图6-5）。

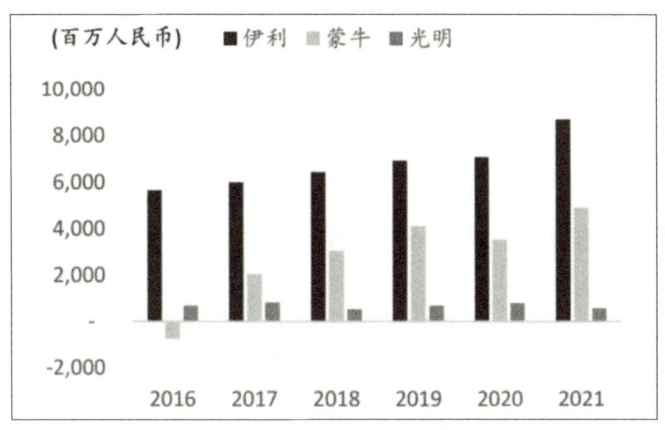

*资料来源：公司年报、浦银国际

图6-5　伊利和蒙牛、光明的净利润差距逐年扩大

如果从伊利自身的营收结构来看的话，2017年以前液体乳板块营收增速快于奶粉及奶制品和冷饮产品，因此液体乳产品营收占比不断提升，从2011年的71.9%一路增长至2017年的81.9%。从2017年开始，公司大力发展奶粉及奶制品，该部分业务加速增长，增速始终保持在25%以上，营收占比从2017年的9.52%快速提升至2022年的21.4%，可见奶粉及奶制品是公司目前正在重点布局的业务板块（表6-17）。

表6-17　伊利股份2017—2022年营收结构变化

按照产品分类	2022-Q4		2021-Q4		2020-Q4		2019-Q4		2018-Q4		2017-Q4	
	液体乳		液体乳		液体乳		液体乳		液体乳		液体乳	
	收入	849.26亿 (69.22%)	收入	849.11亿 (77.09%)	收入	761.23亿 (78.86%)	收入	737.61亿 (81.95%)	收入	656.79亿 (83.16%)	收入	557.66亿 (82.56%)
	成本	602.01亿 (72.43%)	成本	608.53亿 (79.63%)	成本	502.03亿 (81.23%)	成本	573.58亿 (84.76%)	成本	425.53亿 (86.65%)	成本	361.58亿 (85.35%)
	毛利率	29.11%	毛利率	28.33%	毛利率	34.05%	毛利率	35.20%	毛利率	35.21%	毛利率	35.17%
	奶粉及奶制品		奶粉及奶制品		奶粉及奶制品		奶粉及奶制品		奶粉及奶制品		奶粉及奶制品	
	收入	262.60亿 (21.40%)	收入	162.09亿 (14.72%)	收入	128.85亿 (13.35%)	收入	100.55亿 (11.17%)	收入	80.45亿 (10.19%)	收入	64.28亿 (9.52%)
	成本	154.77亿 (18.62%)	成本	98.51亿 (12.89%)	成本	73.58亿 (11.90%)	成本	52.16亿 (9.25%)	成本	38.38亿 (7.41%)	成本	29.60亿 (6.99%)
	毛利率	41.06%	毛利率	39.22%	毛利率	42.90%	毛利率	48.12%	毛利率	54.78%	毛利率	53.95%
	冷饮产品		冷饮产品		冷饮产品		冷饮产品		冷饮产品		冷饮产品	
	收入	95.67亿 (7.80%)	收入	71.61亿 (6.50%)	收入	61.58亿 (6.38%)	收入	56.31亿 (6.26%)	收入	49.97亿 (6.33%)	收入	46.06亿 (6.82%)
	成本	58.86亿 (7.08%)	成本	42.77亿 (5.60%)	成本	31.61亿 (5.11%)	成本	30.12亿 (5.34%)	成本	27.45亿 (5.59%)	成本	26.22亿 (6.19%)
	毛利率	38.48%	毛利率	40.27%	毛利率	48.66%	毛利率	46.51%	毛利率	45.06%	毛利率	43.08%

除了在品类上寻找新的增长动力，近年来伊利还加大了对上游原奶资源的

布局，之所以有这项举措，是因为国内原料奶总需求与原料奶总供给缺口不断扩大，在2020年时就已达到1875万吨，国内优质原料奶常年处于供不应求的状态。

截至2021年末，伊利旗下共参股四家规模化牧场企业，包括优然牧业、赛科星、中地乳业和恒天然。目前公司是唯一一家掌控西北、内蒙古和东北三大黄金奶源基地的乳品企业，拥有中国规模最大的优质奶源基地以及众多优质牧场。对上游优质原奶资源的布局，一方面可以保证原材料的质量，另一方面可以平滑成本的波动，同时挤压其他竞争对手的利润空间，可谓一举多得（表6-18）。

表6-18 伊利股份积极参股上游原奶企业

乳企	牧场	持股方式	2019年牛奶产量（万吨）	供应占比
伊利	优然牧业	持股40%	83	90%以上
	赛科星	2020年1月通过优然牧业收购赛科星58.36%的股权	61.8	70%以上
	中地乳业	2020年9月通过金港控股收购中地乳业31.97%股权	40	90%以上
	恒天然	2020年10月通过优然牧业收购恒天然中国牧场全部股权	32	90%以上
蒙牛	现代牧业	直接和间接持有现代牧业57.69%股权	139	80%以上
	中国圣牧集团	2020年7月蒙牛收购中国圣牧17.8%的股份	64.2	-
	富源牧业	2021年11月现代牧业完成收购富源牧业全部股权	36.1	80%以上

* 资料来源：公司公告、中国奶业统计资料、申港证券研究所

2023年4月28日，伊利发布了2022年报和2023年一季报，整个2022年，伊利实现营收1231.7亿元，增长11.37%，净利润93.18亿元，增长6.71%；2023年一季度营收增长7.81%，净利润增长3.1%。

在过去一年成本高企、下游市场需求受限的整体背景下，公司依然拿出了这份营收利润双增长的亮眼成绩单，而且在2022年史上最强一季报的高基数上继续增长，不得不让人感叹伊利的稳健。

也正是在报告公布后的第一个交易日，伊利跳空高开，收盘上涨6.33%。从年报中的股东结构来看，自2019年开始北向资金每年增持，持股比例持续提升，社保基金也增持了6亿元，市场用真金白银对这家乳企巨头的成绩给予了肯定（表6-19）。

第六章　伊利股份

表6-19　北向资金自2019年起连续增持伊利股份

2019	2020	2021	2022
12-31	12-31	12-31	12-31
总股本：60.96亿股	总股本：60.83亿股	总股本：64.00亿股	总股本：63.99亿股
占比：36.91%（22.50亿股）	占比：36.46%（22.18亿股）	占比：38.45%（24.61亿股）	占比：39.90%（25.54亿股）
香港中央结算有限公司 ↑12.09%（7.37亿股）↑	香港中央结算有限公司 ↑13.54%（8.23亿股）↑	香港中央结算有限公司 ↑15.74%（10.07亿股）↑	香港中央结算有限公司 ↑16.96%（10.85亿股）↑

之所以可以肯定地说伊利已经是乳企巨头，完全是因为其现在的行业地位：液态类乳品零售额市占份额为33.4%，稳居细分市场第一位；婴幼儿配方奶粉零售额市占份额为12.4%，跃居细分市场第二位；成人奶粉零售额市占份额为25.3%，位列细分市场第一位；奶酪业务终端市场零售额份额比2021年提升3.5个百分点；冷饮业务市场份额保持市场第一位，连续28年稳居全国冷饮行业龙头地位。

可以看到，在乳制品行业几大热门品类中，伊利基本都牢牢占据着行业第一的位置，营收规模已经超过国内第二名、第三名乳企之和，也是唯一一家营收、净利润保持双增长的规模乳企，目前已是国内乳业第一、亚洲乳业第一、全球乳业五强。

2022年全国规模以上乳品企业乳制品产量为3117.7万吨，较2021年上涨2%。近年来乳制品行业增速有逐步放缓的迹象，未来主要呈现几大发展趋势：

（1）政策倡导人均消费量有进一步提升空间，国家卫生健康委员会指导发布《中国居民膳食指南（2022）》，将奶及奶制品的推荐摄入量由每天的300克增加到每天300克至500克，倡导国民通过乳制品获取优质蛋白质、钙等重要营养成分，改善膳食结构，增强身体素质。

（2）产品结构向高端化、多样化演变，对乳企的产品丰富程度要求提高，有机、低GI（升糖指数）、A2β-酪蛋白等具有健康和功能属性的乳品及乳基营养品备受消费者青睐，创新成为驱动乳品行业持续发展的动力。

（3）线上渠道占比持续提升，越来越多的消费者通过线上电商平台以及新零售渠道满足日常购物需求。

接下来具体看看伊利的财务细节表现如何。

（1）盈利能力。2022年公司毛利率32.26%，相比2018年前后接近38%的毛利率水平有所下降，不过主要是由于执行了新会计准则，本来算在销售费用

中的运输费用和修理费用重新计入营业成本导致的，并不是产品本身毛利率水平下降了。

四项费用中以销售费用规模最大，而销售费用中绝大多数都以营销、宣传费用为主，广告营销费从126亿元增长到147亿元，可见公司每年花在宣传上的费用实在是不少，接近150亿元的销售费用都已经比大多数乳企全年的营业收入高了，但从投入产出比来看效果还是非常不错的，伊利也是通过这种高举高打的方式来进一步奠定自己的品牌优势（表6-20）。

表6-20 伊利股份2022年销售费用明细

单位：元 币种：人民币

项目	本期发生额	上期发生额
职工薪酬	6,654,435,523.38	5,400,474,305.31
折旧修理费	358,744,998.00	225,323,477.74
差旅费	388,726,854.61	337,656,586.46
物耗劳保费	38,036,469.92	41,736,478.75
办公费	228,462,933.61	224,150,457.34
广告营销费	14,697,343,364.66	12,610,159,003.89
仓储费	389,523,004.14	323,658,891.56
其他	152,935,182.03	151,650,548.66
合计	22,908,208,330.35	19,314,809,749.71

所以，虽然公司有30%+的毛利率，但除去了费用之后，就只剩下7.57%的净利率了，2018—2022年公司的净利率分别为8.17%、7.72%、7.35%、7.93%、7.59%，盈利能力没有太大波动，但也充分说明伊利做的不是一门太赚钱的生意。

在年报发布之后的业绩交流会上，公司针对盈利能力给出了回应，重申了2025年达到9%～10%的净利率目标，如果真能像公司预期的那样完成，那对于ROE又能带来较大的提升，因此可以期待。

想要最终的盈利能力（净利率）提升，有两种思路：提高毛利（改善产品结构、提升高盈利能力品类的占比）、减少支出（降低采购成本、减少费用支出）。

从产品结构来看，公司盈利能力最强的是奶粉及奶制品业务，毛利率能超过41%，而且营收同比增长62%，处于快速发展中。之所以有如此高的增长，一部分原因是并购了澳优乳业（表6-21）。

表 6-21　伊利股份 2022 年营收结构

分产品	营业收入	营业成本	毛利率（%）	营业收入比上年增减（%）	营业成本比上年增减（%）	毛利率比上年增减（%）
液体乳	84,926,146,300.98	60,201,028,664.74	29.11	0.02	-1.07	增加 0.78 个百分点
奶粉及奶制品	26,260,338,472.78	15,476,558,237.72	41.06	62.01	57.10	增加 1.84 个百分点
冷饮产品	9,567,353,233.68	5,886,026,348.36	38.48	33.61	37.63	减少 1.79 个百分点
其他产品	394,760,071.01	309,815,571.40	21.52	116.48	123.16	减少 2.35 个百分点

澳优乳业主要从事奶粉产品的研发、生产、销售，2021 年营收 59.6 亿元，净利润亏损 2747 万元。

伊利通过全资子公司金港控股以协议转让、认购新股并触发全面要约义务的方式收购澳优乳业股权。2022 年 3 月 31 日已完成股权款项的支付，金港控股持有澳优乳业 1070113149 股，占澳优乳业已发行总股份的 59.17%，澳优乳业及其附属企业纳入合并范围。

如果剔除澳优这部分业绩贡献的话，伊利自己的奶粉业务同比增长 35% 左右，增速水平也还不错。如果奶粉业务接下来继续保持这个增长趋势的话，将会较大程度地改善伊利的整体盈利能力。

毛利率排名第二的业务为冷饮产品，但营收规模相比液体乳和奶粉就小得多了，而且公司已经连续 28 年位居冷饮行业第一，新进入者挑战成功的几率几乎没有，在冷饮业务上伊利更多的是自己和自己赛跑。

毛利率排名第三的是液体乳业务，也是伊利的支柱性业务，已经达到 850 亿元营收规模，2018—2022 年增速分别为 17.78%、12.31%、3.2%、11.54%、0.02%，占比营收比例分别为 83.16%、81.95%、78.86%、77.09%、69.22%。可见液体乳目前已经逐步进入成熟期，未来更多的是贡献稳定的利润和现金流。

这部分业务也有高端化占比提升的空间，就拿 2022 年报来说，液体乳销量同比减少了 1.23%（表 6-22），但营收规模增长了 0.02%，毛利率也提高了 0.78%，卖的少了，但营收总量变多了，说明贵的产品占比提升，液态奶的高端化趋势确实在进行中。

而且能看到液体乳的营业成本减少了 1.07%，主要得益于伊利对原奶资源的布局，主要是通过优然牧业实现。整体来说我国优质奶源基地还是相对有限，

因此伊利对于上游原奶的布局也是公司的护城河之一。

表6-22 伊利股份2022年液体乳销量减少

主要产品	单位	生产量	销售量	库存量	生产量比上年增减（%）	销售量比上年增减（%）	库存量比上年增减（%）
液体乳	吨	9,527,479	9,494,903	221,716	-1.56	-1.23	17.22

(2) 分红水平。2022年伊利分红66.31亿元，分红率超过70%，过去五年分别为66.07%、70.86%、70.47%、70.58%、70.31%。可见公司在分红力度上一直都是非常大方的，这一点要加分！而且就算是再拉长时间跨度全行业进行对比，伊利的分红率也可以排到前几名的水平。

(3) 再来看看资产情况。公司账面上共有338.53亿元货币资金，占比总资产的四分之一，几百亿元的货币资金看起来并不缺钱，但是有息负债同比增加了83.78%，直接从222亿元增加到409亿元，其中短期借款增长112.76%达到267.99亿元，长期借款增长72.82%达到92.98亿元，近五年公司的有息负债规模增速为-80.46%、341.66%、88.39%、72.03%、83.78%，在持续高速增长中，2022年也是伊利第一次出现货币资金规模无法覆盖有息负债的情况。

那么公司为什么要新增这么多借款呢？主要因为公司完成了对澳优乳业的收购，由此带来较大的资金缺口，加上伊利一向都是大力投放营销费用、保持较高的分红水平，这么多用钱的地方，再考虑到乳制品生意本身盈利能力还不算强，所以增加借款也是可以理解的。

(4) 从借款利率角度来看。2022年利息费用为14.03亿元，总体借款利率为3.43%，还算可以接受，而且利息收入还有17.6亿元，算下来总体财务费用净流入了2.55亿元(表6-23)，2020—2022年财务费用分别为1.88亿元、-2915.88万元、-2.55亿元。这么看的话，伊利在利息方面的压力反而是减小的。所以我认为公司借款规模虽然大幅增长，但借款利率不高，而且资金使用也还比较合理，并不足以构成一个风险点。

表6-23 伊利股份2022年财务费用明细

单位：元　币种：人民币

项目	本期发生额	上期发生额
利息支出	1,402,531,643.41	809,513,715.44

续表

项目	本期发生额	上期发生额
利息收入	-1,760,446,337.19	-751,798,707.21
汇兑净损失	66,933,091.67	-116,402,961.55
手续费	36,378,730.58	29,529,138.35
合计	-254,602,871.53	-29,158,814.97

应收账款增加了57.65%达到30.88亿元，虽然相比于千亿元规模的营收，30亿元的应收款实在不算什么，但同比50%以上的增速水平还是不低的，主要来自并购的澳优乳业，不过好在绝大多数都是1年以内的应收货款，按时足额收回应该问题不大（表6-24）。

表6-24 伊利股份2022年应收账款账龄结构

单位：元 币种：人民币

账龄	期末账面余额
1年以内	
其中：1年以内分项	
1年以内	3,127,474,981.03
1年以内小计	3,127,474,981.03
1至2年	47,724,840.87
2至3年	2,715,213.10
3年以上	16,379,500.46
3至4年	
4至5年	
5年以上	
合计	3,194,294,535.46

增加的应收款也让公司2022年的经营现金流同比减少13.57%达到134.2亿元，净现比从去年的1.78下降到1.44。不过再看伊利近五年的净现比水平：1.33、1.22、1.39、1.78、1.44，根据此前的认知，只要是净现比大于1我们就可以认为公司的利润质量较高了，因此对于伊利的要求也不能过于苛刻。

存货增长了66.38%，这一点不太好，也让存货周转率从之前8～9倍水平下降到7倍。60亿元的存货增幅主要来自33亿元的半成品、19亿元的库存商品、13亿元的原材料。年报中公司解释存货的增长也是由于合并澳优带来。

除此以外，并购澳优带来的不仅是应收款、存货的增长，还有46.5亿元的

商誉（表6-25）。如此规模的商誉在伊利的报表上还是头一次出现，一旦计提商誉减值，给公司利润带来的直接影响将是巨大的，历史上商誉暴雷的案例比比皆是，所以未来奶粉业务的增长情况至关重要，必须密切保持跟踪。

表6-25　伊利股份2022年商誉结构

单位：元　币种：人民币

被投资单位名称或形成商誉的事项	期初余额	本期增加		本期减少	期末余额
		企业合并形成的	汇率变动	处置	
Oceania Dairy Limited	10,678,610.25				10,678,610.25
THE CHOMTHANA COMPANY LIMITED	295,608,098.32		6,681,421.21		302,289,519.53
Westland Dairy Company Limited	165,992,840.47				165,992,840.47
阿尔山伊利天然矿泉饮品有限责任公司	55,264,276.17				55,264,276.17
澳优乳业股份有限公司		4,351,313,721.92	422,505,557.20		4,773,819,279.12
Canary Enterprises Limited		38,420,012.71	3,124,136.58		41,544,149.29
合计	527,543,825.21	4,389,733,734.63	432,311,114.99		5,349,588,674.83

在建工程规模连续三年保持负增长，目前还剩34亿元，说明近几年伊利没有太大幅度的产能扩张。具体包括12.34亿元的奶粉项目、9.3亿元的液态奶项目、9.8亿元的其他项目、2.04亿元的冷饮项目、6351万元的酸奶项目，从在建工程的明细也能看出来，奶粉是目前公司重点发展的业务板块（表6-26）。

表6-26　伊利股份2022年在建工程明细

单位：元　币种：人民币

项目	期末余额			期初余额		
	账面余额	减值准备	账面价值	账面余额	减值准备	账面价值
液态奶项目	930,103,395.59		930,103,395.59	1,851,990,139.58		1,851,990,139.58
奶粉项目	1,234,605,877.00		1,234,605,877.00	1,216,413,459.65	21,676,896.92	1,194,736,562.73
冷饮项目	204,522,132.97		204,522,132.97	211,628,452.21		211,628,452.21
酸奶项目	63,512,013.51		63,512,013.51	31,088,349.75		31,088,349.75
其他项目	984,745,570.65		984,745,570.65	420,343,341.93		420,343,341.93
合计	3,417,488,989.72		3,417,488,989.72	3,731,463,743.12	21,676,896.92	3,709,786,846.20

应付账款增长了16.59%，合同负债增长12.94%，而且分别是在2011年20.07%、30.31%的较高增速基础上实现的，说明伊利对于上游供货商的话语权仍然很强，而且在手订单增长情况良好。

从伊利股份的最新经营情况来看，公司的盈利能力、抗风险能力仍然很强，品牌护城河极深，潜在增长动力也很明确：液体乳在于结构升级，奶粉及奶制品则是要关注增速水平。2023年，公司营收目标1355亿元、利润目标125亿元，并且多次重申2025年净利率9%～10%的目标，改善产品结构，提高费用使用效率，北向资金也在提高持仓占比，这些都让投资者对于伊利有了更多期待。

第七章 迈瑞医疗

相比于消费股来说，医药股的研究门槛普遍要更高一些，所以对于迈瑞医疗这家公司，我们暂且先不谈业务，先来看看基本财务情况如何，再决定有没有继续深入研究的价值。

公司2018年登陆资本市场，2018—2022年的净资产收益率（ROE）水平分别为34.13%、27.72%、31.78%、31.85%、32.6%，除了2019年低于30%，其余年份都高于30%。

ROE这一财务指标反映了公司使用资产创造利润的能力，同时也代表着长期投资一家公司带来的平均收益率，自然是越高越好。那么迈瑞的ROE在大A市场上算是个什么水平？我统计了一下近五年以来ROE连续大于27%的公司，总共5000多家上市企业中只有17家能够做到，所以从ROE选股的角度来看，迈瑞医疗不但能过关，而且表现非常优秀。

按照杜邦分析法，ROE主要是由三个方面决定的：净利率、总资产周转率、权益乘数，分别反映了企业的盈利能力、周转能力、使用杠杆的程度。

2018—2022年迈瑞医疗的净利率分别为27.09%、28.3%、31.67%、31.67%、31.65%，连续三年保持在超过31%的水平，和刚刚上市时相比还有所提升。

连续五年净利率大于27%，这样的表现也只有153家公司能做到，公司仍然是A股市场上盈利能力最强的那批公司。之所以有如此傲人的利润率，主要是公司做的生意比较赚钱，2018—2022年毛利率分别为66.57%、65.24%、64.97%、65.01%、64.15%，意味着每销售100元的产品，就有65元左右的毛利润，30元左右的净利润，盈利能力非常强。

总资产周转率分别为76.27%、70.06%、71.35%、70.77%、71.58%，比较

稳定，说明公司的资产周转使用效率并没有随着规模的扩大而降低。

权益乘数分别为1.42、1.38、1.43、1.41、1.46，同样很稳定，公司使用杠杆（负债）的力度没有太多增长。

通过这三个指标我们能看出，迈瑞医疗最大的特点之一就是稳健，各项指标都很健康，而且整体波动范围不大，投资这样的公司比较省心。

再来看看其他关键指标。

费用支出方面，公司以销售费用为主，2018—2022年销售费用为32.02亿元、36.06亿元、36.12亿元、39.99亿元、48.02亿元，规模持续增加，但销售费用率则是23.28%、21.78%、17.18%、15.83%、15.81%，逐年下降，根据销售费用率的计算公式（销售费用率 = 销售费用 / 营业收入），可以推断出公司的费用投放效果不错，营收增速快过费用增长，因此才会出现规模增加但费用率下降的现象。

排名第二的是研发费用，近五年研发费用率保持在8.8%～10%，同时间内A股市场上有相同水平的公司仅459家，说明迈瑞是一家非常重视研发的企业（表7-1）。

表7-1 迈瑞医疗2018—2022年研发费用率

	2018	2019	2020	2021	2022
研发费用率	9.21%	8.85%	8.89%	9.99%	9.62%

再其次是管理费用和财务费用，前者保持在4.3%左右，后者则连续五年都是净流入。总体来看，近五年公司的四项费用率支出保持了连续下降趋势，从刚上市的36.56%下降到28.3%，控费能力也不错，也正是持续下降的费用支出才能让公司的净利率持续提高，盈利能力不断增强。这是我们所希望看到的，一家优秀企业所具备的特征之一。

近五年，公司的账面上都没有任何长短期借款。而账面上有多少货币资金？2018年是115.44亿元，到2022年就变成231.86亿元了，总资产中一半都是货币资金（表7-2），可见公司不缺钱，而且完全没有债务方面的担忧，因为从来没有借过钱。

表 7-2　迈瑞医疗 2018—2022 年货币资金占总资产比例

	2018	2019	2020	2021	2022
货币资金占比总资产	53.38%	55.68%	47.63%	40.31%	49.60%

之所以有如此底气，完全是有健康的现金流作为基础。

2018—2022 年公司的经营活动现金净流入为 40.35 亿元、47.22 亿元、88.7 亿元、89.99 亿元、121.41 亿元；投资现金净流出为 -6.93 亿元、-7.78 亿元、-51.91 亿元、-48.12 亿元、-32.2 亿元；筹资现金净流出为 28.92 亿元、-12.42 亿元、-18.53 亿元、-46.05 亿元、-51.94 亿元。可见公司依靠经营活动所获的现金完全可以覆盖投资活动、筹资活动的净流出，现金流结构非常健康，是我们希望看到的样子。净现比水平也极其优秀，始终保持在 1 以上的水平，利润质量较高。

应收账款此前一直保持在 15 亿元左右的规模，和 200 多亿元的营收总量比起来不算什么，说明迈瑞在产业链中面对下游客户的定价权也比较强。但是 2022 年应收款增速达到 60.3%，增加了 10 亿元（表 7-3），这算是瑕疵之一，后续需要分析一下现有应收款的账龄结构、坏账计提比例等。

表 7-3　迈瑞医疗 2018—2022 年应收账款规模

	2018	2019	2020	2021	2022
应收账款（亿元）	15.73	16.68	14.43	16.59	26.59

应付账款保持了持续增长，说明公司对于上游原材料供货商的议价能力同样较强，而且非常亮眼的一点，2022 年合同负债增长了 72%（表 7-4），公司手里的订单规模大幅增加，未来都会转化成实打实的业绩反映在营收和利润上，这是 2022 年新增的一个重要良好趋势。

表 7-4　迈瑞医疗 2018—2022 年合同负债规模

	2018	2019	2020	2021	2022
合同负债（亿元）	0	0	32.93	24.08	41.43

在对迈瑞医疗的业务没有任何了解的前提下，我们快速地过了一遍公司近

五年的财务数据，表现几近完美！单单是净资产收益率稳定在 30% 左右就能打败绝大多数 A 股上市公司，值得继续深入研究。

2018 年

上市当年，迈瑞实现营业收入 137 亿元，同增 23.09%，净利润 37.2 亿元，同增 43.65%，经营现金流净额 40.34 亿元，同增 22.25%，呈现出一个高速增长的态势。

公司主要从事医疗器械的研发、制造、营销及服务，在 2018 年就已经是国内最大、全球领先的医疗器械以及解决方案供应商，在海外超过 30 个国家设有 39 家境外子公司，国内则设有 17 家子公司，产品覆盖中国近 11 万家医疗机构和 99% 以上的三甲医院，如果没有极强的产品力、健全的服务体系、强大的销售团队，是绝对不可能做到如此程度的，所以规模优势已经足以构成公司的护城河。

先来简单看看医疗器械行业的整体情况。

2017 年全球医疗器械市场容量约为 4050 亿美元，预计 2017—2024 年全球医疗器械销售额平均增长 5.6%，2024 年将达到 5945 亿美元。而根据中国医疗器械行业协会统计，2017 年中国医疗器械市场容量为 4450 亿元，同比增长 20%，预计未来 5 年复合增长中枢为 15%～20%，远超全球增长速度。尤其是随着分级诊疗制度的不断完善、人口老龄化程度不断提高，国内医疗器械市场仍然有较大的增长空间。

所谓分级诊疗制度，主要包括四项内容：基层首诊、双向转诊、急慢分治、上下联动。因为大型医院、三级医院等资源本身也很有限，而且对于普通的常见病，基层医院也完全有能力治疗治愈，因此倡导常见病、多发病首先在基层医疗卫生机构就诊，并且在医疗机构之间建立分工协作机制，促进优质医疗资源纵向流动。因此，基层医院为医疗器械、医疗资源市场带来了新的增量。

目前，我国医疗器械市场约占全球市场的 16%，在多种中低端医疗器械产品领域，产量居世界第一位，而高端医疗器械市场大部分份额由外资企业占领。所以，高端医疗器械的国产化替代又是一个主要增长逻辑。但我国医疗器械企业普遍规模还比较小，竞争力较弱，谁能率先跑出来，谁就能最大程度地吃到

国产化替代的大蛋糕。

从具体品类来看，前三类医疗器械类别是体外诊断（IVD）、心血管类和影像类，2017年全球市场规模分别为527亿美元、470亿美元和397亿美元，到2024年市场规模预计将分别达到796亿美元、726亿美元和510亿美元。

迈瑞的主要产品覆盖三大领域：生命信息与支持、体外诊断、医学影像，拥有国内同行业中最全的产品线，全面覆盖高中低端市场需求，并能提供"一站式"的整体解决方案来满足不同类型医疗场景的临床需求（表7-5）。

表7-5 迈瑞医疗2018年营收构成

单位：元

	2018年		2017年		同比增减
	金额	占营业收入比重	金额	占营业收入比重	
营业收入合计	13,753,357,469.00	100%	11,173,795,364.00	100%	23.09%
分行业					
医疗器械行业	13,710,143,654.00	99.69%	11,131,877,710.00	99.62%	23.16%
其他业务	43,213,815.00	0.31%	41,917,654.00	0.38%	3.09%
分产品					
生命信息与支持类产品	5,224,136,112.00	37.98%	4,235,989,393.00	37.91%	23.33%
体外诊断类产品	4,625,639,072.00	33.63%	3,740,639,948.00	33.48%	23.66%
医学影像类产品	3,596,871,263.00	26.15%	2,935,039,684.00	26.27%	22.55%
其他类产品	263,497,207.00	1.93%	220,208,685.00	1.96%	19.66%
其他业务	43,213,815.00	0.31%	41,917,654.00	0.38%	3.09%

生命信息与支持领域：产品主要包括监护仪、除颤仪、麻醉机、呼吸机、心电图机、手术床、手术灯、吊塔吊桥、输注泵以及手术室/重症监护室（OR/ICU）整体解决方案等用于生命信息监测与支持的一系列仪器和解决方案的组合。2018年，这部分业务实现营收52.24亿元，同比增长23.33%，毛利率65.71%。

体外诊断领域：产品主要包括血液细胞分析仪、生化分析仪、化学发光免疫分析仪、凝血分析仪、尿液分析仪、微生物诊断系统等及相关试剂，能够通过人体的样本（如血液、体液、组织等）的检测而获取临床诊断信息。这部分业务实现营收46.26亿，同增23.66%，毛利率64.12%。

医学影像领域：产品包括超声诊断系统、数字 X 射线成像系统，已经完全覆盖国内的高中低端市场，高端彩超快速进入众多大型三级甲等医院，实现国产彩超在高端市场零的突破。这部分业务营收 35.97 亿元，同比增长 22.55%，毛利率 71%。

2018 年，公司的医疗器械注册证数量新增 51 个，总量达到 436 个（表 7-6）。

表 7-6　迈瑞医疗 2018 年医疗器械注册情况

单位：个

项目	数量
报告期末医疗器械注册证数量	436
去年同期医疗器械注册证数量	385
报告期内新增的医疗器械注册证数量	51
报告期内失效的医疗器械注册证数量	0

能支撑得起这么多先进产品，自然离不开研发投入。2018 年，公司的研发投入金额达到 14.2 亿元，研发费用率 10.33%，其中有 10.77% 做了资本化处理。在 2019 年 3 月 24 日公布的第五批优秀国产医疗设备产品目录中，公司共有 4 个型号的全自动尿液工作站、5 个型号的除颤仪、8 个型号的腹腔镜、7 个型号的注射泵、6 个型号的输液泵、6 个型号的便携式输液泵以及 2 个型号的输注工作站入选，充分证明了自身的产品力。

而能把这些产品成功应用到绝大多数医院中，则能证明销售团队的优秀。公司营销人员接近 3000 名，销售费用中半数以上都是职工薪酬费用（表 7-7）。公司产品远销 190 多个国家和地区，在不同地区采用了不同的销售模式：在美国以直销为主；在中国、拉丁美洲及其他发展中国家和地区以经销为主；在欧洲则是直销与经销并存。

表 7-7　迈瑞医疗 2018 年销售费用明细

单位：元

项目	本期发生额	上期发生额
职工薪酬费用	1,752,228,812.00	1,543,096,471.00
差旅及汽车费	339,624,857.00	269,043,470.00
广告及推广费	336,458,085.00	271,519,758.00
保修费用计提	232,722,472.00	148,872,009.00
运费	165,691,104.00	139,006,555.00

续表

项目	本期发生额	上期发生额
折旧费和摊销费用	98,968,425.00	92,295,610.00
办公费用	71,319,898.00	57,973,577.00
招聘及培训费	46,477,113.00	32,524,036.00
租赁及物业管理费	26,954,275.00	25,937,663.00
其他费用	131,788,462.00	146,594,782.00
合计	3,202,233,503.00	2,726,863,931.00

2019年

2019年，迈瑞的营收增长20.38%，净利润增长25.74%，继续保持高质量的增长（表7-8），其中生命信息与支持产品同比增长21.38%，体外诊断类增长25.69%，医学影像类增长12.3%。各线产品继续保持良好增长，毛利率水平也都基本没有变化（表7-9）。

表7-8 迈瑞医疗2019年主要会计数据

	2019年	2018年	本年比上年增减	2017年
营业收入（元）	16,555,991,314.00	13,753,357,469.00	20.38%	11,173,795,364.00
归属于上市公司股东的净利润（元）	4,680,646,750.00	3,719,236,169.00	25.85%	2,589,154,751.00
归属于上市公司股东的扣除非经常性损益的净利润（元）	4,614,981,760.00	3,690,674,343.00	25.04%	2,580,053,097.00
经营活动产生的现金流量净额（元）	4,721,794,915.00	4,034,585,376.00	17.03%	3,300,366,919.00
基本每股收益（元/股）	3.85	3.34	15.27%	2.37
稀释每股收益（元/股）	3.85	3.34	15.27%	2.37
加权平均净资产收益率	27.91%	42.16%	减少14.25个百分点	46.72%
	2019年末	2018年末	本年末比上年末增减	2017年末
资产总额（元）	25,634,149,109.00	21,627,385,716.00	18.53%	14,438,439,027.00
归属于上市公司股东的净资产（元）	18,593,110,199.00	15,158,323,506.00	22.66%	6,619,930,218.00

表 7-9　迈瑞医疗 2019 年营收结构

	2019 年		2018 年		同比增减
	金额（元）	占营业收入比重	金额（元）	占营业收入比重	
营业收入合计	16,555,991,314.00	100%	13,753,357,469.00	100%	20.38%
分行业					
医疗器械行业	16,519,557,457.00	99.78%	13,710,143,654.00	99.69%	20.49%
其他业务	36,433,857.00	0.22%	43,213,815.00	0.31%	-15.69%
分产品					
生命信息与支持类产品	6,340,881,993.00	38.30%	5,224,136,112.00	37.98%	21.38%
体外诊断类产品	5,813,931,900.00	35.12%	4,625,639,072.00	33.63%	25.69%
医学影像类产品	4,039,418,839.00	24.40%	3,596,871,263.00	26.15%	12.30%
其他类产品	325,324,725.00	1.96%	263,497,207.00	1.93%	23.46%
其他业务	36,433,857.00	0.22%	43,213,815.00	0.31%	-15.69%
分地区					
境内	9,533,845,881.00	57.59%	7,797,376,780.00	56.69%	22.27%
境外	7,022,145,433.00	42.41%	5,955,980,689.00	43.31%	17.90%

在年报开头致股东的一封信中，公司董事长李西廷明确提出：如何推进自主创新、实现进口替代，依然是眼前最大的挑战和最迫切的任务。国产医疗器械进口替代主要有三种情况：

第一，在少部分细分领域，我们已经完成了进口替代，国产化率超过六成，比如监护仪、生化试剂等；

第二，在部分细分领域，我们已经完成了技术突破，比如血球、麻醉、呼吸、大型影像设备等，但尚未替代进口产品；

第三，在相当多的细分领域，我们还没有掌握核心技术，比如超高端彩超、内窥镜等。

总体来说，中国高端医疗器械市场还是以进口品牌为主，进口替代还有很长的路要走。

2019 年，公司的医疗器械注册证数量从 436 个增加到 509 个，新增 73 个（表 7-10）。

表 7-10　迈瑞医疗 2019 年医疗器械注册证数量

单位：个

报告期末医疗器械注册证数量	509
去年同期医疗器械注册证数量	436

2020 年

迈瑞的营收增长 27%，净利润增长 42.15%，净利率大幅提高 3.38 个百分点，也把 ROE 从 27.72% 拉高到 31.78%。年报中公司表示：用 5~10 年进入全球市场前 20 名，用更长的时间进入前 10 名。

由于疫情的影响，公司生命信息与支持业务的监护仪、呼吸机、输注泵，以及医学影像业务的便携彩超、移动 DR 的需求量大幅增长，而且从 2020 年第二季度开始，公司开始向海外市场出口新冠 IgG/IgM 抗体检测试剂，使得体外诊断业务加速恢复增长。具体来看，生命信息与支持业务营收增长了 54.18%，增速最快，占比总营收也提高至 47.6%；体外诊断业务增长 14.31%；医学影像业务增长 3.88%（表 7-11）。

表 7-11 迈瑞医疗 2020 年营收结构

单位：元

	2020 年		2019 年		同比增减
	金额（元）	占营业收入比重	金额（元）	占营业收入比重	
营业收入合计	21,025,846,389.00	100%	16,555,991,314.00	100%	27.00%
分行业					
医疗器械行业	20,980,954,301.00	99.79%	16,519,557,457.00	99.78%	27.01%
其他业务	44,892,088.00	0.21%	36,433,857.00	0.22%	23.22%
分产品					
生命信息与支持类产品	10,005,956,348.00	47.59%	6,489,764,552.00	39.20%	54.18%
体外诊断类产品	6,646,100,248.00	31.61%	5,813,931,900.00	35.12%	14.31%
医学影像类产品	4,196,331,457.00	19.96%	4,039,418,839.00	24.40%	3.88%
其他类产品	132,566,248.00	0.63%	176,442,166.00	1.07%	-24.87%
其他业务	44,892,088.00	0.21%	36,433,857.00	0.22%	23.22%
分地区					
境内	11,110,186,370.00	52.84%	9,533,845,881.00	57.59%	16.53%
境外	9,915,660,019.00	47.16%	7,022,145,433.00	42.41%	41.21%

医疗器械注册证数量大幅新增 207 个（表 7-12）。

表 7-12 迈瑞医疗 2020 年医疗器械注册证数量

单位：个

报告期末医疗器械注册证数量	716
去年同期医疗器械注册证数量	509

2021年

公司的营收增长20.18%，净利润增长20.19%，营收利润增速基本持平，毛利率、各项费用支出都保持稳定。

年报中，董事长提到了公司一个非常关键的发展趋势：2021年，迈瑞海外同事们在欧洲及新兴市场国家突破了700余家全新高端客户，延续了海外高端突破的趋势。更可喜的是，公司在海外还同时实现了已有700余家高端客户的横向产品突破，市场地位进一步夯实。

能在海外实现高端客户的增长以及横向产品突破，说明在众多国际医疗器械龙头企业中，迈瑞的品牌力得到进一步认可，能跟高端产品掰掰手腕；而且高端客户占比的提升也可以提高公司整体的盈利能力。分产品来看，生命信息与支持业务增长11.47%，体外诊断业务增长27.12%，医学影像业务增长29.3%。此外，公司重点培育的微创外科、动物医疗、骨科、AED等新业务也在稳步推进中（表7-13）。

表7-13 迈瑞医疗2021年营收结构

单位：元

	2021年		2020年		同比增减
	金额（元）	占营业收入比重	金额（元）	占营业收入比重	
营业收入合计	25,269,580,818.00	100%	21,025,846,389.00	100%	20.18%
分行业					
医疗器械行业	25,257,849,416.00	99.95%	20,980,954,301.00	99.79%	20.38%
其他业务	11,731,402.00	0.05%	44,892,088.00	0.21%	-73.87%
分产品					
生命信息与支持类产品	11,153,472,647.00	44.14%	10,005,956,348.00	47.59%	11.47%
体外诊断类产品	8,448,626,617.00	33.43%	6,646,100,248.00	31.61%	27.12%
医学影像类产品	5,425,521,471.00	21.47%	4,196,331,457.00	19.96%	29.29%
其他类产品	230,228,681.00	0.91%	132,566,248.00	0.63%	73.67%
其他业务	11,731,402.00	0.05%	44,892,088.00	0.21%	-73.87%
分地区					
境内	15,259,206,960.00	60.39%	11,110,186,370.00	52.84%	37.34%
境外	10,010,373,858.00	39.61%	9,915,660,019.00	47.16%	0.96%

2021年，公司的研发费用增加了35.03%，研发费用率进一步提升到10%，医疗器械注册证数量继续增长163个（表7-14）。

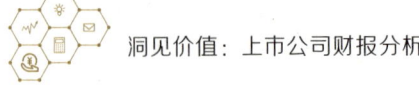

表 7-14　迈瑞医疗 2021 年医疗器械注册证数量

单位：个

报告期末医疗器械注册证数量	879
去年同期医疗器械注册证数量	716

虽然迈瑞医疗上市的时间比较短，但很明显，公司已经是国内综合实力最强的医疗器械企业，主要增长逻辑在于高端医疗器械国产自主化提升。

2022年

2022年公司的营收突破300亿规模，同比增长20.17%；净利润96.11亿元，同比增长20.07%；经营现金流净额121.41亿元，同比增长92%（表7-15）。简单复盘一下公司自上市以来的营收、利润增长情况，给我最大的感觉就是一个"稳"字，无论是疫情、集采还是其他外部因素影响，迈瑞都能保持20%左右的增速水平，表现非常优秀。而且每年四个季度的营收额分布均匀，没有明显的季节性（表7-16）。

表 7-15　迈瑞医疗 2022 年主要会计数据和财务指标

	2022年	2021年	本年比上年增减	2020年
营业收入（元）	30,365,643,811.00	25,269,580,818.00	20.17%	21,025,846,389.00
归属于上市公司股东的净利润（元）	9,607,174,094.00	8,001,553,606.00	20.07%	6,657,676,062.00
归属于上市公司股东的扣除非经常性损益的净利润（元）	9,525,117,528.00	7,850,417,234.00	21.33%	6,539,656,430.00
经营活动产生的现金流量净额（元）	12,141,147,876.00	8,998,649,175.00	34.92%	8,870,109,849.00
基本每股收益（元/股）	7.9402	6.5868	20.55%	5.4765
稀释每股收益（元/股）	7.9369	6.5868	20.50%	5.4765
加权平均净资产收益率	33.38%	31.92%	增加1.46个百分点	32.29%
	2022年末	2021年末	本年末比上年末增减	2020年末
资产总额（元）	46,745,236,809.00	38,103,022,990.00	22.68%	33,306,388,963.00
归属于上市公司股东的净资产（元）	31,980,825,123.00	26,952,803,219.00	18.65%	23,277,631,000.00

表 7-16　迈瑞医疗 2022 年分季度财务数据

单位：元

	第一季度	第二季度	第三季度	第四季度
营业收入	6,943,108,994.00	8,412,467,085.00	7,940,254,590.00	7,069,813,142.00

续表

	第一季度	第二季度	第三季度	第四季度
归属于上市公司股东的净利润	2,105,071,901.00	3,182,580,387.00	2,814,681,784.00	1,504,840,022.00
归属于上市公司股东的扣除非经常性损益的净利润	2,072,184,897.00	3,174,908,759.00	2,756,585,765.00	1,521,438,107.00
经营活动产生的现金流量净额	869,750,366.00	3,207,137,232.00	2,664,626,966.00	5,399,633,312.00

毛利率64.15%，保持稳定，销售、管理、研发费用也保持稳定，但是财务费用净流入4.51亿元，同比去年大幅增加，主要是由于公司海外业务占比较大，产生的汇兑损益导致（表7-17）。所以最后公司的净利率31.65%，近三年基本没有变化，盈利能力非常稳定。

表7-17 迈瑞医疗2022年财务费用明细

单位：元

项目	本期发生额	上期发生额
租赁负债利息支出	10,686,780.00	8,634,183.00
减：利息收入	357,905,784.00	407,324,996.00
汇兑（收益）/损失	-171,957,802.00	227,657,228.00
未确认融资费用	51,900,124.00	50,554,515.00
手续费及其他	16,239,380.00	34,505,681.00
合计	-451,037,302.00	-85,973,389.00

分产品来看：

生命信息与支持类产品仍然是迈瑞规模最大的业务，营收增长20.15%，毛利率下降了0.06%，生命信息与支持领域的大部分子产品如监护仪、呼吸机、除颤仪、麻醉机、输注泵、灯床塔和体外诊断领域的血球业务等市场占有率均成为国内第一，突破了超过300家全新高端客户，并有超过450家已有高端客户实现了更多产品的横向突破，这些高端客户的拓展是业务增速重新突破20%的重要动力，也是年报中一个潜在的亮点，说明公司的产品正在得到更多大客户的认可。

体外诊断类产品营收增长21.39%，毛利率下降2.16%，突破了接近300家全新高端客户，并有超过120家已有高端客户实现了更多产品的横向突破，其中包括近70家第三方连锁实验室，开启体外诊断业务海外高端连锁实验室成批量突破的元年。

医学影像类产品增长19.14%，毛利率与去年基本持平，突破了超过80家全新高端客户，除此以外，还有超过80家已有高端客户实现了更多产品的横向突破。

除了这三大主营业务，微创外科、动物医疗等产品增长情况也都不错，但因为目前占比还较低，因此没有单独列示。这些新兴业务如果能够持续保持高速增长，到达一定规模，就有希望为公司带来额外的增长动力，所以除了三大主营业务以外的新兴业务增长情况同样不可忽视（表7-18）。

表7-18 迈瑞医疗2022年营收结构

单位：元

	2022年		2021年		同比增减
	金额	占营业收入比重	金额	占营业收入比重	
营业收入合计	30,365,643,811.00	100%	25,269,580,818.00	100%	20.17%
分行业					
医疗器械行业	30,353,816,536.00	99.96%	25,257,849,416.00	99.95%	20.18%
其他业务	11,827,275.00	0.04%	11,731,402.00	0.05%	0.82%
分产品					
生命信息与支持类产品	13,401,383,078.00	44.13%	11,153,472,647.00	44.14%	20.15%
体外诊断类产品	10,255,567,391.00	33.77%	8,448,626,617.00	33.43%	21.39%
医学影像类产品	6,463,759,079.00	21.29%	5,425,521,471.00	21.47%	19.14%
其他类产品	233,106,988.00	0.77%	230,228,681.00	0.91%	1.25%
其他业务	11,827,275.00	0.04%	11,731,402.00	0.05%	0.82%

货币资金大幅增加50.94%到231.86亿元，主要是经营活动现金净流入，以及报告期初列入非流动资产的40亿元大额存单转入货币资金所致。账面上没有长短期借款，可见迈瑞的资金实力非常雄厚。

应收账款增长了60.3%，其中20亿元是信用期以内的应收款，但超过信用期90天以内的应收款从去年的2.5亿元增加到6.23亿元，应收账款周转率也从16.29倍下降到14.07倍，应收款的增加算是迈瑞这份报表中我看到的第一个瑕疵（表7-19）。

表7-19 迈瑞医疗2022年应收账款明细

单位：元

账龄	账面余额
信用期以内	1,996,868,622.00

续表

账龄	账面余额
超过信用期 90 天以内	623,674,018.00
超过信用期 90-360 天	138,216,869.00
超过信用期 360 天以上	43,373,538.00
合计	2,802,133,047.00

与之相对的,公司的应付款仅增长了 0.42%,公司对上游原材料商的话语权没有提高。不过合同负债大幅增加了 72.03%,其中主要是预收账款接近翻倍增长,这个堪称是业绩蓄水池和风向标的财务科目能有如此涨幅,可见迈瑞在手订单非常饱满,转化成真金白银只是时间问题。

存货 40.25 亿元,增长 12.9%,属于正常增长。存货周转率从 2.49 倍提高至 2.87 倍,周转速度加快。

在建工程增长了 60%,如此增速还是公司上市以来的头一次,主要来自武汉研究院项目、武汉生产基地和南京迈瑞外科产品制造中心建设等项目,目前武汉研究院进度 24%,武汉生产基地进度 30%,南京迈瑞外科产品制造中心进度 66%(表 7-20)。

表 7-20 迈瑞医疗 2022 年在建工程明细

单位:元

项目	期末余额			期初余额		
	账面余额	减值准备	账面价值	账面余额	减值准备	账面价值
北京昌平基地工程	112,997,465.00		112,997,465.00	354,170,648.00		354,170,648.00
深圳光明生产基地	50,477,795.00		50,477,795.00	71,390,478.00		71,390,478.00
西安迈瑞科技大厦	208,591,730.00		208,591,730.00	203,654,284.00		203,654,284.00
营销服务体系升级项目				26,412,572.00		26,412,572.00
南京迈瑞外科产品制造中心建设项目	481,500,147.00		481,500,147.00	293,757,196.00		293,757,196.00
武汉研究院项目	420,511,922.00		420,511,922.00	106,958,015.00		106,958,015.00
武汉生产基地	272,191,956.00		272,191,956.00	26,104,066.00		26,104,066.00
深圳迈瑞动物医疗项目				215,690.00		215,690.00
砀山迈瑞医疗科技产业园项目	130,094,375.00		130,094,375.00	1,051,580.00		1,051,580.00
龙华供应链科技园	20,345,064.00		20,345,064.00			

续表

项目	期末余额			期初余额		
	账面余额	减值准备	账面价值	账面余额	减值准备	账面价值
其他工程	105,971,683.00		105,971,683.00	42,595,020.00		42,595,020.00
合计	1,802,682,137.00		1,802,682,137.00	1,126,309,549.00		1,126,309,549.00

还应注意到一点，公司账面上躺着 44 个亿的商誉，这部分商誉是来自去年购买境外公司 Hytest Invest Oy 及其下属子公司 100% 股权所致，这家公司主要是做体外诊断类产品的，目前还没有计提大额减值的风险，但我个人对于商誉这个财务科目比较谨慎，因此后续会持续关注体外诊断业务的增长情况，以及是否存在计提减值的可能（表 7-21）。

表 7-21　迈瑞医疗 2022 年商誉明细

单位：元

被投资单位名称或形成商誉的事项	期初余额	本期增加 企业合并形成的	本期减少 处置	外币报表折算差额	期末余额
生命信息与支持类产品	656,297,328.00			58,267,049.00	714,564,377.00
医学影像类产品	450,723,746.00			41,631,698.00	492,355,444.00
体外诊断类产品	3,111,306,353.00			84,966,863.00	3,196,273,216.00
其他产品	135,268,433.00				135,268,433.00
合计	4,353,595,860.00			184,865,610.00	4,538,461,470.00

现金流方面，2022 全年经营活动所获的 121.41 亿元净现金，完全可以覆盖 32.2 亿元的投资净流出、51.94 亿元的筹资净流出，而且自 2018 年上市以来一直如此。净现比始终保持在 1 以上的水平，说明迈瑞不但盈利能力强，而且赚到的都是真金白银，利润中现金含量极高，现金流结构非常健康，因此根本不需要从外部借款，企业自身造血能力极强。

2022 年我国医疗器械市场规模预计达 9582 亿元人民币，近 7 年复合增速约 17.5%，已跃升成为除美国外的全球第二大市场。但从药品和医疗器械人均消费额的比例（药械比）角度看，我国目前药械比水平仅为 2.9，与全球平均药械比 1.4 的水平仍有一定差距，表明我国医疗器械市场未来存在较大的增长空间。

迈瑞已布局的业务对应国内的可及市场空间为近 1000 亿元，而公司在 2022 年的国内收入约为 187 亿元，对应的市场占有率仍不到 20%，其中体外诊断业务的市场占有率仅10%出头，而微创外科的市场占有率甚至仅为2%。

所以，对于这样一家渗透率仍然不高、财务数据非常优秀的医疗器械公司，我认为是可以给予一定的估值溢价，短期来看任何一家公司都有可能被一时之间的市场风格、资金偏好压制，但长期来看，只要公司能一直赚钱，那么价格一定会最终回归到价值。

第八章　美的集团

分析美的集团，首先我们需要对公司的发展史做一个复盘。

1968年，何享健先生带领23位顺德北滘居民，集资5000万元创立美的。随后的1968—1979年，公司曾经做过塑料瓶盖等小型塑料制品、玻璃瓶、皮球、五金制品、橡胶配件、汽车配件等各种产品。

1979年，由于改革开放刺激工业生产爆发，多地的电力供不应求，公司开始转型生产发电机。

1980年，接到第一笔要求生产电风扇零配件的大订单。

1985年，进军电风扇行业，成为顺德县最早生产空调的企业。

1992年，开始尝试股份制改革。

1993年11月，公司完成股份制改革，美的电器在深交所上市，成为中国乡镇企业上市第一股，主营业务包括传统白电和电机、压缩机零部件等。

自从上市以来，美的在多元化扩张的路上就没有放慢过脚步：

1993年引进电饭煲，进入小家电领域；1997年进入大型工业电机领域；1998年布局空调压缩机；2000年布局洗碗机；2001年收购磁控管工厂，布局微波炉产业链上游；2003年，收购云南、湖南汽车，进入汽车行业，并且在工厂中引入工业机器人提高效率。

简单回顾美的成立之初的发展历史，会发现这是一家将多元化扩张刻入企业基因的公司，什么赚钱就生产什么，不仅是在白色家电、厨房用具，甚至在汽车行业也有涉足。

但是多元化的产品尝试并没有给公司带来稳定的业绩增长，复盘美的1993—1996年的营业收入、利润变化，会发现其营收平均增速高达38.7%，但

是利润增速却是 –8.5%，典型的增收不增利，而且利润还有所倒退。

最主要的问题不是出在产品而是出在渠道上。美的在业务快速扩张的同时，仍然在沿用初创时期的单一组织架构，这种方式更适合产品单一、销量大、变化小的场景，不能满足产品种类快速发展的需要，所以1997年，美的的营收同比减少13%，首次出现负增长（图8-1），归母净利润则是1994年开始就陷入负增长趋势（图8-2），风扇业务规模减少，空调业务份额从第三下降到第七。可见对于公司来说，产品和渠道同样重要。

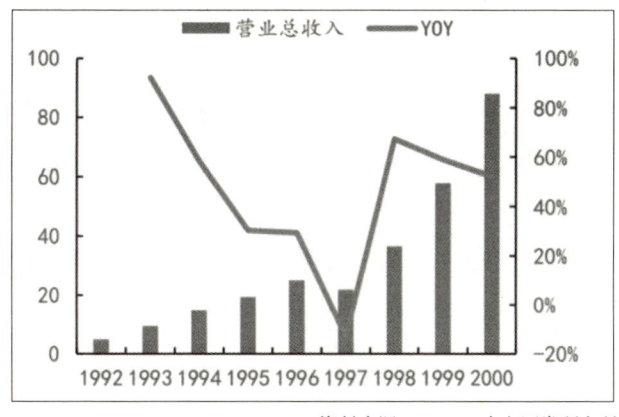

* 资料来源：Choice，东方证券研究所

图 8-1　美的集团营业收入 1997 年出现负增长

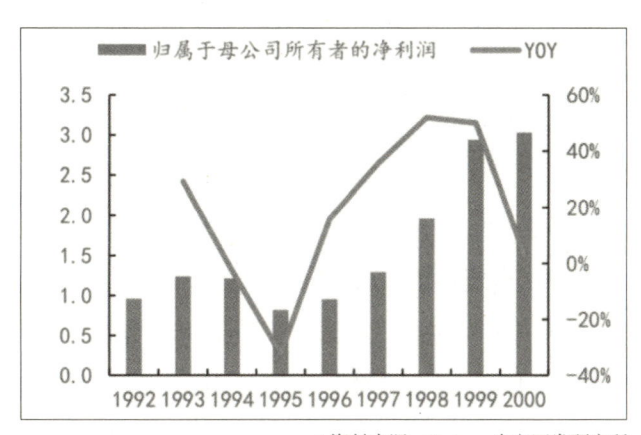

* 资料来源：Choice，东方证券研究所

图 8-2　美的集团净利润自 1994 年开始负增长

随后公司开始学习松下，引入事业部制度，以产品为中心划分事业部，美的事业部成为集研发、采购、生产、销售于一体，独立运营、独立核算的经营主体和利润中心，集团则成为投资、监控和服务中心。经过改革，美的成立了空调、电风扇、电饭煲、小家电、电机等五个事业部。

1998年，在全面推进事业部改造之后，公司内部推出《分权手册》，对集团和事业部、部门和个人的"责、权、利"进行明确划分：集团主要负责战略层面决策；事业部则被赋予独立的决策及经营自主权，在战术层面上负责落地执行上层规划目标；针对部门和个人，手册将相应的权力和责任分拆到部门和部门负责人。

随后的1998—2004年，美的继续在产品上多元化尝试，产品线进一步扩展到微波炉、消毒柜、电水壶等领域。在此期间，空调行业迎来快速增长，但竞争更加激烈，行业内玩家迅速增加，包括一些做家电、橱柜的公司都来分一杯羹，导致行业内开始价格战，不过美的和格力凭借优秀的成本控制能力以及过硬的产品品质，最终成为空调双寡头企业。

美的真正开始改革、腾飞，应该是从2005年开始的。公司抓住家电下乡政策的红利期，在2004年先后收购广州华凌、合肥荣事达42.4%和75%股权，进入冰箱、洗衣机领域，并与重庆GE组建中央空调公司，进入中央空调领域。

除了产品端，2005年公司在销售渠道方面也有变革。

2005年之前，美的采用的是简单的代理商制度，从美的电器到下游的一级、二级代理商，再到经销商，最后到达消费者。

2005年开始，公司学习格力建设区域营销分公司，和各地区的代理商共同合资设立区域营销分公司，美的派驻分公司总经理负责具体运营，并且美的集团承诺补贴一些亏损的合资销售公司。

2006年，何享健在《美的报》上表示，美的要成为具备国际竞争能力的多元化综合性制造产业集团，可见定调非常明确：国际化、多元化。

2007年，公司第一个海外基地在越南建成投产，并建成合肥美的冰洗产业园，执行冰洗"352战略"。

2008年，收购小天鹅24.01%股权，极大增强了公司在冰箱产品上的实力。

第八章 美的集团

各事业部开始授权第三方代运营淘宝京东等，是业内较早布局电商的家电企业。

2010年，公司收购开利埃及子公司Miraco 32.5%股权，进入非洲市场。

至2010年前后，公司在主要家电品类上均居于行业前三。

受益于家电下乡政策支持、家电在全国范围内快速普及，以及在产品上足够广泛的多元化布局，公司收入规模开始快速增长，2006—2011年，美的的收入规模从212亿元快速上升到931亿元。

在2011—2012年这个时间窗口，家电下乡政策结束，国家也出台了较为严厉的宏观地产调控政策，部分销售分公司出现亏损，且美的派驻在合资销售子公司的大量人员成为负担。所以美的将权力集中，将冰箱、洗衣机的经营权限从销售分公司中剥离，冰洗的销售重返最初的代理制，区域合资销售分公司专注于高毛利率的空调业务。并且，60家合资销售公司中只保留其中11家。这是美的在应对行业风险时，在销售渠道方面做出的改变。

从年报来看，2011年公司确立的战略为"产品领先、效率驱动、全球发展"，以产品力为核心竞争力，从追求规模增长转向为以利润为重，从传统渠道库存模式转型为订单驱动模式，由用户需求驱动生产，减少中转环节，提高供应链效率，瞄准全球。2011年，公司收购开利拉美公司51%股权，正式进入拉美市场，也标志着美的正式进军海外的开始。

2012年何享健先生卸任美的集团董事长，方洪波先生接任，开启了美的集团下一个发展阶段。

2013年，美的集团发行6.86亿股（对价305.86亿元），换股合并美的电器全部股权，实现集团整体上市。

也是从2013年开始，美的再次在渠道方面进行改革：推行T+3模式，注重以销定产，取代以前采取的以产定销战略。

所谓T+3模式分为四个阶段，自订单申报开始（T周期），经过采购备料（T+1周期）、成品制造（T+2周期）、发货送达（T+3周期），完成订单交付。通过T+3改革，公司从传统的以产定销模式转为以销定产模式，能够快速响应需求（图8-3）。

图 8-3 T+3 模式流程图

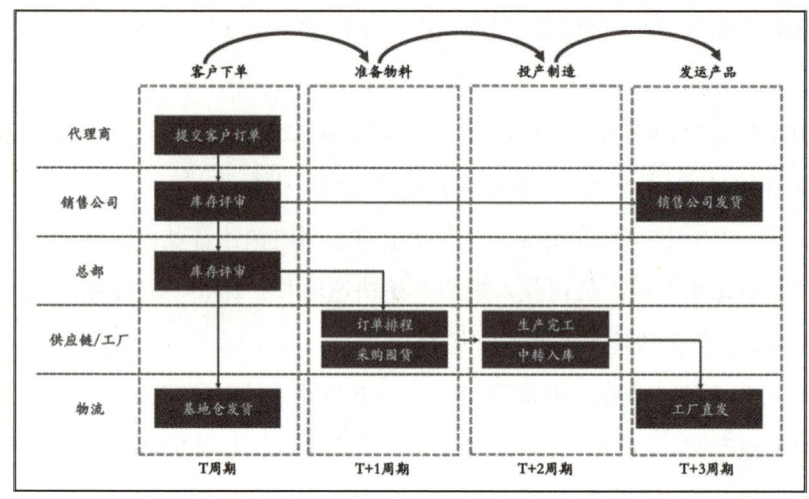

*资料来源：安信证券研究中心

2014 年

2014 年，公司在洗衣机事业部率先实行 T+3 模式，并且取得了较好成果。2014—2016 年，小天鹅的存货周转率明显加快；从市占率来看，2013—2015 年，美的在洗衣机市场上的销量份额也明显提升。

2014 年美的集团实现营收 1416.7 亿元，同比增长 17.11%；归母净利润 105 亿元，同比增长 97.5%；扣非归母净利润 142.8%，利润增速大幅超过营收，渠道模式改革的效果明显（表 8-1）。

表 8-1 美的集团 2014 年主要会计数据

	2014 年	2013 年	本年比上年增减	2012 年
营业收入（千元）	141,668,175.16	120,975,003.14	17.11%	102,598,110.49
归属于上市公司股东的净利润（千元）	10,502,220.26	5,317,458.06	97.50%	3,259,290.95
归属于上市公司股东的扣除非经常性损益的净利润（千元）	9,476,847.98	3,903,375.90	142.79%	3,027,493.05
经营活动产生的现金流量净额（千元）	24,788,511.13	10,054,196.41	146.55%	8,089,566.65
基本每股收益（元/股）	2.49	1.73	43.93%	1.30
稀释每股收益（元/股）	2.49	1.73	43.93%	1.30
加权平均净资产收益率	29.49%	24.87%	4.62%	23.92%
	2014 年末	2013 年末	本年末比上年增减	2012 年末
总资产（千元）	120,292,088.16	96,946,024.77	24.08%	87,736,526.98
归属于上市公司股东的净资产（千元）	39,470,499.84	32,847,431.04	20.16%	14,313,530.86

其他财务指标方面,毛利率25.46%,增加2.17%;账面上自有资金达到473亿元,同比增长99%;相对应的有息负债69.72亿元,有息负债率仅有5.8%,盈利能力大幅提升,负债方面没有风险,改革后的美的很优秀。

渠道方面:家电渠道提效需求日益迫切,层层代理与分销的家电营销模式面临挑战,电商渗透进一步加速。2014年网络购物市场交易规模为2.8万亿元,同比增长48.7%,社会消费品零售总额渗透率年度首次突破10%,其中移动购物市场交易规模超过9000亿元,年增长率达239.3%。

线下渠道方面,公司在成熟一二级市场,与国美、苏宁等大型家电连锁卖场一直保持着良好的合作关系;在广阔的三四级市场,以旗舰店、专卖店、传统渠道和新兴渠道为有效补充,线下网点已实现一、二级市场全覆盖,三、四级市场覆盖率达95%以上。

线上渠道方面,成立电子商务公司,开设天猫美的全品类官方综合旗舰店,启动"美的官方"商城运营,电商业务从单纯网上销售向面向用户交互方式的O2O平台升级;继续夯实与京东、天猫、苏宁易购等平台的战略合作,推动24小时小家电全国配送,不断提升美的电商的线上与线下互融及电商"最后一公里"服务水平。

海外市场:2014年海外渠道网点增长至约3,800个,同比增长46%,2014年海外独资与合资工厂业务增长近30%,其中拉美市场增长35%,印度市场增长42%,美的牌收入增长达70%,合资公司的美的牌空调扇已达到巴西市场份额第一。

市场份额:2014年,美的电商全网零售额约100亿元,全网零售额在家电行业排名第一,洗衣机、空调、热水器、冰箱、家用等线上销售增长超过200%(表8-2)。

表8-2 美的集团2014年主要产品市占率

品类	2014年		2013年	
	市场占有率	市场排名	市场占有率	市场排名
空调	24.7%	2	21.6%	2
冰箱	8.2%	4	7.3%	6
洗衣机	18.4%	2	16.8%	2

续表

品类	2014年		2013年	
	市场占有率	市场排名	市场占有率	市场排名
电饭煲	42.2%	1	42.9%	1
电磁炉	47.5%	1	47.4%	1
电压力锅	42.1%	1	41.3%	1
电水壶	31.7%	1	28.6%	1
微波炉	45.1%	2	40.8%	2
水设备	33.6%	1	36.7%	1
灶具	6.7%	4	6.0%	5
油烟机	7.8%	4	6.6%	4
吸尘器	12.5%	3	10.6%	3
热水器	10.8%	3	8.5%	3

2015年

美的集团实现营业收入1384亿元，同比减少2.28%，但是净利润136.25亿元，同比增长17%，扣非净利润109.1亿元，同比增长15%（表8-3）。营收下降的情况下，仍然实现了净利润以及扣非净利润的增长，再次进入福布斯全球企业500强；在2015《财富》中国500强榜单中，美的排名第32位，位居家电行业第一。

表8-3 美的集团2015年主要会计数据

	2015年	2014年	本年比上年增减	2013年
营业收入（千元）	138,441,226	141,668,175	-2.28%	120,975,003
归属于上市公司股东的净利润（千元）	12,706,725	10,502,220	20.99%	5,317,458
归属于上市公司股东的扣除非经常性损益的净利润（千元）	10,911,341	9,476,849	15.14%	3,903,376
经营活动产生的现金流量净额（千元）	26,764,254	24,788,512	7.97%	10,054,196

行业方面，2015年家电业面临比以往更大的挑战，整体增速下滑，部分品类出现负增长。据工信部发布的信息显示，2015年1～12月，家用电器行业主营业务收入1.4万亿元，累计同比下降0.4%。美的的营收也不可避免受到行业增速倒退的影响，不过利润仍然能实现超过15%的增长。这是优秀公司的特质之一，行业景气度高时，可以凭借市场份额取得更高增速；行业下行时，可以

凭借成本控制、品牌效应等保证自身利润。而格力的营收同比减少29%，利润同比下降12%，所以对比之下美的的经营数据超过行业平均水平，也超过了同行竞争对手。

渠道方面：线下渠道，美的旗舰店总数突破2200家，在三四级市场已实现了超过90%的覆盖，继续强化与苏宁和国美两大KA连锁渠道及80多家TOP俱乐部客户的战略协作。线上渠道继续深化与淘宝系和京东等平台的战略合作，全年电商全网零售额达160亿元，在家电行业中排名第一，其中单品类市场排名第一的达11个；推动美的官方线上商城正式投入运营，2015年接入线下经销商近百家，拓展线上分销员10万人，日均订单数超过600单，会员数量突破1000万。

海外市场：海外销售已占公司总销售近40%，公司的产品出口至全球超过200个国家，从"OEM为主"向以"OBM为主"转变，组织形态由支持"中国出口"向支持"本地运营"转变。

2016年

从2016年报看，公司对自身的定位已经不局限于家电、厨具，还包括了机器人及自动化系统业务。其自身定位是全球化科技集团：美的是一家横跨消费电器、暖通空调、机器人及自动化系统的全球化科技集团，提供多元化的产品种类，包括以厨房家电、冰箱、洗衣机及各类小家电为核心的消费电器业务；以家用空调、中央空调、供暖及通风系统为核心的暖通空调业务；以库卡集团、安川机器人合资公司等为核心的机器人及自动化系统业务。

资产方面，2016年公司完成了东芝家电、KUKA、CLIVET、SERVOTRONIX等一系列全球产业的并购，资产规模从1288亿元大幅增加至1706亿元，同比增速达到32.41%。全年市值增长34%，并且在年内首次突破2000亿元，跻身《财富》世界500强，已是中国家电全网销售规模最大的公司，2016年全网线上零售超过230亿元。

渠道方面：从2016年开始公司在集团内全面推进T+3模式，有效加强了库存周期的管控及库存面积的占用，营运及周转效率明显升级。反映在财务数据上，2016年美的存货周转率达到峰值8.86倍，同比增长80%，连续两年保持高速增长（表8-4）。

表 8-4　美的集团 2012—2016 年存货周转率持续提高

	2012	2013	2014	2015	2016
存货周转率	5.35 倍	6.5 倍	6.99 倍	8.06 倍	8.86 倍

海外市场：2016 年美的出口同比快速增长，海外销售增速达到 29.53%，占比公司总销售接近 50%，公司产品出口至全球超过 200 个国家，其中家用空调、微波炉、洗衣机、冰箱、洗碗机和热水器等产品海外出口继续领跑中国家电企业（表 8-5）。

表 8-5　美的集团 2016 年海外地区营收快速增长

单位：千元

	2016 年		2015 年		同比增减
	金额（元）	占营业收入比重	金额（元）	占营业收入比重	
营业收入合计	159,044,041	100%	138,441,226	100%	14.88%
分行业					
制造业	145,266,238	91.34%	126,911,843	91.67%	14.46%
物流运输	1,907,746	1.20%	1,652,757	1.19%	15.43%
分产品					
大家电	97,855,794	61.53%	87,932,142	63.52%	11.29%
空调及零部件	66,780,877	41.99%	64,491,950	46.58%	3.55%
冰箱及零部件	14,955,684	9.40%	11,422,676	8.25%	30.93%
洗衣机及零部件	16,119,233	10.14%	12,017,516	8.68%	34.13%
小家电	43,282,927	27.21%	35,445,859	25.60%	22.11%
电机	7,220,463	4.54%	6,471,372	4.67%	11.58%
物流	5,018,196	3.16%	4,008,479	2.90%	25.19%
分地区					
国内	83,162,174	56.51%	79,147,263	61.56%	5.07%
国外	64,011,810	43.49%	49,417,336	38.44%	29.53%

2017 年

公司实现营收 2407 亿元，同比大幅增长 51.35%；净利润 186.11 亿元，同比增长 17.33%；扣非净利润 156.1 亿元，同比增长 15.72%。营收高速增长，但是利润没有跟上，主要是因为营业成本也增加了 56%，成本增速比收入还快，影响了利润（表 8-6）。

表 8-6　美的集团 2017 年主要会计数据

	2017 年	2016 年	本年比上年增减	2015 年
营业收入（千元）	240,712,301	159,044,041	51.35%	138,441,226
归属于上市公司股东的净利润（千元）	17,283,689	14,684,357	17.70%	12,706,725
归属于上市公司股东的扣除非经常性损益的净利润（千元）	15,614,103	13,492,866	15.72%	10,911,341
经营活动产生的现金流量净额（千元）	24,442,623	26,695,009	-8.44%	26,764,254
基本每股收益（元/股）	2.66	2.29	16.16%	2.00
稀释每股收益（元/股）	2.63	2.28	15.35%	1.99
加权平均净资产收益率（%）	25.88	26.88	-1.00%	29.06

2017 年 1～12 月家用电器行业主营业务收入 15,135.7 亿元，累计同比增长 18.7%；利润总额 1,169.3 亿元，累计同比增长 6.1%，可见行业整体也呈现增收不增利的特点。不过美的的营收增速仍然大幅优于行业平均水平，2017 年末，美的市值达 3630 亿元，全年涨幅超过 100%。

营收的快速增长，除了主营业务情况良好的原因，还包括年内进行了多笔并购，这使得总资产规模增速连续提高到 40%。这些并购除了让美的的总资产规模、营收规模快速提升以外，也让公司的商誉大幅增加至 289 亿元，主要来自小天鹅、KUKA 集团等（表 8-7）。

表 8-7　美的集团 2017 年各资产组商誉规模快速增加

	2016 年 12 月 31 日	本年新增（附注）	外币报折算差	2017 年 12 月 31 日
无锡小天鹅股份有限公司	1,361,306	-	-	1,361,306
Clivet	498,724			498,724
美的开利拉美公司	614,728	-	(45,235)	569,493
TLSC*	2,697,290	75,190	(77,125)	2,695,355
KUKA 集团	-	20,698,212	1,504,357	22,202,569
其他	558,947	1,005,715	11,676	1,576,338
	5,730,995	21,779,117	1,393,673	28,903,785

渠道方面：公司持续推动渠道变革转型，缩减线下渠道层级，取消二级经销商，紧抓核心渠道，全面推进代理商优化整合和赋能建设，推动电商平台直营，降低渠道库存，大幅提升渠道效率，已经成为中国家电全网销售规模最大的公司。2017 年，公司全网线上零售超过 400 亿元，线上收入占比达到内销的

约30%，电商渠道的建设优于同行。

海外业务获得高速增长，家用空调、微波炉、冰箱、洗碗机、热水器、风扇、洗衣机、电磁炉等产品海外出口继续领跑中国家电企业。

2017年公司的投资重点在于科技创新、品质改善、机器人与工业自动化、数字化能力提升、电商渠道拓展与新零售渠道构建、全球运营能力提升及整体智能家居战略执行等方面，投资资金主要来源于公司自有资金。

2018年

公司的营收增速7.87%，有所放缓，不过归母净利润增长17.05%，经营现金流净额增长了14%，保持了良好的经营质量（表8-8）。

表8-8 美的集团2018年主要会计数据

	2018年	2017年	本年比上年增减	2016年
营业收入（千元）	259,664,820	240,712,301	7.87%	159,044,041
归属于上市公司股东的净利润（千元）	20,230,779	17,283,689	17.05%	14,684,357
归属于上市公司股东的扣除非经常性损益的净利润（千元）	20,058,155	15,614,103	28.46%	13,492,866
经营活动产生的现金流量净额（千元）	27,861,080	24,442,623	13.99%	26,695,009
基本每股收益（元/股）	3.08	2.66	15.79%	2.29
稀释每股收益（元/股）	3.05	2.63	15.97%	2.28
加权平均净资产收益率（%）	25.66	25.88	-0.22%	26.88

在2018《财富》世界500强榜单中，美的集团排名第323，上升127位，位列中国家电行业第一名。

同时公司在年内完成40亿元的回购，也是近年来最大规模的常规回购，分红规模达到357亿元，公司希望通过回购来增强投资者信心，并且保证了分红规模，所以美的的全球投资人持股比例一度上升到28%，颇有一些"避风港资产"的属性。

据中国家用电器协会发布的数据，2018年家电行业主营业务收入为1.49万亿，同比增长9.9%；利润1225.5亿元，同比增长2.5%。其中，国内家电市场零售规模达到8204亿元，同比增长1%，增速减缓；而家电行业出口额达到686.3亿美元，同比增长9.9%，增速依然稳定。可见国内家电行业整体增量已经相对有限，增长主要来自海外市场，但内地市场的毛利率更高，海外业务的快速发展一定程度上拉低了公司整体盈利能力。

2012—2018年是家电行业的变革期，一方面是家电下乡红利政策消退，另一方面家电渗透率逐年上升，增速放缓，整体来看家电行业已经进入成熟期。美的加大海外业务投入，通过OEM增加收入来源，同时公司通过并购整合发展外延项目。

2019年

美的实现收入2793.81亿元，同比增长6.71%；实现归母净利润242.11亿元，同比增长19.68%，利润增速继续快于营收增长，可见随着家电行业逐步进入成熟期，公司也在从重视规模的阶段向重视利润过渡。

2019年家电行业国内市场零售规模为8032亿元，同比下降2.2%；出口规模为3034亿元，同比增长为0.9%，行业整体规模进一步放缓。

在2019《财富》世界500强榜单中，美的排名第312位，自2016年入榜以来提升169位；《财富》中国500强榜，美的集团排名第36位，连续5年蝉联同行业第一。公司已是中国家电全网销售规模最大的公司。2019年美的全网销售规模近700亿元，同比增幅达到30%以上，在京东、天猫、苏宁易购等主流电商平台继续保持家电全品类第一的行业地位（表8-9）。

表8-9 美的集团2019年主要产品市场份额

家电品类	线下份额	排名
家用空调	28.9%	2
洗衣机	27.4%	2
冰箱	12.6%	2
电饭煲	43.9%	1
电压力锅	44.3%	1
电水壶	38.6%	1
电磁炉	48.5%	1
破壁机	37.7%	1
电风扇	39.3%	1
电暖器	42.9%	1

续表

家电品类	线下份额	排名
饮水机	42.3%	1
燃气热水器	11.6%	2
净水器	22.2%	2
台式微波炉	44.5%	2
台式电烤箱	36.2%	2
洗碗机	9.2%	3
电热水器	20.7%	3
油烟机	8.7%	4
燃气灶	7.0%	4
清洁机器人	4.6%	4
推杆式吸尘器	3.4%	4

2020年

据中国家用电器研究院和全国家用电器工业信息中心发布的数据显示，2020年家电行业国内市场零售规模为7,297亿元，同比下降9.2%；家电行业出口规模为4,582亿元（不含彩电），同比增长为24.2%。

美的在2020年收获了难得的逆势增长，实现营业收入2842.21亿元，同比增长2.16%；实现归母净利润272.23亿元，同比增长12.44%（表8-10）。对比同行，如格力2020年的营收同比减少15.12%，净利润减少10.26%。所以美的

表8-10 美的集团2020年主要会计数据

	2020年	2019年	本年比上年增减	2018年
营业收入（千元）	284,221,249	278,216,017	2.16%	259,664,820
归属于上市公司股东的净利润（千元）	27,222,969	24,211,222	12.44%	20,230,779
归属于上市公司股东的扣除非经常性损益的净利润（千元）	24,614,653	22,724,392	8.32%	20,058,155
经营活动产生的现金流量净额（千元）	29,557,117	38,590,404	-23.41%	27,861,080
基本每股收益（元/股）	3.93	3.60	9.17%	3.08
稀释每股收益（元/股）	3.90	3.58	8.94%	3.05
加权平均净资产收益率	24.95%	26.43%	-1.48%	25.66%

这份成绩单非常难得，公司把业绩的增长归功于前期变革的成效。

2020年12月31日，美的集团宣布新一轮战略架构调整，将原先的4大业务板块：消费电器、暖通空调、机器人与自动化系统、创新业务，升级为5大业务板块：智能家居事业群、机电事业群、暖通与楼宇事业部、机器人与自动化事业部和数字化创新业务。其中，To C业务全部归入智慧家居事业群，其余各事业部/群均为To B业务，To B业务提升至与To C业务并重的战略定位，2020年To B业务实现同比增长超过35%，累计新增客户超过300家，新增品类覆盖超过500个。

从公司对自身的定位来看，正在努力从家电企业转型为科技集团：

"我们要成为一个互联网及IoT（Internet of Things，物联网）化的企业、一个科技型的集团与数字化企业，成为全世界智能家居的领先者、智能制造的赋能者，这需要通过战略性的布局来获取长期优势，在数字化、IoT化、全球突破和科技领先方面，加大投入，敢于布局和投资新的前沿技术。"

2020年5月，福布斯发布第18期全球企业2000强榜单，美的位列第229位，较去年上升24名；2020年《财富》世界500强榜单中，美的位列第307名，较去年排名前进5名，连续五年跻身世界500强企业行列；2020年《财富》中国500强榜单中，美的集团排名第35位，连续6年蝉联同行业第一。

公司先后收购万东医疗、合康新能29.09%和18.73%股权，成为控股股东，布局医疗器械、工业控制和新能源车领域，第三次进军汽车行业。

通过复盘美的集团的发展历史，给我印象最深的就是公司每份年报中开篇的致股东部分，每次阅读都能感受到管理层非常强的危机和忧患意识。美的之所以能做到如今的市场份额，我想和公司持续的多元化扩张、并购、渠道改革是分不开的，成立之初的美的就在方向上做了诸多尝试，最后抓住改革开放、家电下乡的机会迅速成长。此外，美的很重要的一点就是在不断学习：跟格力学渠道、跟海尔学供应链管理、跟三洋等学小家电等。唯一不变的就是变化，所以在不断自我革新这一点上我还是非常认可公司的理念。不全是在投资领域，任何行业应该都能从其中获得一些体会吧。

2022年

2022年，美的营收规模达到 3439.17 亿元，同增 0.79%，净利润 298.1 亿元，同增 2.74%。来到 2023 年一季度，公司的营收增速提高到 6.51%，净利润增速提高到 12.69%，是自 2021 年二季度以来最快的单季度利润增长，说明美的目前各项经营情况正处在改善之中。

除了营收利润加速增长，分红也是一个亮点。2022 年，美的超预期地加大了分红力度，分红金额同比增加了 50.25%，达到 175.54 亿元，规模上一举超过格力，分红率也提高到 59.4%，创下近 8 年新高。能拿得出真金白银来回馈投资者，进一步验证了公司的经营质量的确不错。

2022 年，据全国家用电器工业信息中心发布的数据显示，空调市场零售额为 1411 亿元，同比下降 8.7%。在产品结构上，高端产品占比持续提升，一级能效产品的线上市场零售量份额已突破 65%，而 3 匹柜机和 1.5 匹挂机的合计零售量份额在 2022 年已突破 70%；在产品功能上，空调概念不断外延，从制冷和供暖拓展到新风、自清洁、除湿、净味、空气净化等功能，产品体验的舒适性受到持续关注，其中新风功能空调产品和舒适风功能空调产品的零售额份额在 2022 年已分别达到 8.8% 和 13.4%。

由此可见当前空调行业的特点：整体增速逐步放缓甚至是负增长；高端产品和新功能产品占比逐渐提升，未来行业增长逻辑并非渗透率的提高而是结构

表 8-11 美的集团空调业务占比持续下降

	2022-Q4		2021-Q4		2020-Q4		2019-Q4		2018-Q4	
暖通空调										
收入	1,506.35亿	(43.80%)	1,418.79亿	(41.58%)	1,212.15亿	(42.65%)	1,196.07亿	(42.99%)	1,093.95亿	(42.13%)
成本	1,162.34亿	(44.61%)	1,120.13亿	(42.34%)	919.25亿	(43.19%)	816.27亿	(41.24%)	758.86亿	(40.33%)
毛利率	22.84%		21.05%		24.16%		31.75%		30.63%	
消费电器										
收入	1,252.85亿	(36.43%)	1,318.66亿	(38.64%)	1,138.91亿	(40.07%)	1,094.87亿	(39.35%)	1,029.93亿	(39.66%)
成本	874.49亿	(33.56%)	952.79亿	(36.02%)	791.13亿	(37.17%)	750.14亿	(37.90%)	729.59亿	(38.77%)
毛利率	30.20%		27.75%		30.54%		31.49%		29.16%	
机器人及自动化系统										
收入	299.28亿	(8.70%)	272.81亿	(7.99%)	215.89亿	(7.60%)	251.92亿	(9.05%)	256.78亿	(9.89%)
成本	236.65亿	(9.08%)	213.50亿	(8.07%)	172.98亿	(8.13%)	199.53亿	(10.08%)	198.10亿	(10.53%)
毛利率	20.93%		21.74%		19.88%		20.79%		22.85%	
其他										
收入	106.18亿	(3.09%)	72.71亿	(2.13%)	--		27.74亿	(1.00%)	29.15亿	(1.12%)
成本	96.59亿	(3.71%)	64.50亿	(2.44%)			27.20亿	(1.37%)	28.38亿	(1.51%)
毛利率	9.03%		11.29%				1.93%		2.65%	

化的升级。在这种大背景下，美的一方面发展自己以COLMO品牌为代表的高端空调产品，另一方面在行业内率先开展了业务多元化扩张，并且取得了不错的效果。公司空调业务占比早已下降至40%左右，新布局的业务包括消费电器、工业机器人等，为公司带来了新的增长动力（表8-11）。

新业务方面，2022年消费电器板块的营收同比减少5%，这个我认为可以理解，毕竟居民购买力下降是明摆着的事；但工业机器人业务仅增长了9.7%，这一点我认为就有些不足了。之所以重点关注工业机器人，是因为这部分业务是美的2017年通过收购KUKA集团带来的，这笔收购让公司增加了207亿元商誉，所以一旦出现变差的趋势，有可能计提较多商誉减值，对利润带来直接影响。

根据KUKA集团2022年度报告显示，2022年接收订单总额超过44亿欧元，同比增加25.1%；销售收入接近39亿欧元，同比增加18.6%。再从美的2023年一季报来看，机器人业务同比增长了27%，说明工业机器人业务开始出现回暖迹象。

从行业发展情况来看，2022年国内工业机器人产量为44.31万台，同比增长逾20%，机器人密度从2015年的49增长至322，首次超过美国并进入全球前五。考虑到制造业的柔性需求、人口红利的衰竭、新兴市场的涌现、创新技术的发展等多方面的因素，工业机器人目前仍然处于高速发展期，因此后续需要继续保持重点关注，甚至把工业机器人业务看作是美的未来主要的增长动力也不为过（表8-12）。

表 8-12　美的集团 2022 年营业收入构成

单位：千元

	2022 年		2021 年		同比增减（%）
	金额（元）	占营业收入比重（%）	金额（元）	占营业收入比重（%）	
营业收入合计	343,917,531	100	341,233,208	100	0.79
分行业					
制造业	305,846,997	88.93	301,026,573	88.22	1.60
分产品					
暖通空调	150,634,586	43.80	141,879,146	41.58	6.17
消费电器	125,284,737	36.43	131,866,099	38.64	-4.99
机器人及自动化系统	29,927,674	8.70	27,281,328	7.99	9.70

除了新业务，在已有空调业务上，美的顺应行业发展趋势，走的是和海尔类似的高端化路线。

2022年公司的高端品牌COLMO空调营收增长了90%，东芝品牌增长了50%，因此带来了整体盈利能力的提升，毛利率增长1.76%，净利率增长0.17%。目前来看，在家电渗透率逐步见顶、地产市场需求一般的背景下，做存量市场的高端化、提高盈利能力和经营质量是一条正确的道路，美的和海尔都处在这一过程中。

不过2022年公司新增了不少借款，有息负债规模增加了24.37%达到696.6亿元，其中主要来自长期借款从上年的197.34亿元增加到当年的506.86亿元。猛一看1.5倍的增幅有点吓人，但2019年、2020年美的的长期借款规模就已经超过400亿元了，只不过2021年还掉了一部分，所以在低基数效应下2022年才有同比较多的增长。

从结构来看，公司的新增长期借款主要是以美元为主，年利率区间在0.3%~5.99%。之所以新增这么多外币借款，我想是和海外业务发展较快有关，目前美的海外业务占比已经稳定在40%以上，而且连续三年收入规模保持正增长。所以，在关注新业务的同时，还要注意海外市场的增长情况（表8-13）。

表8-13 美的2020—2022年海外市场营收规模连续正增长

2022-Q4		2021-Q4		2020-Q4	
国内		国内		国内	
收入 2,012.73亿	(58.52%)	收入 2,035.79亿	(59.66%)	收入 1,631.40亿	(57.40%)
成本 1,515.42亿	(58.17%)	成本 1,568.26亿	(59.29%)	成本 1,225.72亿	(57.59%)
毛利率 24.71%		毛利率 22.97%		毛利率 24.87%	
国外		国外		国外	
收入 1,426.45亿	(41.48%)	收入 1,376.54亿	(40.34%)	收入 1,210.81亿	(42.60%)
成本 1,089.96亿	(41.84%)	成本 1,077.00亿	(40.71%)	成本 902.68亿	(42.41%)
毛利率 23.59%		毛利率 21.76%		毛利率 25.45%	

除了负债，应收账款也增加了不少，增速14.62%，周转率下降到13.01倍，不过仍然以一年以内应收款为主，风险不大（表8-14）。应收款增加会导致利润中现金含量降低，2020—2022年公司的应收账款增速分别为23.12%、7.22%、14.62%，水平不低，一方面是因为房地产需求仍未完全起量，下游客户资金紧张，公司适当放宽对下游的收款力度；另一方面在于最近几年美的

表 8-14 美的集团 2022 年应收账款账龄结构

	2022 年 12 月 31 日	2021 年 12 月 31 日
一年以内	28,142,167	24,566,401
一到二年	1,099,842	617,355
二到三年	140,153	144,300
三到五年	101,202	134,460
五年以上	87,218	33,103
	29,570,582	25,495,619

To B 的业务快速增长，To B 业务的好处之一就是相比 C 端市场的订单量更大，但不足之处就在于面对下游 B 端客户，企业的话语权被削弱，回款周期拉长，导致应收款规模增长，周转率变慢。

从公司对外交流的情况来看，2023 年公司将继续重点发展机器人与自动化、楼宇科技和新能源等核心 To B 业务，因此应收账款规模也许会继续增加，所以更多的要关注应收款的账龄结构和坏账计提比例。

合同负债 279.6 亿，同比增长 16.91%，而且还是在去年已经增长 30% 的基数上实现的，说明公司在手订单增长情况还不错，转化成真金白银只是时间问题（表 8-15）。

表 8-15 美的集团 2020—2022 年合同负债规模

	2020	2021	2022
合同负债（亿元）	184.01	239.17	279.6

2022 年经营活动现金流净额为 346.6 亿元，足以覆盖投资 135 亿元和筹资 109 亿元的现金流出，公司整体现金流情况继续保持良好。

对于美的这份年报，整体来说我还是比较满意的，其业务增速在行业整体增长放缓背景下表现还可以，超预期地提高了分红水平，2023 年业绩有进一步加速增长的趋势，而且在手订单饱满，因此我认为公司接下来取得年化 10% 左右的利润增长应该问题不大。

第九章　海尔智家

相比于另外两家白色家电巨头美的和格力，海尔智家的话题性可能要更少一些，不过这并不影响公司在2016年的总营收规模首次超过格力，仅次于美的集团排名家电板块第二。截至2021年，海尔智家的营业总收入达到2275.56亿元，少于美的的3433.61亿元，高于格力的1896.54亿元。

再看市场给予三家白电企业的估值水平。截至2023年1月29日，海尔16.86倍，美的13.5倍，格力7.67倍，海尔最高，美的其次，格力最低。企业的经营质量藏在财务数据中，而市场是否认可这份业绩、对公司的未来是否看好，则反映在估值水平上，可见市场对于海尔未来的预期更高。目前，海尔在冰箱、洗衣机领域都已经坐稳了龙头地位，在洗衣设备、制冷设备两大赛道上，公司的市占率都是世界排名第一，所以说公司是一家冰洗巨头企业丝毫不为过。

公司前身青岛琴岛海尔股份有限公司成立于1984年，由张瑞敏创立。这位创始人因为在1984年公司成立之初拿大锤亲手砸毁了76台有质量问题的冰箱，并明确提出"创优质、夺金牌"的目标，制定了"名牌战略"而广为人知。

1986年，海尔工厂转亏为盈。

1987年，在世界卫生组织进行的招标中，海尔冰箱战胜十多个国家的冰箱产品，第一次在国际招标中标。

1988年，公司获得了中国电冰箱行业的第一块"国家优质产品奖"金牌。

1993年11月19日，公司在上海证券交易所上市，更名为青岛海尔电冰箱股份有限公司。上市后的几年里，海尔的营业收入规模从上市时的7.95亿元快速增长到1997年的38.42亿元，期间平均增速在50%左右。

1998年公司营收增长放缓，基本没有增长，但是净利润仍然增长了

12.07%。

1999年,海尔实现营收39.89亿元,同比增长3.74%,净利润3.11亿元,同比增长13.31%。全年共生产电冰箱259万台,同比增长14%,出口冰箱57万台,同增68%。可见彼时的出口业务增速更快,而且净利润的增速超过营业收入增速,这也是亮点之一。但也有不足的一面,1999年的经营现金流净额为净流出6400万元(表9–1)。

表9–1 海尔智家1999年主要业务数据和财务指标

(二)公司近三年主要的业务数据和财务指标: 单位:万元

项目	99年度	98年度 调整前	98年度 调整后	97年度 调整前	97年度 调整后
主营业务收入	397,427	382,337	382,337	382,648	382,648
净利润	31,064	27,415	26,589	24,462	20,133
总资产	378,055	345,089	339,231	337,800	333,471
股东权益(不含少数股东权益)	258,302	185,968	181,026	159,474	155,145
每股收益(元)	0.66	0.65	0.63	0.58	0.48
每股净资产(元)	5.49	4.41	4.29	3.78	3.68
调整后的每股净资产(元)	5.49	4.41	4.29	3.77	3.67
每股经营活动产生的现金流量净额(元)	-0.14	0.08	0.08		
净资产收益率(%)	12.03	14.74	14.69	15.34	12.98
加权每股收益(元)	0.71	0.65	0.63	0.71	0.59
扣除非经常性损益后的每股收益(元)	0.66	0.65	0.63	0.58	0.48

据国家统计局提供的1999年度1000家商场家电主要品牌市场占有率的资料显示,海尔冰箱的市场占有率为35.3%,海尔冷柜的市场占有率为41.3%,已连续多年位居同行业第一。

一般来说,中国家电企业拓展海外市场主要有三种方式:一是发挥自身制造优势为海外家电企业代工(ODM/OEM);二是收购海外品牌;三是在海外发展自主品牌。

绝大部分国内家电企业选择第一种代工出海,没有自己的品牌,只是做代工,所以在海外市场中国家电品牌份额远低于产量份额。但海尔的年报中写得很清楚,公司的产品出口以创品牌而非创汇为目的,公司认为"欲创国际化品牌,先创人的国际化",意在推动"海尔"品牌国际知名度上升。于是在1999年,海尔美国工厂开建,公司正式迈出了开拓国际市场第一步。

2000年公司完成主营业务收入48.3亿元,同比增长22%;实现净利润4.2

亿元，同比增长 35%，净利润增速仍然超过营业收入。而且经营现金流净额有大幅度改善，从净流出 6400 万元变成净流入 4.78 亿元（表 9-2）。

2000 年公司实际生产电冰箱 279.4 万台，同比增长 8%，其中出口 83.6 万台，同增 47%，出口速度仍然大幅快于整体增速。海尔一开始就把重点目光放在了海外市场，冰箱产品出口到欧、亚、非、拉 100 多个国家和地区，出口销量及出口额皆居国内同行业之首。

表 9-2　海尔智家 2000 年主要业务数据和财务指标

项　目	2000年	1999年	1998年	
			调整前	调整后
主营业务收入（万元）	482,838	397,427	382,337	382,337
净利润（万元）	42,409	31,064	27,415	26,589
总资产（万元）	403,509	378,055	345,089	339,231
股东权益（万元。不含少数股东权益）	289,070	258,302	185,968	181,026
每股收益（元）	0.75	0.66	0.65	0.63
每股净资产（元）	5.12	5.49	4.41	4.29
调整后的每股净资产（元）	5.12	5.49	4.41	4.29
每股经营活动产生的现金流量净额（元）	0.85	-0.14	0.08	0.08
净资产收益率（%）	14.67	12.03	14.74	14.69
加权平均每股收益（元）	0.75	0.71	0.65	0.63

据北京中怡康经济咨询有限公司提供的全国 1000 家重点商场的调查数据显示，海尔的冰箱、冷柜报告期内各月市场占有率均位居同行业第一，分别为 31.2% 和 38.4%。另据海关 2000 年数据统计，海尔冷柜出口创汇额高居同行业榜首，是第二、第三名总和的 5.5 倍，在欧洲、进一步说明海外市场是海尔的重点区域。中东，海尔冷柜出口分别占全国总量的 99.56% 和 92.91%，海外出口已占总产量的 45%。

2001 年，海尔的营收从 48.41 亿元大幅增长 137% 达到 114.74 亿元，净利润同增 45.7% 达到 6.18 亿元，业绩大幅增长，主要是因为报告期内公司利用增发募集资金和部分自有资金共 20 亿元收购青岛海尔空调器有限总公司 74.45% 的股权，收购完成后，公司占青岛海尔空调器有限总公司 99.95% 的股权，2001 年青岛海尔空调器有限总公司实现利润总额 6.16 亿元，大幅提升了海

表 9-3 2001 年公司收购青岛海尔空调器有限总公司

内容 名称	主要产品或服务	注册资本	总资产 (万元)	主营业务收入 (万元)	利润总额 (万元)
青岛海尔电冰箱有限公司	冰箱	1604 万美元	67,062	69,883	6,932
青岛海尔电冰箱(国际)有限公司	冰箱	2059.05 万美元	33,432	80,071	2,118
青岛海尔特种电冰箱有限公司	冰箱	2000 万美元	50,483	63,497	4,918
章丘海尔电机有限公司	电机	4315 万元人民币	17,895	20,733	358
青岛海尔空调器有限总公司	家用空调器	21835.5 万元人民币	143,816	572,785	61,571
青岛家电工艺装备研究所	模具、注塑件	6677.8 万元人民币	21,908	49,528	2,714
青岛海尔智能电子有限公司	电脑板	14737 万元人民币	21,845	54,087	5,678
青岛海尔电冰柜有限公司	冷柜	27351.3 万元人民币	44,842	68,619	2,556
青岛海尔洗碗机有限公司	洗碗机、燃气灶	18000 万元人民币	45,979	47,864	805
青岛海尔健康家电有限公司	健康系列小家电	1.2 亿元人民币	14,976	8,905	381

尔的业绩水平(表 9-3),而且从营收结构来看,新增加了空调产品作为主营业务之一。

公司全年生产电冰箱 283 万台,空调 206 万套,出口电冰箱 127 万台,空调 75 万套,相比 2000 年均有大幅增长。海尔冰箱、空调、冷柜市占率分别为 27%、19.3%、33.9%。也是在 2001 年,海尔并购了意大利迈尼盖蒂公司所属的一家冰箱厂,成为中国白电企业首次实现的跨国并购。

虽然海尔的营收、利润规模都在快速增长,但是彼时的冰箱、空调正处于行业恶性竞争阶段,价格战频发,很多家电企业都处于亏损状态,海尔的毛利率也从 1999 年的 21% 下降到 2001 年的 17.13%,销售费用率上涨到 3.03%,而此前截止到 1993 年的销售费用率都是在 3% 以下,行业竞争激烈度持续提高。

2002 年,海尔实现营收 116.11 亿元,增速 1.19%,营收上基本没有增长;净利润 3.97 亿元,同比减少 35.73%,扣非净利润 3.77 亿元,同比减少 37.56%,经营现金流净额同比减少了 44%(表 9-4)。毛利率也从 17.13% 大幅降低到 13.38%,盈利能力明显下降。销售费用率增加 0.11%,不过和当时格力电器

表9-4 海尔智家2002年主要业务数据和财务指标

项 目	2002年	2001年	2000年 调整后	2000年 调整前
主营业务收入	11,553,520,958.99	11,441,823,199.86	4,828,378,025.49	4,828,378,025.49
净利润	397,059,657.32	617,838,607.43	424,089,888.87	424,089,888.87
总资产	7,394,136,944.61	6,942,405,040.37	3,933,559,801.94	4,035,092,736.54
股东权益（不含少数股东权益）	5,089,945,277.38	4,932,180,104.62	2,810,163,548.44	2,890,701,583.04
每股收益	0.50	0.77	0.75	0.75
每股净资产	6.38	6.18	4.98	5.12
调整后的每股净资产	6.33	6.15	4.98	5.12
每股经营活动产生的现金流量净额	0.49	0.88	0.85	0.85
净资产收益率	7.80%	12.53%	15.09%	14.67%

15%左右的销售费用率比起来，海尔的整体营销投入还算是比较低。

从销量上来看，2002年公司生产电冰箱387.53万台，空调252.8万套，其中冰箱出口180.15万台，空调出口80.78万套，产销量保持增长，并以5.98%的市场份额位列全球冰箱品牌市场占有率榜首，正式成为全球冰箱第一品牌。存货周转率虽然从2001年19.74倍的高点下降到16.47倍，但仍高于过往年份的存货周转率水平，可见产品销量方面没有太大问题，利润下降主要是由于行业竞争激烈、降价销售。

2003年，海尔的营收规模达到116.88亿元，增长0.66%；净利润3.69亿元，减少7.59%；扣非净利润3.62亿元，同比减少3.97%。压力来自新进入国际品牌的竞争，还包括原材料上涨带来的成本增加、利润减少。由于业绩增速缓慢，公司加大了销售投入，销售费用增加了72.95%达到6.31亿元，把销售费用率从2002年的3.14%拉高到5.4%。

销售费用的增长确实拉动了营收，2004年，海尔的营收同比增长30.89%达到153亿元，但是销售费用也同比增长了31.32%，所以销售费用率仍然在5.4%左右的水平。2004年的净利润3.69亿元，和2003年相比基本没有增长，增收不增利的特点仍然明显。

2005年，海尔实现营收165.09亿元，同增7.91%，增速还算说得过去，但是看利润的话，净利润仅2.39亿元，同比减少了35.27%，扣非净利润2.38

亿元,同比减少34.87%(表9-5),营收微增,利润大幅减少接近40%,经营现金流净额减少了36%,这是任何一家公司和投资者都不希望看到的。

表9-5 海尔智家2005年增收不增利

单位:元　币种:人民币

	2005年	2004年	本年比上年增减(%)	2003年
主营业务收入	16,509,455,788.59	15,299,383,414.82	7.91	11,688,374,607.34
利润总额	325,772,924.78	509,806,648.11	-36.10	494,276,672.75
净利润	239,126,624.02	369,435,583.36	-35.27	368,952,845.58
扣除非经常性损益的净利润	238,220,613.53	365,747,584.04	-34.87	362,090,034.23
每股收益	0.20	0.309	-35.28	0.46
最新每股收益	0.20			
净资产收益率(%)	4.27	6.46	减少2.19个百分点	6.85
扣除非经常性损益的净利润为基础计算的净资产收益率(%)	4.25	6.40	减少2.15个百分点	6.72
扣除非经常性损益后净利润为基础计算的加权平均净资产收益率(%)	4.19	6.58	减少2.39个百分点	6.78
经营活动产生的现金流量净额	467,953,497.39	738,258,023.16	-36.61	423,546,270.04
每股经营活动产生的现金流量净额	0.39	0.62	-37.10	0.53

年报中公司解释是由于原材料成本的大幅上涨,当年度营业成本增加了9.72%,确实比营收端7.91%的增速更快,但同行的格力2005年营收增长31.92%,成本仅增长28.8%,可见当时格力的成本控制比海尔做得要好。复盘一家公司的发展史或者拆解年报时,和同行对比是一种极为有效的方式,比较之下可以明显看出公司质量的差别。

张瑞敏在2005年的一次被采访中,使用"三道坎"来描述公司在全球化品牌战略阶段预计经历的过程:

第一道坎主要指公司从以内销业务为主逐步拓展海外业务,这一阶段海外业务仍以"国内生产+海外销售"的模式为主。

第二道坎主要指公司海外业务规模逐渐扩大后,需要在产业链环节中寻求更多的利润,利润获取逐步从上游生产制造向下游的品牌、渠道延展。这要求海尔加强在海外的品牌建设,深化本土化经营,提升"海外生产+海外销售"的比重。

第三道坎指的是随着海尔品牌在海外知名度不断提升,海尔需要通过完善的品牌矩阵满足不同地区、不同习惯消费者的需求,从过去的单一海尔品牌向

多品牌跨越，扩大市场范围，成为覆盖区域广、价格带宽的全球化家电集团。

分地区来看，境外业务贡献营收 39.16 亿元，同比增长 51.07%，国内业务则同比减少了 0.89%，可见海外业务已经成为拉动海尔营收增长最重要的动力。公司正式进入全球化品牌战略阶段，陆续收购了日本三洋电机多项家用电器业务、新西兰 Fisher&Paykel 公司，进一步扩大海外业务布局。截至 2005 年，境外营收占比上升到 24%（图 9-1）。

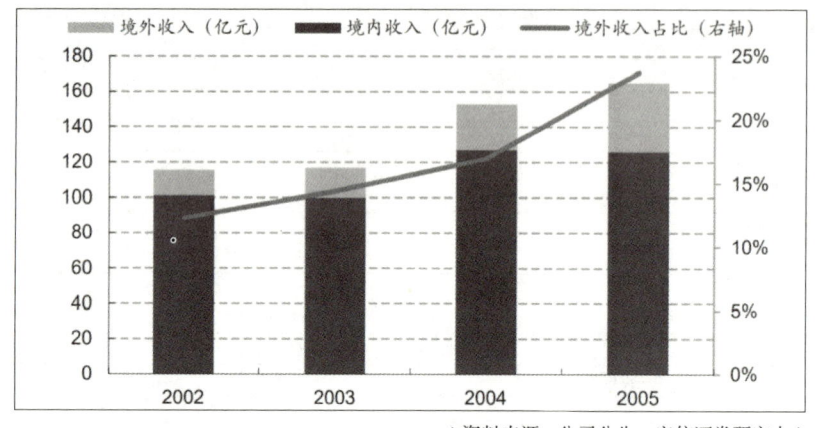

*资料来源：公司公告、安信证券研究中心

图 9-1　海尔智家境外营收占比持续提升

由于持续的增收不增利，公司开始更加重视海外市场的经营质量，而非单纯追求营收增长，也就是进入了张瑞敏所说的第二道坎的阶段，如何把营收更多地转化成利润。

2006 年，海尔业绩有所回升，实现营收 196.23 亿元，同增 18.86%，净利润 3.14 亿元，同增 31.28%。营收虽然是创新高了，但是净利润即使增长了 31%，还是没有回到之前的规模。

2007 年，公司的营收增长 26.94%，净利润增长 18.27%，应收账款也同比减少了 66.83%，说明公司经营情况良好。但是经营现金流净额仅增长了 4%，主要是购买商品接受劳务支付的现金增加很多，经营压力主要来自成本。国内业务增长 25.32%，境外业务增长 33.51%，货币资金增加 37.89%，可见 2007 年整个冰箱市场的景气度都有一定回升。

存货大幅增长，是由于公司经营模式发生变化，原通过海尔集团的关联销售改由新设立的销售公司进行，因此应收关联方账款大幅减少，同时新设立的销售公司存货增加。

2007年9月,在"Casarte生活品鉴会"上,卡萨帝品牌正式发布,定位国际高端家电品牌,志在引领高端生活方式。法式对开门冰箱、意式抽屉冰箱是卡萨帝第一个发明,这两款全新的冰箱是对传统冰箱的一次颠覆,从此,"法式对开门"成为全时间冰箱行业的一个品类。

随后的2008年、2009年,海尔的营收规模虽然没有太大增长,但净利润增速较快,分别达到了29.75%、40.45%。2009年经营活动现金流净额创上市以来的新高水平,可见公司重质量轻规模的战略落实得不错(表9-6)。

表9-6 海尔智家2009年主要财务数据

单位:元 币种:人民币

主要会计数据	2009年	2008年	本期比上年同期增减(%)	2007年
营业收入	32,979,419,367.01	30,408,039,342.38	8.46	29,468,645,507.98
利润总额	1,740,150,380.28	1,137,126,749.75	53.03	880,114,911.59
归属于上市公司股东的净利润	1,149,474,619.69	768,178,067.10	49.64	643,632,017.77
归属于上市公司股东的扣除非经常性损益的净利润	1,067,237,838.31	790,380,959.20	35.03	647,726,359.99
经营活动产生的现金流量净额	4,626,262,543.02	1,317,589,569.61	251.12	1,278,857,488.17
	2009年末	2008年末	本期末比上年同期末增减(%)	2007年末
总资产	17,497,152,530.38	12,230,597,777.64	43.06	11,188,965,146.13
所有者权益(或股东权益)	7,720,733,483.50	6,774,005,728.57	13.98	6,309,113,043.93

2010年,公司营收同比增长35.57%达到605.88亿元,净利润同比增长50.33%达到20.34亿元,经营现金流净额在2009年高基数的基础上又增长0.41%(表9-7)。对比同行,2010年均是业绩增长的高点,原因主要是家电下乡、以旧换新、节能惠民等政策推动家电行业整体景气度提高。

报告期内,公司持续推进建立用户驱动的"人单合一双赢"商业模式,推动企业转型;控股海尔电器集团有限公司,迈出成为海尔集团家电业务整合平台的重要一步;积极拓展三、四级市场社会化网络、整合海尔集团物流业务,构筑虚实网结合的日日顺商业流通业务平台。

根据世界权威市场调查机构欧睿国际(Euromonitor International)发布的全

表 9-7　海尔智家 2010 年业绩高速增长

单位：元　币种：人民币

主要会计数据	2010 年	2009 年		本期比上年同期增减(%)	2008 年
		调整后	调整前		
营业收入	60,588,248,129.75	44,692,003,512.29	32,979,419,367.01	35.57	30,408,039,342.38
利润总额	3,712,306,502.64	2,391,651,777.22	1,740,150,380.28	55.22	1,137,126,749.75
归属于上市公司股东的净利润	2,034,594,665.84	1,383,456,268.35	1,149,474,619.69	47.07	768,178,067.10
归属于上市公司股东的扣除非经常性损益的净利润	1,829,178,806.02	1,101,354,152.54	1,067,237,838.31	66.08	790,380,959.20
经营活动产生的现金流量净额	5,583,625,397.34	5,561,025,757.02	4,626,262,543.02	0.41	1,317,589,569.61
	2010 年末	2009 年末		本期末比上年同期末增减(%)	2008 年末
		调整后	调整前		
总资产	29,267,156,191.65	22,702,304,452.92	17,497,152,530.38	28.92	12,230,597,777.64
所有者权益（或股东权益）	7,019,925,242.86	7,780,487,545.94	7,720,733,483.50	-9.78	6,774,005,728.57

球家用电器市场调查结果显示：2010 年海尔品牌在大型白色家用电器市场的占有率为 6.1%，同比上升 1%，再次蝉联全球第一。其中，海尔品牌冰箱市场占有率达到 10.8%，领先第二名 5 个百分点，连续三年蝉联全球第一。海尔品牌洗衣机以 9.1% 的市场占有率第二次蝉联世界第一。海尔品牌酒柜制造商与品牌零售量占全球市场的 14.8%，首次登顶全球第一。

2011 年，海尔进入张瑞敏所说的第三道坎阶段：随着海尔品牌在海外知名度不断提升，海尔需要通过完善的品牌矩阵满足不同地区、不同习惯消费者的需求，从过去的单一海尔品牌向多品牌跨越，扩大市场范围，成为覆盖区域广、价格带宽的全球化家电集团。2011 年，公司完成对日本三洋家电资产的收购；2012 年，收购新西兰斐雪派克电器控股有限公司（后续于 2017 年购买其 100% 股份）。

2013—2015 年这段时期，海尔营收增速平平，分别为 8.3%、2.51%、−7.41%，对比同行，格力的营收增速分别为 19.44%、16.12%、−29.04%，美的的营收增速为 17.91%、17.11%、−2.28%，可见三大白色家电企业的增长水平都比较一般。

海尔智家的海外业务营收占比从 2016 年开始快速增长，其背后的原因是公司进行了多次大额并购：2016年，海尔收购通用电气的家电业务相关资产（简称GEA），交易金额56.1亿美元；2019年，收购意大利Candy公司。

以上是规模比较大的并购事件，我把它们单独列示出来，对其他小公司的收购还有很多，受限于篇幅这里就不一一统计了。自从2011年海尔开始密集的海外并购以来，基本每次营收增速的大幅提升都跟并购有关，可见并购是海尔业绩增长的重要动力，而且除了2019年的Candy公司，其他都是当地的中高端品牌，可见海尔在海外市场做高端化产品的意图明确（图9-2）。

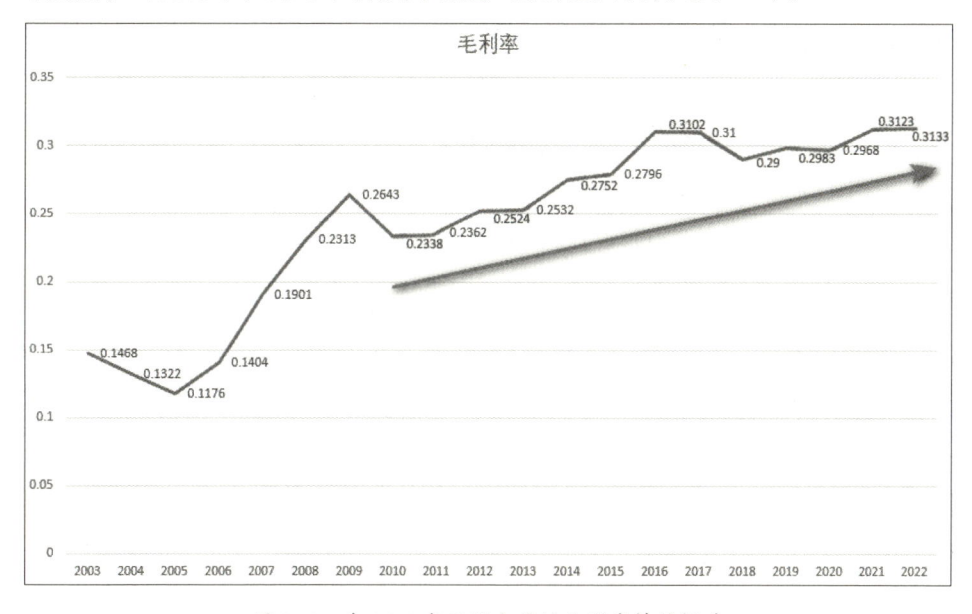

图9-2 自2010年开始公司的毛利率持续提升

并购虽然能够让公司的营业收入、总资产规模快速扩张，但同时也提高了商誉比例、费用投放、业务整合不及预期的风险。在三大白色家电企业中，海尔的商誉占比净资产最多（表9-8）。

表9-8 海尔美的格力商誉占比净资产比例

	2016	2017	2018	2019	2020
海尔智家	55.89%	42.45%	38.37%	35.93%	33.06%
美的集团	8.31%	34.86%	31.48%	26.24%	23.79%
格力电器	0	0	0.06%	0.29%	0.17%

横向对比三大白电企业，海尔智家的销售人员数量以及销售费用率都远高于美的和格力（表9-9），而销售人员人均创造的营销价值却远低于美的、格力。2019年销售人员人均创收仅为0.1亿元，同年格力、美的销售人员人均创收分别达到0.7亿元、0.38亿元，海尔的销售人员数量冗余且效率低下的问题显著。

造成销售费用率偏高的原因主要在于海尔将渠道分销业务放在体内，而对格力美的而言，渠道均为上市公司体外业务，这导致海尔销售人员规模庞大、组织架构冗余。2019年海尔的销售人员数量为19818人，远高于美的、格力，这拖累了公司的效率。事实上不光是销售费用率，海尔的管理、财务费用率均为三大白电企业中最高，因此总费用率支出最多而且一直保持在高位，而美的、格力的总费用率则是一直在下降趋势中（表9-10）。所以虽然海尔的毛利率水平相比于美的、格力来说并不算低，但费用率高，这么算下来净利率反而是三家中最低的了（表9-11）。

表9-9　三大白电企业销售费用率

	2016	2017	2018	2019	2020
海尔智家	17.85%	17.76%	15.63%	16.78%	16.04%
美的集团	11.12%	11.11%	11.97%	12.44%	9.68%
格力电器	15.21%	11.24%	9.54%	9.24%	7.75%

表9-10　三大白电企业总费用率

	2016	2017	2018	2019	2020
海尔智家	25.50%	25.62%	23.46%	25.38%	24.68%
美的集团	16.53%	17.59%	18.18%	18.53%	15.57%
格力电器	15.81%	15.62%	14.79%	12.90%	12.34%

表9-11　三大白电企业净利率

	2016	2017	2018	2019	2020
海尔智家	5.62%	5.68%	5.33%	6.14%	5.40%
美的集团	9.92%	7.69%	8.27%	9.05%	9.63%

续表

	2016	2017	2018	2019	2020
格力电器	14.10%	15.00%	13.19%	12.38%	13.07%

但是海尔净利率的波动是三家企业里最小的，我想这应该是得益于海尔的全球化布局带来的采购优势。借助公司全球采购运营平台，公司不同地区的运营部门可共享全球采购资源，从而实现规模效应，2019年累计实施完成协同采购项目432个，实现原料供应链效率最大化。从成本变化趋势来看，自2017年开始，海尔的营业成本增速是持续放缓的，美的和格力的成本增速还是有一定的反复。目前海尔在海外市场所有中国品牌中份额达86.5%，稳居第一的地位。

多年来，导致海尔增收不增利的原因除了销售费用率高、并购带来的开支增加，还包括股权结构复杂、业务平台分散交错、人员冗杂等。

2020年7月31日，公司发布对于海尔电器私有化筹划的公告，海尔智家以"换股+现金支付"的方式向计划股东收购子公司海尔电器的少数股权。支付完成后海尔电器成为海尔智家全资子公司，并从香港联交所退市。私有化后，海尔集团家电业务上市平台构架变为精简扁平、资源更加集中的单平台结构，生产、渠道进一步理顺，协同效应显著增强，资金使用效率显著提高。

2022年3月31日，公司发布了2022年度报告，年报披露之后，公司的股价收出一根6.36%的大阴线（图9-3）。对于海尔这样的传统白马来说，单日跌幅6.36%的情况实在不多见，是因为市场对公司的业绩并不满意吗？来看看海尔交出的这份成绩单。

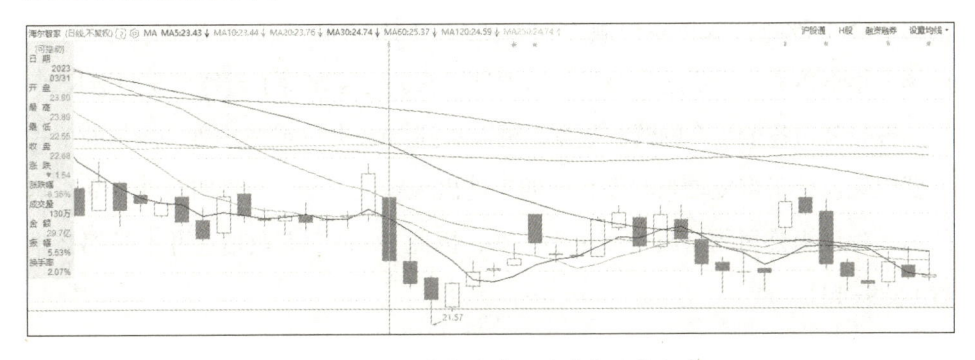

图9-3 2022年报发布之后海尔股价大跌

2022全年，公司营收2435.14亿元，同增7.2%；净利润147.32亿，同增11.34%；扣非净利润139.63亿元，同增18.02%（表9-12）。单从营收和利润的增速水平来说，我对海尔的第一印象还是不错的，利润增速超过营收增速并且有两位数的增长，扣非净利润增速还接近20%。

表9-12 海尔智家2022年主要会计数据和财务指标

单位：元 币种：人民币

主要会计数据	2022年	2021年		本期比上年同期增减（%）	2020年
		调整后	调整前		
营业收入	243,513,563,670.73	227,105,817,641.69	227,556,143,618.17	7.22	209,723,430,081.03
归属于上市公司股东的净利润	14,710,923,491.99	13,078,840,517.10	13,067,038,271.85	12.48	8,883,129,055.16
归属于上市公司股东的扣除非经常性损益的净利润	13,962,931,853.78	11,831,272,558.29	11,831,272,558.29	18.02	6,457,813,335.37
经营活动产生的现金流量净额	20,153,505,783.35	23,235,380,690.95	23,129,640,417.72	-13.26	17,609,513,831.64
	2022年末	2021年末		本期末比上年同期末增减（%）	2020年末
		调整后	调整前		
归属于上市公司股东的净资产	93,422,647,664.43	79,985,092,528.06	79,810,927,325.55	16.80	66,837,525,701.87
总资产	235,842,254,826.77	217,741,133,577.31	217,459,494,212.74	8.31	203,498,169,276.71

猜测市场对于公司业绩不满的原因之一可能在于营收端仅有7%的增长，因为利润增速更快只能说明公司的经营质量提高可能来自成本降低、支出费用减少等，但并不足以说明公司增长情况良好。就像是一块蛋糕，做得更精致就像是利润增长，但想要把蛋糕做大，还是要看营收增速如何。

先来看行业整体情况，根据中怡康推总数据，2022年中国家电市场（不含3C）全渠道零售额7,999亿元，同比2021年下降6.4%，其中冰箱为964亿元，同比下降1.7%；洗衣机零售额为681亿元，同比下降7.3%。可见家电、冰洗市场去年整体都比较低迷，海尔作为冰洗巨头，已经取得了超越行业的增长。

拆分公司各个季度的营收数据，可以看到2022年一到三季度，海尔的单季度营收规模处于恢复增长状态，但四季度出现较大下滑，如果四季度不受影响的话，我认为公司的营收应该更多一些，因此7%的总营收增速并不是那么难看（表9-13）。

表9-13 海尔智家2022年分季度财务数据

单位：元 币种：人民币

	第一季度 （1-3月份）	第二季度 （4-6月份）	第三季度 （7-9月份）	第四季度 （10-12月份）
营业收入	60,250,997,851.46	61,606,524,610.76	62,891,243,547.88	58,764,797,660.63
归属于上市公司股东的净利润	3,517,044,899.45	4,432,039,573.25	3,716,522,018.59	3,045,317,000.70
归属于上市公司股东的扣除非经常性损益后的净利润	3,190,978,313.06	4,299,715,392.32	3,730,558,477.25	2,741,679,671.15
经营活动产生的现金流量净额	1,154,796,354.40	4,809,451,302.82	5,240,826,180.55	8,948,431,945.58

毛利率31.33%，继续创出五年以来的新高，除了研发费用率外，销售管理财务费用率都减少了一些，所以2022年的净利率达到6.05%，近五年来仅次于2019年的6.14%（表9-14）。

表9-14 海尔智家2018—2022年净利率

	2018	2019	2020	2021	2022
净利率	5.33%	6.14%	5.40%	5.83%	6.05%

再看行业数据。虽然整体销售额同比减少，但是2022年单价超过10000元的冰箱线下零售占比提升5.4%，达到37.1%，说明虽然下游需求缩量，但高消费群体受到的影响相对比较有限，因此海尔高端化的战略仍在继续，卡萨帝品牌已在中国高端大家电市场中占据绝对领先地位，在高端市场冰箱、洗衣机、空调等品类的零售额份额排名第一。

就线下零售额而言，卡萨帝品牌洗衣机及冰箱在中国万元以上市场的份额达到77.2%、38.5%，空调在中国15000元以上市场的份额达到30.6%。卡萨帝冰箱、空调、洗衣机等产品的市场均价大约为行业均价的两倍到三倍，可见海尔在高端家电市场中已经逐步和同行拉开了身位。

再看看其他财务科目。

账面上货币资金增加到541亿元，对应324亿元的有息负债，公司在债务方面风险不大。

应收账款仅增长了8%，2020—2022年应收账款增速分别为：44.61%、-8.15%、8.8%，可见公司产品销售并没有出现太大问题，下游市场中的接受度还比较好，因此没有出现大额赊销的情况。

存货增长 4.21%，虽然增速较慢，但是从周转效率来看，海尔的存货周转率连续五年都是下降的，2022 年继续保持了这一趋势，这一点不太好。格力也是如此，而且下降的速度更快。美的则是基本稳定。产品周转速度从侧面反映出了这三家白电企业的经营情况，美的由于产品多元化推进比较顺利，因此受到地产下游需求不振的影响较小；海尔其次；格力受到的影响最严重，产品多元化拓展的未知度目前看来也是最高的（表 9-15）。

表 9-15　三大白电企业 2018—2022 年存货周转率对比

	2018	2019	2020	2021	2022
海尔智家	5.93	5.57	5.22	4.52	4.11
美的集团	6.37	6.38	6.70	6.87	5.67
格力电器	7.56	6.51	4.78	4.03	3.45

商誉规模 236 亿元，占比净资产 24.96%（表 9-16），主要来自 GEA（通用电气家用电器资产和业务，2016 年收购）和 Candy（意大利家电制造商，2019 年收购），是公司海外市场业务的主要构成，目前来看暂时还没有计提大额商誉减值的风险。

表 9-16　海尔智家 2022 年商誉明细

项目	期初余额	本期增加	本期减少	汇率变动及其他	期末余额
GEA	18,938,463,729.43			1,743,253,534.79	20,681,717,264.22
Candy	1,877,121,985.56			52,831,999.59	1,929,953,985.15
其他	1,011,517,345.77	13,817,128.58		6,589,920.15	1,031,924,394.50
合计	21,827,103,060.76	13,817,128.58		1,802,675,454.53	23,643,595,643.87

2022 全年经营活动现金净流入 201.54 亿元，足以覆盖投资 89.2 亿元和筹资 38.22 亿元的净流出，公司的现金流结构还是很健康的。

市场以暴跌来回应海尔的 2022 年报，我认为是有一些反应过度了，因为整体看下来公司的这份成绩单优点和缺点并存，似乎也没有那么差。